EM NOME DA POBREZA

DA AUTORA

Ensaios*

A poesia de Juana de Ibarbourou. Belo Horizonte, Imprensa da Universidade Federal de Minas Gerais, 1961 (Prêmio Sílvio Romero. Ensaio, ABL, 1963).
Do indianismo ao indigenismo. Idem, ibidem, 1962 (Prêmio Pandiá Calógeras. Erudição, MG, 1963).
César Vallejo: ser e existência. Coimbra, Atlântida Ed., 1971.
Presença da literatura hispano-americana. Belo Horizonte, Imprensa Oficial de Minas Gerais, 1971.
A literatura encarcerada. Rio de Janeiro, Ed. Civilização Brasileira, 1981.
A comida e a cozinha ou Iniciação à arte de comer. Rio de Janeiro, Forense-Universitária, 1988.
A literatura alucinada: do êxtase das drogas à vertigem da loucura. Rio de Janeiro, Ed. Atheneu Cultura, 1990.
A América: a nossa e as outras. 500 anos de ficção e realidade (1492-1992). Rio de Janeiro, Agir, 1992.
A literatura e o gozo impuro da comida. Rio de Janeiro, Topbooks, 1994.
Refrações no tempo. Tempo histórico. Tempo literário. Idem, ibidem, 1996.
A América sem nome. Rio de Janeiro, Agir, 1997.
Os males da ausência ou A literatura do exílio. Rio de Janeiro, Topbooks, 1998 (Prêmio Jabuti. Ensaio, Câmara Brasileira do Livro, 1999).

---

* Da autora, veja-se a obra de ficção publicada pelas editoras Civilização Brasileira, RJ; Marco Zero, SP; Atheneu, RJ; Record, RJ; Topbooks, RJ.

Maria José de Queiroz

EM NOME DA POBREZA

Copyright © 2006 Maria José de Queiroz

Direitos de edição da obra em língua portuguesa no Brasil adquiridos pela TOPBOOKS EDITORA. Todos os direitos reservados. Nenhuma parte desta obra pode ser apropriada e estocada em sistema de banco de dados ou processo similar, em qualquer forma ou meio, seja eletrônico, de fotocópia, gravação etc., sem a permissão do detentor do copyright.

Editor
José Mario Pereira

Assistente-editorial
Christine Ajuz

Revisão
A autora
Clara Diament

Capa
Julio Moreira

Diagramação
Arte das Letras

TODOS OS DIREITOS RESERVADOS POR
Topbooks Editora e Distribuidora de Livros Ltda.
Rua Visconde de Inhaúma, 58 / gr. 203 – Centro
Rio de Janeiro – CEP: 20091-000
Telefax: (21) 2233-8718 e 2283-1039
E-mail: topbooks@topbooks.com.br

Visite o site da editora para mais informações
www.topbooks.com.br

Para
> Galdino Jesus dos Santos, *brasileiro,*
> imolado num auto-de-fé da barbárie.

In memoriam

No se perdió la vida, hermanos pastorales.
Pero como una rosa salvaje
cayó una gota roja en la espesura,
y se apagó una lámpara de tierra.
....
> *La tierra*
es tuya, pueblo, la verdad ha nacido
contigo, de tu sangre.
> *No pudieron exterminarte.*

(Pablo Neruda, *Canto general*)

"Quando o pontífice Sixto V, novamente eleito, saiu a público, o povo romano, vexado da fome, e da opressão de ladrões e facinorosos, o aclamava dizendo:
— Santo Padre, pão e justiça!
Respondeu-lhes:
— Pão, daremos por graça; justiça, por natureza.
Uma e outra cousa são tão precisas na República, que sem qualquer delas não seria república. Não havendo justiça, quem terá pão, nem para seus filhos? Não havendo pão, quem guardará, nem com seus próprios filhos, justiça?"

(Manuel Bernardes, "Justiça", *Nova Floresta*)

SUMÁRIO

Leitor 13
1. Pobreza e riqueza: males que se engendram 15
2. Vives, *valentinus et hispanus* 21
3. A pobreza, segundo Vives. *O socorro aos pobres* 27
4. Quem tem medo dos pobres? 41
5. A pobreza e os pobres. O nome é presságio 51
6. Devotos de Nossa Senhora, a Pobreza: Dickens, Ozanam, Victor Hugo, Charles-Louis Philippe, Bernanos. Denúncia, apostolado, opção civil, indignação, revolta 69
7. Os direitos sociais, a economia. O trabalho, uma conquista? 85
8. Trabalho e moradia. A produção. O comércio das idéias. O vedetariado. A proletarização extraterritorial 93
9. A propriedade, no sentido próprio e figurado. A fome, calamidade 109
10. O mais pobre dentre os pobres. Fogo! 119
11. Norte e Sul: ricos e pobres. Globalização e educação: rima ou solução? 137
12. A peste, a droga, a violência, a degradação do meio ambiente. Norte e Sul: Ariel e Calibã? 149

13. Pobreza e cultura..177
14. A pobreza: do verbo à imagem. João Antônio.
    A fotografia...191
15. A Igreja. "Dai e vos será dado." A economia de
    comunhão. A Comunidade Solidária. O "Fome Zero".
    A economia feminina 201
16. Do real ao irreal, no sentido próprio e no figurado............239
17. *Post scriptum*: "Brasil, mostra a tua cara!".......................249

Bibliografia 257

LEITOR...

Não se surpreenda. Não me arredo dos meus temas nem faço desvio à rota já traçada. Rendo-me à tentação do espírito, mais forte que o desejo: a tentação de compreender. E compreender o que não se explica. Apenas isso. De ensaio em ensaio venho retomando a *via-crucis* de excluídos e minorias — índios, judeus, mulheres, encarcerados, loucos, drogados, exilados. Foi a leitura do livro de Juan Luis Vives, *O socorro aos pobres. A comunhão de bens*, que me imantou às suas idéias e me arrastou pelas trilhas da pobreza. Não podia, e nem posso, por isso mesmo, furtar-me a divulgá-lo. Urge ressaltar-lhe o culto da justiça, o bom senso e a atualidade social.

Desenredado o novelo dos séculos, não resisti a desfiar a meada que sobressai de suas reflexões sobre a mendicidade na opulenta Bruges, em plena Renascença. Não obstante crises e turbulências, como a que agora atravessamos, assiste-se, em todas as latitudes, na carestia e na fartura, a idêntico e tétrico desfile de necessitados. Alonga-o, inevitavelmente, uma sucessão de causas a efeitos.

De pontual e exata coerência, as causas se perpetuam embricando-se nos efeitos e, assim, sem solução de continuidade, até os nossos dias. Do advento do cristianismo à queda do muro de Berlim, passando pela Revolução de 1789, pelo mercantilismo, pelo fascismo e pelo marxismo, antes mesmo que nos anunciassem, ao início do terceiro milênio, que o mundo, globalizado — atente-se no paradoxo! —, iria dividir-se, meio a meio, em dois hemisférios, a impressão que fica é a do *Nihil novum sub sole*.

Diante do que se vê e do que se confirma — de que "nada há de novo sob o sol" —, e como tanto já se pretendeu fazer, o único recurso será, talvez, recomeçar. Tudo de novo. Desde o começo.

Nesse caso, é bom que se volte a Vives.

Ponto sobre ponto, acaba-se por descobrir que suas lições evolveram, à revelia de interesses criados, a mais amplos domínios. Em resposta à essência mesma da pobreza, que é a de um organismo vivo, sociológico, sua doutrina alcança os direitos do homem, a economia como um todo, a propriedade, a cultura, a literatura, a mensagem das grandes encíclicas. Não é pois de admirar-se que inspire a percorrer tão diferentes caminhos, obrigando-nos a eterna vigília. E estas variações em torno *De Subventione pauperum. De communione rerum*, que não deveriam ultrapassar as páginas de um prefácio, converteram-se, à sua luz, numa breve introdução às vicissitudes da pobreza.

Na esperança de que se veja nesta série de fatos individuais e coletivos, aparentemente isolados, a longa jornada dos pobres à margem da história, curvo-me, humilde, ante a importância do tema, demasiadamente humano para um mundo tão vasto, demasiadamente vasto para um mundo tão pequeno.

POBREZA E RIQUEZA:
MALES QUE SE ENGENDRAM

César Vallejo perguntou-se um dia quantos pobres seriam necessários para fabricar um rico. Quatro séculos antes, Thomas Morus, na *Utopia* (1516), dera-lhe resposta vaga: "Um rico, ainda que ignorante, estúpido e imoral, tem, sob sua dependência, uma multidão de homens inteligentes e virtuosos."[1]

A explicação insolente não haveria de satisfazer a curiosidade do poeta. Nem o paralelo grotesco, de contradição lógica e aceitada nos fatos, parece suficientemente exato na revelação da farsa sinistra a que a humanidade ainda assiste. A vida é o que é e não melhora, replica o pessimista. Mas o desabafo taxativo não o livra da desgraça, como não livrou Vallejo do desassossego. Sua pergunta, sempre no ar, importuna a demografia, põe em sobressalto a geografia e multiplica-se, mundo afora, nas estimativas da estatística. Para assombro das madres Teresas e abades Pierres, das entidades filantrópicas e algumas ONGs, empenhadas na assistência social, os ricos — que não produzem riqueza nem contribuem para a sua produção ou, se o fazem, não convertem o lucro em capital circulante — fagocitam um número cada vez maior de pobres.

---

[1] São João Crisóstomo prefere referir-se às penas que custam aos pobres os bens dos ricos. Num comentário ao Salmo 18, sobre uma casa de luxo, diz: "Com quantas lágrimas não se edificou esta casa! Quantos órfãos não terão ficado nus! Quantas viúvas não terão sofrido iniquidades e quantos operários não terão sido lesados em seus salários!" (Migne, Lat., 55, 517). Guerra Junqueiro grifa o escândalo da cobiça e da voracidade: "No cofre do banqueiro dormem pobrezas metalizadas. Há homens que ceiam numa noite um bairro fúnebre de mendigos" ("Carta-prefácio" a Raul Brandão, *Os pobres*. 8ª ed. Lisboa, Seara Nova, 1978, p. 14).

Isso não é tudo. E não será preciso ler a advertência do Evangelho — "É mais fácil passar um camelo pelo fundo de uma agulha do que um rico entrar no reino dos céus" (Mateus, Liv. Quinto, 23-24) — para convencer-nos de que o poeta estava longe de imaginar o alcance da sua pergunta... Ao término da Segunda Grande Guerra, no momento mesmo em que se avaliavam e discutiam danos, perdas e óbitos, instituiu-se um novo conceito de grandeza estatística: o da universalidade demográfica. Hoje, mais do que nunca, deve-se à sua prática a descrição e mapeamento do mundo em que vivemos.

Qual a primeira conquista relevante desse descortino global? A substituição de mitos, dados forjados e "aproximados" pelas certezas da contabilidade. À exceção dos núcleos indígenas da América do Sul e dos aborígines da Oceania, que não habitam *terrae incognitae* mas cujo isolamento ainda inviabiliza, em certas regiões, a contagem *per capita*, já não se ignora a taxa de distribuição dos homens no planeta. A ONU deu-nos prova disso ao divulgar, *urbi et orbi*, as planilhas da população mundial com projeções para o milênio.

À nova luz, avultam, em cadeia inédita, três modificações, sucessivas e conseqüentes: a significativa diminuição da fecundidade, o aumento da população e do índice de esperança de vida. Interprete-se: a redução da natalidade não redundou em prejuízo numérico; acentuaram-se a baixa de óbitos e a sobrevivência dos longevos.

Diante desse fenômeno antropogeográfico, Jean-Marie Poursin não tem dúvida: "trata-se do mais importante e mais rápido movimento demográfico desde a pequenina Lucy há dois milhões de anos".[2]

A essa virada os especialistas chamam "transição demográfica": a passagem entre duas eras demográficas. Realizada e

---

[2] "Fin de la révolution démographique", in "Entre ordre et désordre", *Quinzaine littéraire*. Numéro spécial, 629,1-31/08/1993, p. 6. Segundo os resultados finais do recenseamento divulgado pela Divisão do Departamento de Assuntos Econômicos e Sociais da ONU (fevereiro de 2001), "Por volta de 2050, a expectativa de vida nos países menos favorecidos, atualmente na média de 63 anos, será de 75 anos, igual à de hoje nos países ricos, que, no meado deste século, passarão à média de 82 anos. O número dos maiores de 60 anos no mundo inteiro (606 milhões hoje) triplicará para 2 bilhões dentro de 50 anos. E os atuais 69 milhões de idosos com mais de 80 anos aumentarão para 379 milhões." No Brasil, segundo pesquisa divulgada pelo Instituto

concluída na Europa, com os índices populacionais estabilizados nos últimos cinqüenta anos, os demais continentes encontram-se agora na era da transição.

Cabe ressaltar que não temos, ainda não, motivos para celebrar a rapidez com que se processou o movimento demográfico divulgado pela Divisão de População da ONU. A baixa natalidade registrada nos países ricos interromperá, em futuro próximo, em detrimento talvez da própria consciência nacional, a renovação das gerações. Na Alemanha, a forte imigração turca já faz prever a modificação de hábitos e costumes. E os neonazistas, em pânico, antecipam-se, hoje, ao *day after*.

Se a nossa opção for pelos pobres, eis o que há: a pobreza está em alta. Na razão inversa das taxas populacionais. O que é grave. Gravíssimo. Pois, em vez de combater a pobreza e criar meios para a sua erradicação, os Estados armaram-se para conter a densidade demográfica. O resultado? A taxa de fertilidade nas aglomerações latino-americanas apresenta queda vertiginosa enquanto a fome e a miséria atingem índices alarmantes. Julgando cortar-se o mal pela raiz — mercê de planejamento familiar, divulgação de métodos contraceptivos, esterilização e descriminação do aborto — não se conseguiu senão multiplicar o número dos miseráveis. A eliminação dos pobres, no nascedouro, não surtiu o efeito desejado.[3] O contingente humano, proveniente da classe média ou das classes menos favorecidas, apto ao trabalho na idade adulta diminuiu consideravelmente, deixando na indigência quantos iriam beneficiar-se de sua presença e vitalidade. Daí, a nova consciência geopolítica: a adoção imediata de medidas eficazes de combate à pobreza (excluídas, tacitamente, aquelas determinadas,

---

de Pesquisa Econômica Aplicada (Ipea), a melhora das condições de vida explica o aumento da expectativa de vida [...]. De 1980 a 1996, os brasileiros passaram a viver, em média, três anos a mais. [...] Atualmente, os índices de fertilidade estão em queda nos países em via de desenvolvimento. [...] [Mas] a grande maioria dos habitantes da Terra vive e continuará vivendo em condições de pobreza, às vezes extrema, enquanto a população das regiões mais desenvolvidas não verá grandes mudanças demográficas nos próximos 50 anos, prevê o documento ("Pobres do mundo viverão mais", *JB. Internacional*, 28/02/2001, p. 7).

[3] Num suelto publicado na *Folha de São Paulo*, Josias de Souza nos oferece uma glosa irônica, propondo a "higienização étnica". Sugere: "O FMI em seus acordos incluiria cláusulas de eliminação social." E adianta: "Só terão crédito as nações que se comprometerem com metas de extermínio sem culpa" ("Futuro", 1/03/1999, p. 2).

no passado, pela tirania do controle demográfico cujo alvo eram os pobres).

Estaremos diante da verdade bíblica — "Nunca faltarão pobres na terra"?[4]

Parece que sim. No entanto, a crer nas pesquisas de mercado, não há motivo para desespero. E, talvez, quem sabe?, haja mais coisas entre o céu e a terra que os fenômenos antropogeográficos...

Nos últimos tempos, as pesquisas de mercado e de opinião pública, *lato sensu*, manipuladas com astúcia pelos marqueteiros no benefício da clientela, ganharam foros de ciência, condenando ao limbo o trabalho aturado dos institutos de geografia e estatística, dos especialistas de disciplinas dedicadas à demografia, à sociologia do consumo e à antropologia social.

Visto que o consumo já não se vincula à satisfação das primeiras necessidades, o mercado se obstina em criar desejos, pulsões e inquietações de pura veleidade. Daí, o aparecimento da "cultura do consumo".

Mas não é apenas o imaginário, produzido por essa cultura, que seduz e desafia a razão. Favorecida pela "radicalização da modernidade", assinalada por Giddens em 1997, a sua influência determinaria não só a mudança de usos e costumes como traria à luz a economia de mercado e a reorganização da própria economia. É o que se depreende da leitura de índices e tabelas resultantes das coletas de dados a pedido e a serviço dos oráculos do novo milênio.

O paulatino desaparecimento do emprego, sujeito a leis trabalhistas, com carteira assinada e salário fixo, reformulou, à revelia do Estado e da própria organização da sociedade, os conceitos de "emprego do tempo e ocupação", "ócio e negócio", como também os de renda, abastança e, até, de pobreza.

Embora não tenha "onde cair vivo", nem morto (pois morrer implica altos gastos), a posse, ainda que precária, de bens domésticos — geladeira (mesmo vazia), máquina de lavar roupas,

---

[4] *Deuteronômio*, 15, 11 (*Bíblia Sagrada*. Edição Palavra Viva. Traduzida das línguas originais com uso crítico de todas as fontes antigas pelos missionários capuchinhos. Lisboa, C. D. Stampley Ent., Inc., 1974). Todas as demais citações do Antigo e Novo Testamentos remetem a essa edição.

microondas, televisão, DVD, som e telefone celular (apesar dos "gatos" ou da enorme inadimplência para com as concessionárias dos serviços públicos) — faz galgar às classes emergentes o seu venturoso proprietário.

Ao contrário do que ocorre à população rural, condenada à miséria permanente, o habitante da urbe deixa facilmente a pobreza e, em trânsito pela emergência, salta à classe média nos formulários das consultorias de marketing. Alheios às finanças dos entrevistados, aos cadastros dos bancos e do Serasa, seus consultores raramente indagam sobre a receita, a despesa e a gerência do orçamento familiar. *Noblesse oblige...*

Por obra e graça de novas apelações — viva o eufemismo! —, desaparecem a pobreza e a desigualdade social...

Seria de bom conselho perguntar-se aos afortunados emergentes se têm acesso a médicos e dentistas, se sabem ler e escrever (e nunca se têm título de eleitor, se possuem diplomas ou certificados de estudo), se seus filhos freqüentam a escola pública e se também seus professores são assíduos. O que identifica a pobreza não é o tijolo à mostra na casa de alvenaria nem a presença de descarga de esgoto a céu aberto; é a falta da água corrente, encanada, na torneira; do esgoto doméstico e da caixa de gordura; a inadimplência crônica. O resto é literatice.

Dizia Unamuno que os sociólogos eram os profetas do século. Tendo falecido em 1936, a pertinência do seu juízo haveria de estender-se até a década dos 60, bem além do seu desaparecimento. A partir dessa época chegaram os economistas, a que viriam suceder os especialistas do marketing — gurus e cassandras do terceiro milênio.

Suas reinações apenas começam. A repercussão alcançada pelos diagnósticos da opinião pública pelos economistas americanos Steven Levitt e Stephen Dubner leva a supor que venham preencher o vazio criado pela falência dos Pangloss do Welfare State. Caso não se cumpra o ceticismo da sentença "Nada fracassa tanto quanto o êxito", também Ricardo Neves, autor de *Copo pela metade* (Elsevier Ed.) e *Pegando no tranco* (Ed. Senac-Rio), estará fadado a fazer escola entre nós.

VIVES, *VALENTINUS ET HISPANUS*

Para Menéndez y Pelayo, Juan Luis Vives (1492-1540) foi o gênio mais universal e sintético produzido pelo século XVI na Espanha. Embora tenha eleito Bruges sua segunda pátria, jamais deixou de ser espanhol, espanhol de Valencia: "*valentinus et hispanus*". Confessava-se, por isso, "espanhol fora da Espanha".[5]

Nascido numa família de cristãos-novos, sua infância transcorre, sem dissonância, num harmonioso acorde entre a formação judaica e a fé cristã. Em Paris, na Sorbonne, entre 1509 e 1512,[6] endereçará o seu humanismo no rumo

---
[5] Frase com que Gregorio Marañón intitularia o seu livro sobre o filósofo — *Un español fuera de España*. (Madrid, 1942).
[6] Vives freqüentou a velha Sorbonne, isto é, a instituição religiosa fundada em 1253 pelo doutor em teologia e capelão de São Luís, Robert de Sorbon. O Colégio de Sorbon destinava-se, unicamente, ao ensino da teologia. A excelência e o prestígio do corpo docente logo tornaram o seu endereço — 17, rue de la Sorbonne — referência obrigatória no guia dos centros de estudos teológicos na Europa. Da enorme afluência de alunos resultaria a criação da futura faculdade. "Asilo do estudo e da ciência", nas palavras do seu bibliotecário G. Fichet, o prédio abrigaria, entre 1470 e 1473, as primeiras prensas de madeira que chegaram ao Quartier Latin com Michel Freiburger e seus amigos tipógrafos Ulric Gering e Martin Crantz. Aí mesmo, sob o patrocínio do prior Jean Heynlin e de Guillaume Fichet, que os convidara, a velha construção medieval assistiria à composição dos primeiros livros publicados na França após a invenção da imprensa. Em vez das cópias caras e incorretas, produzidas pelos membros da corporação dos pergaminheiros e copistas parisienses em cubículos mal-iluminados da rue Saint-Jacques, atrás da faculdade, os estudantes e professores passaram a dispor de textos exatos, padronizados e de preço módico. E esses mesmos livros, com a indicação latina da Sorbonne num canto superior da página, foram lidos e manuseados entre 1509 e 1512 por Juan Luis Vives, aluno da faculdade de teologia... Mas da Sorbonne que Vives freqüentou nem uma pedra ficou de pé. O cardeal Richelieu, primeiro ministro de Luís XIII, eleito provedor, patrão e pai da instituição em 1622, determinou-se a construir para a escola um prédio digno da sua nomeada. Dessarte, daria início, em 1635, à sua expensa, à construção da nova Sorbonne. Sobre terra arra-

dos estudos clássicos. Mercê de suas leituras e da experiência acumulada ao longo da vida acadêmica, haveria de consagrar-se à introspecção filosófica, à observação e análise da natureza humana. Suas obras instruem, esclarecem, edificam. Independente, profundo, exerce, com amável e complacente serenidade, um verdadeiro apostolado didático. E emoldura-o, no cotidiano, com os mais belos exemplos de bondade, de resignação e de compreensão. Precursor insigne de Bacon e Descartes, de Locke e Kant, é a doce figura da modéstia e da sabedoria, "o maior reformador da filosofia da sua época [...], à frente de todos os modernos no campo da pedagogia até Pestalozzi".[7]

Ao início de suas atividades em Bruges, para onde se dirige após a conclusão do doutorado em Paris, recebe convite do futuro ministro de Carlos I, Monsieur de Chièvres, para ser preceptor do príncipe de Croy. Autorizado por seus títulos e pela notoriedade do seu saber, conquista, em 1519, a cátedra de estudos latinos da Universidade de Lovaina, onde privará da amizade de Erasmo, a quem considera "senhor, mestre, pai". Na sua companhia e na de Guillaume Budé, o grande filólogo e humanista francês, Vives compõe o prestigioso triunvirato

---

sada e sobre novos lotes, o arquiteto Jacques Lemercier — responsável pelo projeto e construção do Palais Royal, o antigo palácio do cardeal — executaria os novos planos no espaço compreendido entre as ruas da Sorbonne e Saint-Jacques. Ao falecimento do cardeal, em 1642, os pavilhões estavam longe de serem terminados. Lemercier só entregaria o prédio para a bênção jubilatória em 1648, vinte e dois anos após a aprovação do projeto por Richelieu! Dos acabamentos incumbiu-se o pintor Charles Le Brun, que sucederia a Lemercier em 1654, data da sua morte. Em 1694, sessenta e oito anos depois do contrato assinado pelo arquiteto e pelo provedor e cinqüenta e dois anos depois do seu desaparecimento, é que os restos mortais do cardeal encontrariam pouso e repouso em frente ao altar-mor da capela da Sorbonne.

[7] A. Lange, *Luis Vives*. Trad. Menéndez y Pelayo. Madrid, 1894. Ver, também, de A. Bonilla y San Martín, *Luis Vives y la filosofía del Renacimiento*. Madrid, 1894; de Mariano Puig-Dollers, *La filosofía española de Luis Vives*. Barcelona, Labor, 1903; de Eloy Bullón, *Los precursores de Bacon y Descartes*. Salamanca, 1903; de Foster Watson, "Luis Vives, el padre de la psicología moderna", *in* "Introducción" Juan Luis Vives, *Tratado del alma*. Trad., Madrid, 1916, e *Luis Vives, el gran valenciano*. Oxford, 1922; D'Ors Zaragüeta *et alii*, *Vives, humaniste espagnol*. Paris, 1941; de Lorenzo Riber, "Estudio y notas", à edição Aguilar (definitiva, em castelhano, das obras do filósofo, traduzidas, prologadas e anotadas pelo ilustre humanista L. R.), Madrid, 1947; de José Ortega y Gasset, "Vives" [Artículos (1940-1941)], *in Obras completas*. (1933-1941). 4ª ed. Madrid, Revista de Occidente, 1958, t. V, p. 493-507 e "Juan Vives y su mundo", *Opus cit.*, (1960-1962), 1ª ed., 1962, t. IX, p. 507-543.

do Renascimento europeu da primeira metade do século XVI. A pedido do mestre, encarrega-se, em 1522, da edição crítica da *Cidade de Deus*, de Santo Agostinho. Apesar de mesquinhamente remunerado, realiza obra monumental, que passa a integrar a coleção dos Santos Padres. Sérias dificuldades financeiras obrigam-no a mudar-se em 1523 para a Inglaterra: vai à procura de trabalho. Amigo de Thomas Morus, é bem recebido na corte: desfruta os favores de Henrique VIII e Catarina de Aragão, tornando-se preceptor da princesa Maria e professor do colégio Corpus Christi, de Oxford. Dedica à princesa o tratado pedagógico *De ratione studii puerilis*, e, à rainha, *De institutione feminae christianae*, o modelo da perfeita casada.

Essas obras vêm juntar-se às *Meditationes in septem psalmos quos vocant poenitentiae*,[8] de formação espiritual, escritas em Lovaina para o seu discípulo Guillaume de Croy, e, constituirão, anos mais tarde, com os *Diálogos escolares*, *De disciplinis* e *Introductio ad sapientiam*, o mais notável legado de um humanista do século XVI às modernas ciências da educação.

Nas repetidas estadas em Bruges, cidade de numerosa colônia espanhola, o professor de Oxford conhece os Valldauras, valencianos, de cuja filha, Margarita, se enamora, e com quem casa em 1524. À vacância da cátedra de Antonio de Nebrija, autor da primeira gramática impressa de uma língua neolatina, Vives recusaria o convite da universidade de Alcalá para suceder ao celebrado filólogo.[9] Entretanto, as imprevisíveis e

---

[8] Se bem que rotulados pela crítica de "livros espirituais" e integrem, com outras obras de Vives — *Diurnum sacrum*, *Genethliacon Jesu Christi*, *Commentarius in precationem dominicam* — a contribuição do autor à literatura ascética, *as Meditações* podem e devem incluir-se entre os livros de interesse pedagógico que buscam encaminhar o discípulo à prática da virtude. Ascese também se ensina. Assim o entendeu Guillaume de Croy ao encomendar as *Meditações* ao seu mestre. O mesmo se pode dizer a propósito da *Introdução à sapiência*, tratado de moral que se alinha entre as suas obras pedagógicas.

[9] Anote-se: Vives nasce em 1492, quando os "reis católicos", Fernando e Isabel, logram reunificar a Espanha após a reconquista de Granada. A essa vitória auspiciosa soma-se a publicação da *Arte de la lengua castellana*, de Antonio de Nebrija, sinal exaltante de que à hegemonia política sucede a hegemonia lingüística na vastidão do domínio hispânico. Ampliados, ambos, o domínio legal e o domínio do idioma, às terras do Novo Mundo, também em 1492, não surpreende que sob Carlos V (1516-1556) a literatura *castelhana* (compete grifar) conheça, como a monarquia, o seu *siglo*

trágicas conseqüências do divórcio de Henrique VIII, contra o qual tornara conhecida a sua solidariedade à compatriota de Aragão, precipitam-lhe, em 1527, o retorno aos Países-Baixos. Não sem que sofresse, antes, pena de detenção e a perda do posto no Corpus Christi. Retira-se para a sua casa em Bruges, de que só se ausentaria para breves viagens a Lovaina e a Paris, onde tinha amigos e era acolhido com honras universitárias.

Por ocasião dos conflitos religiosos que comoveram a Europa, não se furta à defesa obstinada da concórdia e da paz. Escreve várias obras sobre o bom entendimento entre os homens e, particularmente, entre os cristãos: *De concordia et discordia humani generis*, *De pacificatione*, *De communione rerum ad Germanos*, *De dissidiis Europae et bello Turcico* etc. Deixa concluídos, ao seu falecimento, em 1540, os cinco livros da magistral *Defensio fidei christianae*. Firme profissão de fé de humanista e o mais lúcido preito de um filósofo do Quinhentos à Igreja de Roma, a *Defesa da fé cristã*, revista e recompilada por Margarita Vives, seria dedicada, em 1543, ao papa Paulo III por um discípulo do autor.[10]

Do Vives cotidiano, manso e humilde de coração, ficaram-nos os *Diálogos*, ditados, em latim, para uso escolar — *Exercitatio linguae latinae*.[11] Obra fundamental, cuja divulgação garantiria a nomeada do autor, a *Exercitatio* alcançou cinqüenta reimpressões no século XVI, mais de trinta no século XVII, umas seis no século XVIII, outras tantas no XIX e cerca de setenta (talvez mais) no século XX. Conhecida e citada por educadores do mundo inteiro, a crítica contida nas *Causas da corrupção dos estudos* nada perdeu da

---

de oro. Tudo caminha *pari passu*. Mas... à hegemonia política e lingüística, obras de acaso afortunado, segue-se, por decreto, a hegemonia religiosa: a expulsão dos judeus mais a implantação da Inquisição. Para "pureza da fé católica". Seriam essas as notas dissonantes do concerto que uniu, entre duas datas, Vives e Nebrija...

[10] Já em 1555 se publicava na Basiléia a primeira coletânea das suas obras; a mais completa apareceria na sua cidade natal, Valencia, no século XVIII (1782-1790, 8 vols.).

[11] Basiléia, 1538. Os *Diálogos* tiveram tradução tardia, e póstuma, ao castelhano. Traduzidos pelo professor Cristóbal Coret y Peris, em Valencia, em 1723-29. Publicados, converteram-se num clássico da literatura espanhola (V. Revisão e prólogo de J. J. M. Madrid, "Colección Universal", Espasa-Calpe, 1922 ou, ainda, a tradução de C. Fernández. Barcelona, 1940 (que consultamos).

sua atualidade; e o mesmo se pode dizer das considerações a respeito da história das idéias e da interpretação psicológica, veiculadas em *Da alma e da vida*. Na verdade, Vives enfrenta a escolástica e supera o próprio humanismo enquanto opera, com argúcia e sensibilidade de pioneiro, a atualização da pedagogia clássica à época moderna: visando à conversão da psicologia em ciência experimental, determina que o estudo dos fenômenos psíquicos e do comportamento do indivíduo preceda, nas suas lições, à prática didática.

Pesa-me lembrar que Ortega y Gasset tenha repetido em conferências e ensaios que Vives não era um gênio. E para justificar o desdouro, explicaria: "Não é homem que tenha pensado uma idéia enorme das que se projetam sobre o âmbito cultural do seu tempo uma súbita iluminação e de maneira fulgurante fazem passar a humanidade de uma forma de vida a outra, substancialmente distinta."[12]

Como contestá-lo? Socorrendo-nos de seus próprios conceitos. Instalado "na sua circunstância", Vives cumpriu sua tarefa: a de prenunciar a "iluminação" e "a maneira fulgurante" de um Descartes e de um Bacon. E cabe encarecer: os princípios por ele defendidos na *Introdução à sabedoria* jamais deixaram de aplicar-se aos grandes temas do nosso tempo. À semelhança de Morus, com ou sem o *placet* de Ortega, Vives é filósofo para todas as estações.

Num dos seus *Diálogos* — "Fabula de homine" — aprende-se que foi no Olimpo, à mesa dos deuses, que o homem se furtou à contingência mortal e se iniciou no dom da sensação tornando-se sensível à fruição dos bens eternos. Ao encenar a sua fábula, Vives cristaliza o ideal humanista do Renascimento. O banquete encarna, no seu juízo, a satisfação das mais altas aspirações do espírito.[13]

Em *Culina* e *Convivium*, a gastronomia celebra o gosto e as papilas. Natural. Vives rendia-se, às vezes com excesso, aos

---

[12] "Vives" [Artículos (1940-1941)], lugar cit., p. 493.
[13] Diz Michel Jeanneret: "É nele que se exprime a confiança de uma época que acredita no desenvolvimento do homem, com a graça de Deus, em simbiose com a natureza no seio da sociedade" (*Des mets et des mots. Banquets et propos de table à la Renaissance*. Paris, Librairie José Corti, 1987, p. 17).

prazeres da mesa. *Pecadillo* de que lhe resultaram terríveis crises de gota. À luz da experiência médica, Marañón afirma, na análise biográfica do filósofo, que o fundo de vitalidade sensual do gotoso não responde ao comando da razão. E atribui a essa "singular disposição" "a trajetória individual" de Vives, "gotoso insigne que passeou, coxeando por todo o mundo, a glória magnífica do pensamento da Espanha".[14]

---
[14] *Opus cit.*, p. 56.

A POBREZA, SEGUNDO VIVES.
O SOCORRO AOS POBRES

Se uma aguda penetração psicológica dirige-lhe o pensamento à redação do tratado *De anima et vita*, é com fineza de analista social e político que Vives escreve *De subventione pauperum* e *De communione rerum*.[15] Ante a indiferença da cidade (do Estado, no nosso tempo), alerta para os riscos decorrentes das condições de vida de uma parte da população, envilecida e marginalizada. Não se deixando embair pela ilusão comunista, divulgada a ferro pelos anabatistas de Münster (1535), dá resposta equilibrada e humanitária a questões ainda vigentes: resposta cristã, endossada pela militância social católica.

Sensível aos reclamos da pobreza e à urgente necessidade de socorro, Vives alinha-se, filosoficamente, à sombra de Santo Agostinho. Na adoção de um *modus vivendi* e *faciendi*, verbera o egoísmo e ataca, rijo, o predomínio do individualismo.

Escrito a pedido de um nobre holandês, o Sr. De Praet, prefeito de Bruges, *O socorro aos pobres* é obra de advertência, esclarecimento e conselho. Didata experiente, o autor alerta para o perigo, recrimina, dá exemplos, busca soluções, mostra proveitos e vantagens e aponta, a fim de juntar o possível ao desejável, "onde está o dinheiro" para a prática daquilo que prega. É, sem dúvida, o filósofo do tangível, da fidelidade às pequenas coisas: um pensador do Setecentos, *avant*

---
[15] V. *Humanismo frente a comunismo. De communione rerum*. Trad. y comentario de W. González Oliveros. Valladolid, 1937.

la lettre. Não reza pela utopia de Platão, que admirava, nem pela de Morus, a quem respeitava. Judeu cristão, atento a três preceitos mencionados em *Satellitium animae* — 1. *Sine querela*, sem dar motivo de queixa e sem queixar-se de nada nem de ninguém; 2. *Harmonia interna*, o ideal que professava; 3. *Scopus vitae Christus*, tomando a Cristo por meta da sua vida —, ensina a prática da Lei sem lâmina, guiado pela inteligência do humano e pela paixão do *Galileu*.

Precavido, abomina a intrujice. Depois de citar Cícero, que aconselha discrição ao estrangeiro em terra alheia, declara que se sente em Bruges, como na sua Valencia, em casa: é a sua "pátria". Não só ali casou como ali pretendia viver, como de fato viveu, até o fim dos seus dias. Essa, explicava, a principal razão por não omitir o que via e o que sentia à vista da indigência de muitos dos seus concidadãos. Exposto à indiferença dos habitantes de tão rica cidade, o quadro patético da miséria lhe despertava mais, muito mais que mera simpatia: indignava-o o abandono de quem devia merecer-lhes respeito e consideração.

Eis, em suma, a justificativa de Juan Luis Vives aos Magistrados e ao Senado de Bruges: se o clamor da injustiça social não chegava aos ouvidos dos mais afortunados, a ele, cristão, competia, por especial delegação da autoridade — o prefeito De Praet —, torná-la explícita, legível. Não praticava intrujice inoportuna nem gratuita; apresentava soluções efetivas para a erradicação do mal.

Ao modo dos clássicos, retrocede no tempo à procura de causas. Detém-se na Bíblia. Mostra que ao pecado de soberba cometido pela criatura contra o Criador sucede duplo castigo: o banimento do paraíso e o trabalho. Condenação de que resultariam a doença, o envelhecimento e a morte. E para bem acentuar a evidência dessa degradação, humanista que é, toma a Plínio por testemunha (*História Natural*, liv. VII, cap. VII).

Depois de traçar, em síntese luminosa, com os conhecimentos da época, as necessidades dos homens, demonstra a estreita dependência que os une e identifica, na fragilidade e na impotência, não só entre si como entre os demais seres vivos.

Numa bem integrada economia orgânica, aponta os erros por eles cometidos e suas conseqüências nocivas: o abuso do poder, a tirania, a ambição do domínio, a guerra, a corrupção das leis, a violência, as muralhas nas cidades, a fome e o desperdício, a fartura e a miséria. Para cúmulo da divisão e da construção de mais barreiras, inventou-se o dinheiro e, com ele, a servidão.

Muitos dos males que passaram a afligir a humanidade poderiam corrigir-se ou desaparecer mercê da educação e do cultivo da inteligência. No entanto, o povo, "doutor no erro", não se corrige: ou porque não tenha mestres ou porque não os ouça ou porque eles próprios sejam corruptos...

A pobreza é, na verdade, falência existencial. E não pressupõe a falta única de bens materiais: há quem viva à míngua de bens morais, intelectuais, espirituais. De muito maior valia que quaisquer outros. Carentes de dádivas ou dons, nos sujeitamos todos, sem exceção, à indigência. Necessitados de esmola — do grego *eleemosýne,* piedade, compaixão[16] —, sucumbimos ao infortúnio se nos falta o socorro do próximo.

Nesse caso, a vida é dar e receber. Aquele que dá inscreve o seu gesto na ordem dos benefícios. O maior de todos eles? O de ensinar. Sócrates dizia que seria grato a quem o livrasse da ignorância. E Job, na miséria, fazia uma única súplica: "Ensinai-me [...]."[17]

Na ordem dos benefícios, o dinheiro comparece em último lugar. O socorro material, gesto de liberalidade, merece, contudo, a aprovação do filósofo: mais pela significação e pelo prazer que proporciona ao doador que pelo dinheiro em si, instrumento de barganha. A prática da generosidade, o gosto natural de fazer o bem, eis o que engrandece o homem. Fazer o bem é "obra divina por excelência".

Vives insiste nos exemplos colhidos na Bíblia e nos clássicos. São os textos sagrados e as palavras dos sábios e mestres da Antigüidade que lhe abonam os argumentos com a au-

---

[16] É neologismo cristão. Pelo latim, no tempo de Vives, *eleemosyna*; no latim bárbaro, *elimosyna*. Vives vale-se da dupla acepção para vincular o termo à nossa dupla indigência: física e moral, ou espiritual ou intelectual.
[17] *Job*, 6, 22-24.

toridade da doutrina e o saber de ciência e de experiência feito. E não há notícia de império nem de república que se tenham sustentado se cada qual, esquecido dos demais, busca, sempre, o próprio proveito.

A sua melhor representação, cujo retrato repete, com detalhes, o comportamento dos nossos homens públicos e da nossa república — está "em duas poderosíssimas nações, Roma e Atenas, como também o demonstrarão todas as que têm *cidadãos que preferem ser eles mesmos cidadãos grandes e poderosos antes que o seja a sua própria pátria*" (grifo meu).

Mas... que dizer de "atirar pérolas aos porcos" e receber em troca a ingratidão, o ressentimento? Haverá justificação para socorrer quem nos importuna, ofende e malbarata a ajuda recebida? Por que apiedar-se do mendigo arrogante, viciado, simulador e mau? Do esmoler de profissão? São vorazes, sujos, debochados, libidinosos, desumanos... Se se julgam no direito de tudo exigir porque nada têm, se tudo se permitem inspirados pelo ódio gratuito aos que têm o que lhes falta... Se... se...

A lebre levantada, Vives procede como num púlpito: volta-se para os pobres, objeto da detração dos bem e mal-pensantes, deixando parte da assembléia entregue a si mesma e às dúvidas suscitadas. Ato contínuo, fala do desígnio oculto de Deus, aponta no Cristo, despojado de bens e de roupa, o melhor exemplo de resignação. Contemplando-o, por que não suportar a amargura na terra para, um dia, regalar-se, no céu, com a eterna bem-aventurança?

Nesse aceno sutil de felicidade, inapreensível a olhos afeiçoados às asperezas da vida, o pregador não se demora. Como é do seu feitio, procura reduzir a perspectiva à mira do interlocutor. Foca o cotidiano. Que mais fácil sugestão que a do uso do bom senso? Sugere, insinua, apela: por que não proceder com recato e educação? e... por que não trabalhar? não é a lei de Deus? No entanto, conhecedor que é do gênero humano, logo se acautela. O trabalho é hábito. Hábito que se adquire ao longo dos anos. E o tempo é breve. Então... não vai além. Prefere advertir sobre a gratidão e sobre o uso ajuizado do socorro recebido. Instrui acerca dos gastos miúdos e da necessidade a satisfazer. Toca a corda sensível: o amor paterno. Lembra que a melhor riqueza que o pai deixa aos filhos não é o dinheiro: são a virtude e a sabedoria[18] — riqueza ao alcance do homem de bem, pobre que seja.

Só depois desse desvio é que retorna aos que estão habilitados à caridade. Devassa-lhes a alma. E torna patentes os impedimentos criados para fugir ao altruísmo: a soberba e a inveja, o gosto da posse,[19] o medo da perda dos bens e, com eles, da projeção social, do apreço público, do poder.[20]

A pobreza é insulto, mal insuportável, praga que se roga ao inimigo. A riqueza, justo o contrário. No caminho de todos e de cada um, surge o dinheiro. Indefectível. De objeto de transação, meio, instrumento útil à subsistência, passa a fautor: fomenta a honra, a dignidade, o talento... Se quem o possui é tido por sábio, senhor, rei, aquele a quem falta, figuram-no como tolo,

---

[18] Atente-se que sabedoria não significa conhecimento adquirido, erudição mas, sim, o saber de experiências feito, temperança, prudência, ponderação, sensatez. Essas, as qualidades do homem sábio. Para os judeus como para os cristãos, a sabedoria é o conhecimento inspirado das coisas divinas e humanas. Assim se aplica ao *Livro da sabedoria*, do Antigo Testamento, atribuído a Salomão, o sábio. Só o francês dispõe dos dois termos — *sage* e *savant* — tomados, como sábio, port., e sabio, esp., de *sapius* (de *sapidus*), para significar o prudente — *sage* —, e o sapiente, aquele que tem o saber de ciência — o *savant*; de *sapiens*, *sapientis*, temos, em port. e esp., sapiente, de uso limitado; o italiano optou por *saggio*, apenas.

[19] Elevado à condição de ser, e ser estimado, querido, amigo, o bem converte-se em parte integrante do sujeito (V. nota 100, sobre Gabriel Marcel, *Être et avoir*). A assimilação do sujeito pela coisa possuída — objeto — é explorada à saciedade no teatro de Plauto. Veja-se *A marmita* — *Aulularia* — imitada dos gregos, e que inspiraria a Molière a comédia *O avarento* — *L'avare* — e, a Ariano Suassuna a farsa *O santo e a porca*. Nas três peças, o apetite da posse projeta no objeto o próprio Eu que nele se desdobra e se completa (sobre Plauto e a pobreza, as imagens e o vocabulário da pobreza, a posse, os bens, leia-se, de M. Crampon, *Salve lucrum ou l'expression de la richesse et de la pauvreté chez Plaute*. Paris, "Les Belles Lettres", 1985).

[20] Uma pena que Vives não tenha representado, como sabia fazer, o que era a vida do rico em Atenas. Xenofonte figurou-a à maravilha no seu diálogo "Econômico". Sócrates toma a palavra para descrevê-la: "Primeiro, vejo-te obrigado a oferecer grandes sacrifícios aos deuses pois, do contrário, ficarás em má situação diante deles e, também, perante os teus concidadãos; em seguida, terás de receber hóspedes estrangeiros, dar jantares aos concidadãos e prestar-lhes serviços. Além disso, a cidadania impõe pesadas despesas: criar cavalos, pagar um coral, promover festas desportivas, e, se a guerra estoura, terás de armar navios, pagar contribuições extraordinárias, e de tal monta que enfrentarás com dificuldade teus gastos pessoais. E se não pareceres cumprir essas obrigações, como se espera, os atenienses te castigarão tão severamente quanto eles se surpreenderiam se tu lhes roubasses os seus próprios bens."

verme desprezível, menos que homem. Só não se lembram, os que assim pensam e procedem, que tal vida, tal morte...

Por que praticar o bem? Porque é belo e excelente. Para Plínio, "deus é o mortal que ajuda o mortal".[21] Sêneca, pagão, já encarecia os méritos daqueles que faziam benefícios, ainda que à míngua de reconhecimento. E, afinal, de que vale acumular riquezas? Tanto se empenham os homens em tesourizar que vivem pobres e morrem ricos... Aqueles que leram os antigos e se debruçaram sobre os Evangelhos aprenderam que quanto mais se dá mais se tem: a caridade traz as bênçãos de Deus e a abastança. Como ocorre aos pobres, também aos ricos a obsessão pelo futuro da prole desvia da reta razão. Obstinam-se em amealhar, amealhar para que os filhos vivam sem penas nem sobressaltos.

Para demonstrar a insensatez de quem decide da duração da vida e faz projetos fantasiosos para o futuro, que a Deus pertence, Vives cita Salomão, que teve a boa lembrança de transferir aos herdeiros a preocupação com o destino a dar à sua fortuna. Por que avançar além da vida? por que perscrutar além do visível e previsível? Isso também é vaidade.[22]

E por que não ponderar que o dinheiro, convite a todos os vícios, em vez de inclinar ao bem, incita ao crime e à desgraça? Haverá herança mais degradante? Instrumento do mal, além de tirar a tranqüilidade do homem honesto, o dinheiro torna o mau pior.

As repúblicas, Platão admitiu-o, seriam felizes se não conhecessem "o meu" e "o teu". Quanto ao homem, explica: "Não nascemos só para nós, uma parte de nossa vida pertence à pátria e, outra, aos amigos."[23]

Nada há no mundo para o desfrute de um só dono.[24] E a ninguém se confere o gozo da posse em caráter absoluto.

---

[21] *Hist. nat., liv. II, cap. VII.*
[22] As palavras atribuídas a Salomão remetem ao *Eclesiastes* — *Vanitas vanitatum, et omnia vanitas*. Na tradução da *Vulgata*: "Vaidade das vaidades, dizia o *Eclesiastes*, vaidade das vaidades! Tudo é vaidade" ("Prólogo", 1, 2).
[23] *Heautontimorúmenos*, Act. I, Esc. I.
[24] Eis o que diz santo Ambrósio: "Não dás da tua fortuna ao seres generoso com o pobre; tu dás aquilo que lhe pertence. Porque aquilo que te atribuis a ti foi dado em comum para o uso de todos. A terra foi dada a todos e não apenas aos ricos."

Até os animais ferozes observam essa lei da natureza: saciados, deixam aos mais fracos o que resta da presa abatida. Visto que nenhum ser vivo consegue subsistir sem o socorro mútuo, Deus, magnânimo, exorta o homem à misericórdia. E não será digno de apresentar-se diante da divindade aquele que fechar olhos e ouvidos às suas palavras. Pois sequer ama a Deus quem se mostre incapaz de amar o homem, feito à sua imagem e semelhança.

Se não bastam as advertências dos sábios nem os preceitos dos apóstolos, há, para os infensos à caridade, muito bons motivos para socorrer os pobres. Incumbe à cidade (o Estado), que recebe poderes para a proteção e defesa dos cidadãos, zelar pelo bem de cada um. Sem exceção. Não é legítimo nem justo discriminar, pró ou contra, porque "nada se deve descuidar na [...] comunidade". Os governantes que se ocupam dos ricos em detrimento dos pobres agem como o médico cuja ciência não alcança os pés nem as mãos porque só cuida do coração, órgão da vida.

Tamanha ignorância redunda no prejuízo de todos. Atormentados pela necessidade, os marginalizados mentem, roubam, traficam. Se impedidos de dirigir a violência contra quem os despreza ou ignora, destroem o patrimônio público, invadem as praças, as igrejas, vandalizam, aterrorizam a cidade. Esses, os primeiros sintomas da desordem social, do caos urbano, das guerras civis.

Políbio refere que o alvo de toda guerra civil na Grécia eram as fortunas. Plutarco corrobora-o: decretada a anistia para todas as dívidas após uma insurreição em Megara, decidiu-se que os credores, além da perda do capital, estariam obrigados a reembolsar os juros pagos pelos devedores. Aristóteles acrescenta: "Não só em Megara como em outras cidades, quando o partido popular toma o poder, a primeira coisa que se faz é confiscar os bens das famílias ricas. Mas acontece que ali, tendo começado por essa medida, já não puderam parar. Foi preciso descobrir, a cada dia, uma nova vítima. Ao final, o número de ricos despojados e exilados era tão grande que acabaram formando um exército."[25]

---
[25] *Politique*, Trad., V, 4, 3.

Nesse período da história grega (*circa* 412 a.C.), dois partidos se defrontavam nas guerras civis: o partido dos pobres e o dos ricos. Os pobres queriam apoderar-se dos bens dos ricos, e os ricos, por seu turno, obstinavam-se em conservá-los ou recuperá-los. As cidades viviam entre sucessivas revoluções revanchistas. E isso duraria da guerra do Peloponeso até a conquista da Grécia pelos romanos.[26]

Modelo de sociedade civilizada, Atenas escaparia, no juízo de Isócrates, a esses desregramentos. Os atenienses agiam entre si de maneira inteligente. Isto é, como devem agir quantos têm a mesma pátria. Os mais pobres não invejavam os ricos e procuravam zelar pelas propriedades dos mais abastados, pois acreditavam que ao promover a felicidade alheia estariam garantindo o próprio bem-estar. Não se julgando acima do bem e do mal, a gente próspera buscava socorrer os menos favorecidos, de modo a não recair sobre sua cabeça a condenação divina nem a vergonha de conviver com a pobreza. Que dizer de um cidadão que se regalasse com finas iguarias enquanto nos limites da cidade a fome roía o ventre do miserável? Abrindo a bolsa e o coração, não os atormentava o medo de que o gesto de caridade despertasse a voracidade dos despossuídos. Risco maior corriam os que se recusavam a reconhecer a necessidade da assistência. Sabiam muito bem o que faziam. Subtraídos à miséria, os indigentes conheceriam as benesses da limpeza e da saúde. E quem, depois dessa experiência, não lutaria para fugir da sujeira e da peste? Foi o que contou Isócrates num dos seus discursos.[27]

Não param aí, nessa visita aos atenienses, os benefícios da generosidade. E vale assinalar: muito aproveita ao generoso o gesto de compaixão. A mais eficaz das profilaxias contra as epidemias, contra a sarna, contra as úlceras expostas e doenças contagiosas está no tratamento e cura dos enfermos. Principalmente se destituídos de recursos. Como passam a vi-

---

[26] Mas em Roma — corrige Fustel de Coulanges —, onde se respeitava um pouco mais os direitos do cidadão, não se chegaria a tais desatinos (V. *La cité antique*. Préface de William Seston. Paris, Le Club du meilleur livre, 1959, p. 323-4).
[27] *Discursos,* Aeropagítico (VII), 31-33. Ed. y trad. Juan Manuel Hermida. Madrid, 1980, II, p. 60.

ver na rua, o perigo do contágio se multiplica, estendendo-se à população. Não parece ajuizado, da parte dos magistrados nem dos governantes, aceitar que uma parte dos cidadãos se torne perniciosa para os demais (entre os quais, eles mesmos). As meninas e meninos desamparados vendem o corpo, contraem vícios, enfermidades vergonhosas, maus costumes; as mulheres adultas alugam crianças para esmolar; as velhas servem de alcoviteiras; os mendigos fingem achaques, dilaceram o corpo, aprofundam chagas para despertar compaixão. Tudo isso a céu aberto. Se parece quadro indigno ao transeunte descuidado, é clamor indecoroso contra a cidade e seus habitantes. Os romanos não aceitavam esse descalabro. Desde a promulgação da Lei das doze tábuas a urbe se organizara para que a mendicância não fosse necessária. Em conseqüência, baniram-na dos seus muros.

A redução dos tributos, a atribuição de terras públicas para plantio, bem como a ajuda financeira, em espécie, eram algumas vezes decretadas. Não se inscreviam, porém, no rol das medidas acessíveis. Nem duradouras.

Desde que a caridade não tem curso universal e que os remédios divinos raramente se aplicam às emergências do humano, Vives investe naquilo que todo mundo conhece: asilos, hospitais, creches, escolas e mais instituições públicas. Ressalta o que lhe parece óbvio: que não se podem deixá-los ao deus-dará, à discrição de uns quantos administradores. Impõem-se vigilância e visitas constantes para verificar o bom uso das verbas de empenho.

A Igreja poderia associar-se benevolamente a essa missão. A autoridade episcopal delegaria às paróquias o cadastramento dos lares em dificuldade. Observada muito especial discrição no registro da "pobreza envergonhada", além de particular complacência para as suas causas, todas as famílias seriam contempladas. Não se pode condenar o pecador a morrer de fome. Muitos menos os parentes.

Ainda que provada e comprovada a conduta perdulária ou viciosa do pai ou responsável — jogador, mulhereiro ou alcoólatra —, nenhum deles seria preterido por má conduta.

Fazendo cumprir o adágio "Quem não trabuca não manduca", Vives argumenta que o castigo não estaria proibido. Seria preceito. Para os estróinas como para os imprudentes. A eles caberiam as piores e mais ásperas ocupações.

Acrescenta: só se evitam a recaída e o recurso permanente à caridade com uma boa administração de pão e trabalho. Sob condição: a de que se preparem e se instruam os assistidos para a execução de tarefas que lhes agradem.

Como é de praxe entre educadores e psicólogos modernos, Vives dedilha todos os misteres imagináveis. Respeitados, sempre, o gosto e a aptidão de cada qual. E prossegue alertando sobre enganos e equívocos causados por desvios de caráter e, o pior deles, a corrupção...

Nada é esquecido. Nem a sugestão de trabalho para o enfermo que entra em convalescença. Atendidas, sempre, as recomendações quanto ao trato: que se examinem com delicadeza e afabilidade as necessidades dos pobres.

As crianças e o cuidado que lhes é devido, os censores e a censura ganham capítulos especiais. Semelhantemente, aqueles aos quais afligem necessidades imprevistas ou ocultas. Como o livro merece e deve ser lido nas linhas e entrelinhas, não me compete, nesta introdução, esgotar-lhe as lições. Registre-se, apenas, antes do convite à leitura, o capítulo VI, "Do dinheiro que será suficiente para esses gastos".

O autor não se amesquinha: acredita que o dinheiro será suficiente não só para as necessidades cotidianas como para as extraordinárias, aquelas que costumam aparecer em qualquer cidade.

Nos tempos antigos, é sabido, tudo se resolvia à luz dos ensinamentos de Cristo: os fiéis depunham os bens aos pés dos apóstolos para livrar-se de toda e qualquer servidão terrena. Transferiam-lhes sua posse e uso. Mais tarde, o exercício dessa função se encomendou aos diáconos, que, por sua vez, trataram de repassá-la aos leigos. A comunidade eclesiástica optou pelas coisas divinas, deixando as humanas, ou demasiadamente humanas, a cargo e juízo dos homens. Só que desmandos e venalidades fizeram que a Igreja chamasse novamente a si a responsabilidade da guarda, emprego e distribuição das doações.

Ainda aí, esfriou-se a fé. O clero tomou gosto pela pompa, pelo luxo, pelos prazeres. A riqueza que devia minorar o sofrimento dos pobres passou a engrossar, em muitas cidades, as arcas dos cardeais e arcebispos vaidosos. Vaidosos e ímprobos. Que fazer senão entregar a Deus a vingança?

Vives não procura desvendar os desígnios divinos nem identifica a forma da vingança. Cuida, logo, das rendas anuais dos hospitais, bastantes, ao que lhe informaram, para fazer face às necessidades de todos os cidadãos. Dispõe: os hospitais ricos devem dar o que sobra aos desprovidos de recursos e também a esses cumpre passar adiante o saldo em caixa. Assim, a caridade de Cristo abarcará a cidade, tornando-a uma só família. E havendo ainda sobejo, as cidades vizinhas poderão beneficiar-se da generosidade dos doadores.

Se se imitasse o bom hábito de gente afortunada, que nomeia legatários[28] instituições de caridade — asilos, escolas, creches e hospitais —, não seria difícil prover-lhes as despesas. Responde muito mais à piedade cristã o deixar aos pobres o que se adquiriu em vida do que gastar somas enormes com féretros e cortejos mirabolantes.

Compete também às igrejas o pedido de ajuda aos necessitados. E cada uma delas deveria destinar um tronco às espórtulas. Como nada lhe passa despercebido, Vives se antecipa a alguma censura, aconselhando moderação: que a retirada e reposição dos troncos fossem espaçadas.

Quanto à responsabilidade da guarda e administração do dinheiro, sentencia com austeridade: "Cuidem desses troncos dois homens honrados, escolhidos pelo Senado, não tão ricos como é de esperar-se nesse tipo de tarefa, e de espírito nem rapinante nem rasteiro." Para melhor resguardo contra a tenta-

---

[28] O que ainda é costume nos Estados Unidos, na França e na Alemanha: há quem faça doação, mesmo em vida (e dou testemunho disso) de castelos, presente incômodo mas que pode ser convertido em dinheiro, propriedades, quadros de mestres, móveis de época, jóias. Discrimina-se, muita vez, a destinação desses bens: a instituições católicas ou protestantes, a determinados serviços médicos, a escolas de música ou de belas-artes e, até, cemitérios.

ção, aconselha a retirada freqüente da coleta para evitar o manuseio, pelos administradores, de grandes somas — tentação perigosa. Ainda assim, no caso de acúmulo em espécie, que se retire uma parte para doação a instituições mais necessitadas e que o montante destinado à manutenção da casa se inculque à responsabilidade do Senado. Nesse passo, sob ameaça de terríveis castigos à comprovação de qualquer desvio, obrigam-se os curadores a juramento sagrado. Por último, um conselho de prudência: que se apliquem logo as doações, pois dinheiro guardado desperta cobiça e sempre aparece quem dele tenha necessidade.

Recenseadas as fontes eventuais de esmolas e coletas, a começar pelos cristãos praticantes que se dispõem a ajudar, há que recorrer aos ricos e falar-lhes francamente sobre o bem que podem fazer e do qual não haverão de arrepender-se. Que se coligue a seguir o governo da cidade: chamado a colaborar, poderia reduzir o gasto com festas e banquetes. E no caso de destinar aos pobres a verba reservada para recepções e futilidades, parte das despesas estaria subvencionada.

Aos que trabalham e se esforçam para prover-lhes as necessidades, Vives incentiva e alicia para o bem. Que não desanimem. Tenham fé. Deus proverá. Quanto aos pobres, urge que aprendam a viver. Que não queiram ter tudo, e muito, de uma vez. Não se ponham a amealhar. Tenham confiança em Deus. Deus proverá.

Claro que não se pode erradicar a pobreza da noite para o dia. Vives tem consciência disso. A exemplo das enfermidades que achacam o gênero humano, podemos tentar curá-las. Até onde seja possível.

E... que se espera, afinal, de um governante, de "um governante da República"?

"O seu dever", explica Vives, "é não fazer caso do que pense esse ou aquele, ou mesmo, um certo número de cidadãos acerca das leis da administração sempre que se vise ao bem do conjunto do corpo social de toda a cidade; pois as leis são úteis, inclusive para os maus, ou para que se corrijam, ou para que não perseverem no mal."

Vamos concluir. Terminemos com uma questão ferina, de ponta de punhal na garganta dos acomodados, no bem-bom de suas torres, altas, indevassáveis e indevassadas:

"Pois bem, quem trabalha com menos humanidade [?], os que querem que os pobres apodreçam na imundícia, na sujeira, nos vícios, nos crimes, na lascívia, na ignorância, na loucura, nas calamidades e na miséria, ou os que buscam meios para arrancá-los desse estado e proporcionar-lhes uma vida mais civilizada, mais limpa, mais instruída, em que sairão ganhando tantos homens que eram inúteis e estavam perdidos?"

Que respondam os dignos. Ou os puros de coração...

QUEM TEM MEDO DOS POBRES?

Que lição nos chega, neste terceiro milênio, do remotíssimo século XVI, na voz de "um espanhol de fora da Espanha"? Alguém terá medo de Vives? Movidos agora pelos seus propósitos, sem cólera nem parcialidade, podemos perguntar: Quem é que tem medo dos pobres em revolta? E dos mendigos? E dos meninos de rua? E dos sem-escola? Dos desempregados?, dos sem-teto?, dos sem-terra? ou das rebeliões em cadeia do sistema penitenciário?

Pois toda essa grei, à que se somavam vagabundos, desocupados, nômades, *clochards*, compunha a população desvalida, sem pão (e também sem terra, sem teto), que o "Antigo Regime" chamava deslocados — *délocalisés*. E foram eles os responsáveis pelo grande medo — *la Grande Peur* — que precedeu a noite do 4 de agosto de 1789. Medo culposo, que explica, se não justifica, a vitória da Revolução e a ruína dos privilégios jurídicos sobre os quais assentavam o direito divino da realeza e a autoridade da monarquia.

Em janeiro de 1919, seria a vez do levantamento dos operários de Berlim, fomentado pelo grupo spartaquista, cujo nome se inspira na rebelião dos escravos liderados por Spartacus contra Roma (69-71 a.C.).[29]

---

[29] Altamente onerosos para a Alemanha e para a Áustria, que saíram destruídas e moralmente humilhadas pelos Aliados ao término da Primeira Grande Guerra (1914-1918), os tratados de Versalhes — com a Alemanha, 28/06/1919 — de Saint-Germain-en-Laye — com a Áustria, 10/10/1919 — e o armistício de Pádua, imposto pela Itália à Áustria, 03/11/1919, só fizeram recrudescer o ódio e os conflitos entre as nações européias. A crescente penúria, a inflação, os salários baixos, a desigualdade social explicam, e também justificam, a adesão ao comunismo. Buscava-se justiça, lutava-se pela liberdade. O movimento socialista alemão converte-se ao comunismo

Frustrada a tentativa de revolução (de 5 a 11 de janeiro), assassinados os seus dirigentes, não restaria senão — afirma Stefan Zweig — "a fraternidade invisível acima dos Estados e longe das realidades".[30]

Que se junte às suas palavras o testamento da revolução, ditado por Rosa Luxemburgo, à vista da nova ordem, edificada sobre a areia e sobre o sangue: "Eu era, eu sou, eu serei."[31]

Na manhã de 15 de julho de 1927, Elias Canetti assistiria, em Viena, às comoções da massa em revolta. Diligente e cordata, a classe operária austríaca descia às ruas para contestar, injuriada, o "veredito equitativo" do tribunal que absolvera os réus presumidos da morte, num tiroteio, dos seus colegas. Parte, então, para o confronto com a autoridade responsável. Faz-se o caos. O palácio da justiça é invadido e incendiado. O chefe de polícia dá ordem para atirar. Noventa mortos.

Durante toda a vida, Canetti carregaria na medula a emoção desse dia: "dia que foi talvez o mais decisivo da minha vida após a morte de meu pai", confessa.[32] "Aprendi, sem que me fosse necessário ler uma só linha", explica no ensaio *A consciência das palavras* (1976), "o que fora a tomada da Bastilha."[33]

---

reagrupando-se em torno de Karl Liebknecht e Rosa Luxemburgo (30/12/1918). Os spartaquistas são arrastados a um confronto suicida com o governo saído do tratado de Versalhes. O internacionalismo e a fé de Rosa Luxemburgo num mundo melhor são banidos da Alemanha. Stefan Zweig previu, com extrema lucidez, o equívoco de Eisner e Liebknecht. Vaidosos e ingênuos, conclamaram à luta de classe, levando à desgraça os operários que lhes ouviram a arenga. A revolução afogada em sangue, o assassínio de Rosa Luxemburgo e Liebknecht transforma-os em mártires. Zweig declara: "Estou com os vencidos e peço piedade para o povo que fez, ainda assim, alguma coisa pela humanidade."

[30] Carta a Romain Rolland, 30/12/1918, citada por Serge Niémetz, *Stefan Zweig. Le voyageur et ses mondes*. Paris, Belfond, 1996, p. 228.
[31] Devo a Jean-Michel Palmier a citação das frases de Rosa Luxemburgo. É com elas que o autor fecha a Introdução do seu estudo definitivo sobre *Weimar en exil . Le destin de l'émigration intelectuelle allemande antinazie en Europe et aux Etats-Unis*. Paris, Payot, 1990, p. 34.
[32] *Le flambeau dans l'oreille. Histoire d'une vie*. 1921-1931. Paris, Albin Michel, p. 280.
[33] *La conscience des mots. Essais*. Trad. Roger Lewinter. Paris, Albin Michel, 1989, p. 290.

Desse aprendizado, dão-nos testemunho o seu único romance, *Auto-de-fé* (1935), o ensaio capital, *Massa e poder* (publicado em 1960), e suas memórias, particularmente *A tocha no ouvido. História de uma vida 1931-1937*.

O comportamento da massa, imagem fiel dos sentimentos que lhe pareciam prenunciadores dos desvarios do século XX, mostra, sem meias-tintas, que o medo pode trocar-se, numa simbiose exaltante, em fúria incontrolável.

Canetti declara: "Eu tinha um medo terrível, principalmente dos mortos. Eu me aproximava deles, mas ao chegar mais perto logo os evitava [...] As tropas montadas davam impressão aterrorizante, talvez porque elas mesmas tivessem medo."

Descreve: "Os ruídos mais estridentes eram os gritos de ódio quando se atirava contra o povo e as pessoas caíam. Esses gritos eram terríveis, sobretudo os das mulheres, claramente audíveis."

À contemplação das labaredas, que consomem o palácio da justiça, impõe-se, desde o início, a força aglutinante da massa: "O fogo criava a coesão: sentia-se o fogo, sua presença era esmagadora, e até nos locais onde não era visto ele continuava na nossa cabeça: sua força de atração e a da massa eram uma única e mesma coisa..."

Sempre presente, e em *crescendo*, a atração irresistível: "A coerência do conjunto não cedia. [...] Ainda que sozinho em algum canto [...], sentia-se como se alguém nos puxasse, nos agarrasse, e isso porque no ar também se sentia uma espécie de ritmo, de música aterradora. Pode-se falar, de fato, de música, porque a sensação era a de ser transportado, carregado, como por um vento sonoro."[34]

É natural que o desespero incite à revolta, como é natural que os fracos se armem com a psicose do ódio e da destruição. O medo pontifica: de parte a parte. Contagiante, torna-se tão perigoso e tão cego quanto a ira.

---

[34] *Le flambeau dans l'oreille*, cit., p. 279.

Mil setecentos e oitenta e nove, 1919, 1927. Nessas três datas, em diferente circunstância, desvalidos de diferente origem fizeram ouvir a sua voz. Não há como negar: embora afastados no tempo e no espaço, unem-se agora em comunhão solidária. Acima do chão em que vieram à luz e não lhes foi permitido usufruí-la, perenizaram, alheios aos caprichos da justiça, a universalidade dos direitos humanos. Enquanto isso, nos apertados limites de códigos e leis nacionais, seus descendentes ainda pedem misericórdia "em nome de Deus". Será que não obterão outra satisfação que o cumprimento, na eternidade, das promessas do Sermão da montanha?

Teremos, hoje, respostas francas e diretas à pedinchice irritante dos pobres? ao seu vozeio estertoroso? Ou será preciso que suas lamúrias se adensem em clamor de revanche?[35]

Alvo de estudos, seminários e congressos, o tema da pobreza tem vasta bibliografia: desde os escritos da Idade Média, da autoria de filósofos e pedagogos religiosos, às recentes publicações de pesquisas realizadas para o Centro de Sociologia Européia.[36]

Sob a direção de Pierre Bourdieu, procedeu-se a cerca de cinqüenta entrevistas cujo interesse era "compreender as

---

[35] Para saber mais sobre o medo, a angústia, a ansiedade e o pânico, consulte-se, de Jean Delumeau, *La peur en Occident (XIV-XVIII siècles). Une cité assiégée*. Paris, Fayard, 1978.

[36] *La misère du monde*. Paris, Le Seuil, 1998. Ao rever as 4as provas deste ensaio, tive a ocasião de ler a publicação da Konrad-Adenauer-Stiftung, *Pobreza e política social*. São Paulo, Cadernos Adenauer, 2000, 1. Não posso deixar de citá-la, com insistente convite à leitura das seguintes colaborações: Ricardo Paes de Barros *et alii*, "Evolução recente da pobreza e da desigualdade: marcos preliminares para a política social no Brasil"; Vilmar E. Faria, "Brasil: compatibilidade entre a estabilização e o resgate da dívida social"; Verónica Silva Villalobos, "O estado de bem-estar social na América Latina: necessidade de definição"; Rainer Schweickert, "A transformação do estado de bem-estar social europeu". Nos albores do terceiro milênio, sirvo-me também desta nota para encarecer a importância do livro-manifesto de Cristovam Buarque, *A segunda abolição* (Rio de Janeiro, Ed. Paz e Terra, 1999). "O livro teve origem", segundo o autor, "no propósito inicial de responder às questões colocadas pela comissão constituída no Congresso Nacional para debater o tema da pobreza, talvez a primeira com tal objetivo, na longa história do nosso Congresso." Não visa a abordar, e o professor Buarque o ressalta, "todos os temas da construção de uma nova nação brasileira. Não pretende ser uma panacéia irreprovável de idéias e propostas. Mas é um documento que se recusa à omissão". É hora de lê-lo. Se não quisermos pagar altíssimo preço pela nossa omissão...

condições do aparecimento das formas contemporâneas da miséria social na França". Pesquisa ambiciosa, não se limitou ao círculo da miséria "de condição". Esse, parece-me, o seu maior mérito. O orientador considerou, como Vives o faria, formas outras de pobreza.

Produto de empenho coletivo, mas coerente, bem travado, porque conduzido e enfeixado pelo professor, *A miséria do mundo* detém-se na avaliação de casos individuais em que se diagnosticam as misérias sociais e as misérias de situação. À vista desse mosaico de carências, desigualdade e injustiça, entende-se como Bourdieu tinha em mente despertar na sociedade o desejo de participar da coisa pública: as entrevistas acabariam por sugerir de viva voz, o que realmente aconteceu, "uma diferente maneira de fazer política".

Tão convincente é o convite e tão atual é o tema da pesquisa que *La misère du monde* foi adaptada para o teatro e montada seis vezes entre 1997 e 1998. A partir de abril de 1999, a primeira montagem, da autoria de Didier Bezase, percorreria a França em turnê.

Antes que as entrevistas se transformassem em drama, Philippe Adrien promoveu uma série de encontros — as tradicionais *Rencontres de la Cartoucherie* — sobre a miséria no mundo. Foi o que causou o *insight*: à divulgação do texto de Bourdieu, vislumbrou-se a potencialidade representativa desses fragmentos de vida. A exemplo dos pobres, o tema da pobreza é eterno...

A quem interessar possa, não foi portanto Juan Luis Vives o primeiro a reivindicar para eles um lugar na cidade, nem foram a sociologia nem os sociólogos os pioneiros do estudo da pobreza à luz das relações nebulosas entre a cidade e os excluídos (como está na moda). Até Joãozinho Trinta, a quem chamaram "o pirado das folias carnavalescas", pirado genial, sem dúvida, "inovou", no dizer da crítica, ao exibir, no desfile de 1989, os tumores sociais do país: numa alegoria dramática, os figurantes da sua escola de samba, a Beija-Flor, encenaram, na praça da Apoteose, o quadro *Ratos e urubus*, reprodução macabra, à Jerônimo Bosch, da miséria brasileira. E coube ainda à mesma Beija-Flor, campeã do Carnaval de 2003, reinterpretar, com brilho e muito luxo, o drama da fome e da miséria no enredo "O povo conta a sua história: Saco vazio não pára em pé — a mão que faz a guerra faz a paz", criado e dirigido por Laíla, Cid Carvalho e Shangai.

Entre os grupos de estudos com produção anual, e que têm enriquecido o acervo bibliográfico da história da pobreza desde 1962, está o do Centro de Pesquisas Históricas da Idade Média, da Sorbonne. Também a *Revue d' histoire de l'Eglise de France* vem publicando ensaios e artigos assinados pelos membros da Sociedade de História Eclesiástica da França.[37] Na Itália, um congresso reunido em Todi, entre 15 e 18 de outubro de 1967, abordou *A pobreza e a riqueza na espiritualidade do século XI e XII*.[38]

Vives, sabemos, não se contentou com a mera comprovação da indigência. Partiu para a busca de solução definitiva de sua causa. Encontrando-a, não titubeou em submetê-la às autoridades.

Empenhados em compreender os pobres para socorrê-los, o que fica do zelo piedoso dos religiosos e dos cristãos leigos é o apelo em favor do próximo, nosso irmão. Não se alicia para despertar o enternecimento. Convoca-se. Predispõe-se para atos e gestos. De misericórdia cristã, caridade franciscana, vicentina ou "teresiana", em resposta à fé, à "opção pelos pobres", à teologia da libertação, às campanhas da fraternidade. O que seja. Por exemplo: ao modo da *Misereor* e da *Charitas*, da Sociedade de São Vicente de Paulo[39] e da Ação Católica, do Exército da Salvação, dos Irmãos de Emaús e das Obras do Abbé Pierre, do Banco da Providência (RJ), das Comunidades

---

[37] V. M. Mollat, "La notion de la pauvreté au Moyen Âge: positions des problèmes", in *Revue d' histoire de l' Eglise de France*. 1966, T. LII, nº 149, p. 5-23. Do mesmo autor, leiam-se: "Pauvres et pauvreté à la fin du XII siècle" (in *Revue d'ascétique et de mystique*. 1965, T. XLI, p. 305-324), *Etudes sur l'histoire de la pauvreté* (Paris, 1974), *Les pauvres au Moyen Âge* (id., 1978).

[38] Na antologia editada por Ovidio Capitani — *La concezione della povertà nel Medioevo* (Bologna, Casa Editrice Patron. 1981) — publicam-se alguns dos trabalhos dedicados ao tema do congresso *Povertà e ricchezza nella spiritualità dei secoli XI e XII*.

[39] São Vicente de Paulo (1581-1660) fez mais que isso. Consagrou a vida aos pobres, aos condenados às galés, aos meninos abandonados, às populações rurais.

eclesiais de base ou do movimento leigo dos focolares. Uma exigência: atos e não palavras. "Rezar com as mãos", diz padre João de Deus Dantas. Explica: "Isto é, trabalhar, fazer com que os nossos momentos de contemplação tenham uma repercussão direta na nossa convivência social. Precisamos ser apóstolos das transformações sociais."[40]

Há, por conseguinte, socorro e socorro: de obras, quer dizer, trabalho, ação, e de prédicas e escritos.

Se bem que interessados em entender e elucidar a sucessão de fases por que passa o empobrecimento de um povo ou de uma classe social, mercê dos subsídios da estatística, da antropologia, da geografia e da história, da sociologia e mais disciplinas afins, com vista a questionar o universo político e socioeconômico em que essa degradação se processa, os filósofos, cientistas e antropossociólogos ignoram, no mais das vezes, o socorro. Isto é, o elementar. Sequer mencionam a sua eventual possibilidade. Como se a filosofia, a antropologia, a sociologia e ciências correlatas, a serviço do absoluto e de suas sublimações, não tivessem no homem a matéria mesma da sua principal atribuição.

Pura abstração, a pobreza transcende a criatura.

Encontro num artigo do padre Fernando Bastos Ávila a melhor figuração dessa tendência. "A pobreza formulada em termos de problema", esclarece Pe. Ávila, "convida à teorização. Todas as informações estatísticas e indicadores sociais que denunciam uma situação alarmante de pobreza, reduzidas a problema, passam estranhamente a constituir objeto de consumo erudito [...]. A abordagem problemática da

---

[40] "Precisamos ser apóstolos das transformações sociais". Entrevista, *Missão & Vida*. Documento histórico da Pastoral parlamentar católica. Belo Horizonte, Ed. Sérgio Lacerda, 1998, p. 7. Não foi outro o sentido evangélico da atuação dos "padres-operários" que se entregaram à prática cristã da solidariedade no mundo do trabalho. O primeiro padre-operário francês, Jacques Loew, foi estivador em Marselha e operário e favelado em São Paulo (Brasil). Escritor celebrado, receberia em 1971 o Grande Prêmio de Literatura Católica da França. Retirando-se das funções seculares, fez experiência eremítica e aposentou-se, já idoso, na Abadia de Echourgnac, onde faleceu em 16/02/1999. Ainda mais próximo de nós, pois vive e pratica o seu apostolado nas estradas do Brasil, é o caso do padre Pedro Jordá Sureda, espanhol, missionário claretiano itinerante, autor de uma agenda para caminhoneiros e motoristas, *Vida na estrada — Diário de caminhoneiros e motoristas*. São Paulo, Ed. Ave-Maria, 1999. Haverá mais belos exemplos de "rezar com as mãos"?

pobreza se caracteriza por sua preocupação por uma espécie de assepsia verbal. Em vez de pobreza, prefere-se falar em população menos favorecida, como em vez de povos subdesenvolvidos prefere-se falar em povos em vias de desenvolvimento, como se a pobreza, a indigência e a miséria fossem vias para alguma coisa."

Pe. Ávila ataca o essencial: "Nada de eficaz far-se-á contra a pobreza enquanto não houver a consciência de que ela não é apenas um problema, mas é também um escândalo."[41]

Do mesmo ângulo, observa-se a ferrovia, mais importante que o "homem que sangrou na ferrovia", ou a fábrica, entidade emblemática do século, superior ao "homem que se consumiu na fábrica".[42] Descobre-se então que a pobreza, fenômeno urbano e rural, de patologia inesgotável, vem atropelando, arrastando e matando os pobres por todos os caminhos da terra. E em virtude de sua força avassaladora mantém-se como tema digno de estudo. Até aí, tudo bem. Só que, estabelecido o diagnóstico, raramente se passa ao tratamento. Lavam-se as mãos. Nada mais havendo a acrescentar, transfere-se à Igreja, ou às Igrejas, às entidades de benemerência e ao Estado a responsabilidade do socorro.

---

[41] "O desafio da pobreza", *in Carta Mensal*. Rio de Janeiro, CNC, fev. 1981, p. 15-29. Na sua coluna de *O Globo*, Márcio Moreira Alves abordou, em novembro de 1999, o relatório Brant, um dos projetos de combate à pobreza que transitavam no Congresso (o mesmo projeto a que se refere Cristovam Buarque e que o levaria a publicar *A segunda abolição* (*opus cit.*). Após declarar que o combate à pobreza requer estratégia própria, o deputado, citado pelo articulista, se propõe definir o que entende por pobreza. Explica: "São pobres as pessoas que não têm renda suficiente para adquirir no mercado os bens essenciais à sobrevivência." Estendendo-se, em seguida, às necessidades primárias — de nutrição e de educação, afirma ser interesse inerente ao projeto assegurar, no futuro, à população assistida, condições de vida em escalas superiores de renda e bem-estar de modo a impedir a estagnação social. Como passar do relatório Brant à criação de um Fundo Constitucional destinado à erradicação da pobreza é o que o autor da nota não nos pôde adiantar. "Vamos ver como funciona", arremata. (V. "O relatório Brant", *O Globo*, "O país", 05/11/1999, p. 4.)

[42] Leia-se o belíssimo "Poema didático", de Paulo Mendes Campos, no qual se aprende que "O mundo, companheiro, decerto não é um desenho / de metafísicas magníficas (como imaginei outrora) / mas um desencontro de frustrações em combate. / Nele, como causa primeira, existe o corpo do homem / — cabeça, tronco e membros, aspirações a bem-estar — e só depois consolações, jogos e amarguras do espírito" (*O domingo azul do mar, in Poemas de Paulo Mendes Campos*. Rio de Janeiro, Civilização Brasileira / MEC, 1979, p. 151-152).

O resto? É literatura...

E porque é literatura, leiam-se os versos de um poeta anônimo do Malawi, na África, transcritos com uma advertência de quem os divulgou.

"Deixemos que suas palavras interpelem nossa prática e provoquem uma revisão de nosso modo de viver o mandamento de Jesus."[43]

Eu tinha fome
e vocês fundaram um clube humanitário
para discutir a minha fome.
Agradeço-lhes.
    Eu estava na prisão
    e vocês foram à igreja
    rezar pela minha libertação.
    Agradeço-lhes.
Eu estava nu
e vocês examinaram seriamente
as conseqüências da minha nudez.
Agradeço-lhes.
    Eu estava doente
    e vocês se ajoelharam
    e agradeceram a Deus o dom da saúde.
    Agradeço-lhes.
Eu não tinha casa
e vocês pregaram sobre o amor de Deus.
Vocês pareciam tão piedosos,
tão perto de Deus!
    Mas eu continuo com fome,
    continuo só, nu, doente,
    prisioneiro.
    E tenho frio,
    sem casa.

---

[43] O apresentador refere-se à prática da caridade segundo Mateus 25, 31-46. O livro em que se transcreve o poema anônimo: *Seguir Jesus: os Evangelhos*. Ed. Conferência dos Religiosos do Brasil. Rio de Janeiro, Edições Loyola, 1994, Subsídio 21, p. 246-247.

A POBREZA E OS POBRES.
O NOME É PRESSÁGIO

Não, não se pode prescindir dos depoimentos, ensaios, teses e monografias sobre a pobreza. Sem esse imenso acervo, ainda que produto de frias lucubrações, como saber o que já se fez e o que se deixou de fazer pelos pobres? Repetindo Maquiavel, pode-se, ainda hoje, mostrar, "num longo discurso, como são melhores os frutos da pobreza que os da riqueza e como uma tem trazido honra às cidades, às províncias e aos partidos, enquanto a outra os tem arruinado, se este assunto já não tivesse sido tratado muitas vezes por outras pessoas".[44]

E não se pode dizer que sem proveito... Os frutos da pobreza no Nordeste comprovam-no à saciedade.

Para melhor registro, recorde-se que na Idade de Ouro, durante o Reino de Saturno, filho do Céu e da Terra, a humanidade desconhecia "o teu" e "o meu". Nesse tempo de perfeita igualdade, anterior à deposição do rei pelo próprio filho, ignorava-se o castigo; a terra, dadivosa, não sofria sob o peso do arado; os homens, virtuosos, não tinham necessidade de leis e praticavam, espontaneamente, boas ações.

Mas veio o dia em que destronado por Júpiter, reduzido à condição de simples mortal, Saturno foi obrigado a refugiar-se na Itália. A partir do seu exílio, devemos deixar as *Metamorfoses* de Ovídio, em que lemos sua história, e procurar Virgílio para saber se conseguiu resgatar, na terra, a felicidade do Olimpo.

---

[44] *Discursos sobre a Primeira Década de Tito Lívio*, III, 25.

Pois no Lácio, Virgílio confirma-o, o deus, *mortalizado*, voltaria a instaurar, em meio à gente bárbara, uma nova Idade de Ouro: os homens eram iguais, não havia servidão, a posse não existia, os bens eram comuns. A lembrança desse tempo de utopia gravou-se tão tenazmente na memória dos latinos que o calendário romano sempre lhe reservou o 16 de dezembro para a celebração das Saturnais.

Contava-se que a instituição da festa, em tempos revolutos, muito antes da fundação da urbe, tinha por principal intenção reviver a igualdade entre os homens. Para bem simbolizar o culto ao deus equânime, concedia-se aos escravos não só a liberdade de palavras e de atos, como a de criticar, sem restrição, os defeitos dos senhores, pregar-lhes peças e serem por eles servidos à mesa. Proibia-se, durante as Saturnais, declarar ou empreender uma guerra, executar um criminoso ou exercer qualquer forma de corvéia, mesmo artística, fazendo-se exceção à culinária. Nesse dia de ócio, trocavam-se presentes e ofereciam-se banquetes. Os habitantes abandonavam todo negócio e subiam ao monte Aventino para passear e respirar o ar do campo.

Emblema de uma época que desconhecia o furto pela simples razão de que tudo era de todos, o templo elevado a Saturno em Roma haveria de abrigar, sob muito bons auspícios, o depósito do tesouro público.

No III século a.C. os estóicos insistem: os homens são irmãos e são livres e iguais por natureza. Muitos deles viam no curso do sol a confirmação dessa verdade: sua luz aquecia e iluminava a todos num magnífico exemplo de justiça e de comunhão de bens.[45]

O Antigo Testamento converteria em lei a lição da natureza. Cabia aos homens observar entre si a mesma igualdade. Ao instruir acerca da necessidade de amparo aos pobres, o *Deuteronômio* não recorre a meias-palavras. Sua admoestação exclui toda ressalva: "... não devem existir indigentes entre ti,

---

[45] Não é a luz o melhor e maior dos bens? Daí, a expressão "um lugar ao sol". No Antigo Testamento cabe a Deus o *Fiat lux* da criação.

porque o Senhor quer abençoar-te na terra que Ele, teu Deus, te dá como herança para que a possuas [...] Se houver junto de ti um indigente entre os teus irmãos, [...] não endurecerás o teu coração e não fecharás a tua mão ao irmão necessitado. Abre-lhe depressa a tua mão, empresta-lhe, de acordo com as necessidades, aquilo que lhe faltar" (*Dt.*, 15, 4-8).

As palavras de Cristo, anotadas por Mateus (25, 35-46), têm sua origem em Isaías: "Reparte o teu pão com quem tem fome, e introduz em tua casa os pobres e os peregrinos; quando vires um nu, cobre-o" (58, 7).

Para evitar o rolamento indefinido das dívidas, o mesmo *Deuteronômio* institui o ano da remissão. De sete em sete anos, nenhum credor podia exigir do devedor o pagamento do empréstimo. Só os estrangeiros se excluíam de anistia. Quanto aos conterrâneos, a lei é clara: "quanto às dívidas do teu irmão, farás remissão" (*Dt.*, 15, 1-3).

Na resposta de Job à réplica de Elifaz, descreve-se, em pormenor, o infortúnio dos pobres, perseguidos e explorados pelos maus: "Os maus mudam os marcos das terras, roubam os rebanhos e apascentam-nos. / [...] Afastam os pobres do caminho e os miseráveis são forçados a ocultar-se. / Como asnos selvagens no deserto, saem para o seu trabalho, à procura da sua presa; procuram-na até a tarde, mas não encontram pão para os seus filhos. / Ceifam, pela noite, o campo alheio e vindimam a vinha do ímpio. / Passam a noite nus, sem roupa, sem cobertor contra o frio. / Molham-se com as chuvas da montanha, sem outro refúgio, além dos rochedos. / Arrancam o órfão do seio materno, tomam como penhor as crianças do pobre. / Andam nus, sem roupa, e, esfomeados, carregam os feixes. / Espremem o óleo nos seus lagares, e, sedentos, pisam as uvas" (*Job*, 24, 2-11).

Nos *Salmos*, não só se cantam e proclamam as maravilhas de Deus, como se anuncia que, das alturas em que assiste, o Senhor vê e ampara os humildes, "levanta do pó o indigente, / e tira os pobres da miséria, / para os fazer sentar entre os nobres, / com os grandes do seu povo" (113 (112), 7-8). "Porque o pobre não será esquecido eternamente / e a esperança dos humildes não pode ficar malograda pelos séculos" (*Salmos*, 9, 19), faz "justiça ao órfão e abandonado" (10, 18).

Os termos usados na identificação dos pobres assinalam, na tradição judaica, a existência do *rash* (indigente), do *dal* (fraco, pequeno), do *ebyón* (mendigo), do *anî* ou *anaw* (aflito, humilhado).

À condição do *rash*, do *dal*, do *ebyón*, do *anî* ou *anaw*, como à dos demais significantes de cada segmento da pobreza, vincula-se, na *Vulgata*, o conceito vigente no momento da tradução. Como o progresso e as mudanças verificadas ao longo dos séculos não determinaram benefícios efetivos para os pobres, tampouco a nomenclatura registraria maiores alterações semânticas. Por exemplo: *paupertas, inopia, indigentia, egestas, necessitas, miseria, miserabilitas, infirmitas* figuram estados que vão da precariedade à extrema pobreza. E continuarão em uso durante a Idade Média e o Renascimento, passando, em seguida, às línguas românicas, com pequenas variantes e algumas convergências na derivação.[46]

Cumpre no entanto distinguir: pobreza não é indigência nem indigência é miséria. Para bem conceituar a carência própria a cada um desses estados, leia-se o que ensina o Pe. Fernando Bastos de Ávila, já citado.

Pobreza: "estado habitual de privação de bens supérfluos, carência de bens necessários à condição e desempenho social e estrita suficiência dos bens necessários à subsistência".

Indigência: "estado habitual de privação de bens supérfluos e dos bens necessários à condição social e de insuficiência dos bens necessários à vida".

Miséria: "estado habitual de carência tanto dos bens supérfluos e necessários à condição social, quanto de bens necessários à vida. Os miseráveis não vivem; apenas sobrevivem, graças a inúmeros expedientes proporcionados pela comunidade ou arrebatados a ela".[47]

---

[46] Como se vê, à exceção de *egestas, egestatis* (pobreza, indigência, necessidade, falta de alguma coisa necessária), todos os termos citados passaram ao português.
[47] "O desafio da pobreza", lugar cit., p. 16-17.

Em virtude da precariedade dos bens, tudo é relativo. Assim sendo, avalia-se a pobreza na circunstância em que vige. A propriedade, como a sua carência, vincula-se a hábitos e costumes tanto quanto à estima e ao conceito em que se tenha a riqueza. O que explica a sentença de Santo Agostinho: "O supérfluo dos ricos é o necessário dos pobres."[48] Só os graus absolutos de abundância e de carência não diferem à mudança de circunstância. O indigente e o miserável sofrem, onde quer que se encontrem, a mesma forma de privação física, moral e social. Apenas variam os recursos de que disponha o Estado para socorrê-los.

O Novo Testamento legou-nos o mais rico e comovente repertório da literatura da pobreza.[49] Para iniciar o seu ministério, Jesus Cristo deixa o Jordão e dirige-se à Galiléia. Dentre todas as vilas ao norte do lago de Tiberíades, escolhe Cafarnaum, a maldita e mal-amada, covil de ladrões e marginais, refúgio dos mais pobres dos pobres — "Terra de Zabulão e Neftali, caminho do mar, além do Jordão, Galiléia dos gentios" (Mt., 4, 15-16). A esse povo, "que jazia nas trevas", é que leva a sua luz.[50]

"Na Bíblia", lê-se numa publicação da Conferência dos Religiosos do Brasil, "os pobres aparecem mais de duzentas vezes, sendo vinte e cinco vezes só nos Evangelhos. Nesse caso, porém, o pobre é sempre o sujeito concreto, nunca ocorrendo, nos Evangelhos, a palavra pobreza."[51]

---

[48] Inspirado justamente nessa afirmação de Santo Agostinho, a encíclica *Populorum Progressio*, de Paulo VI, recomenda que "O supérfluo dos países ricos deve servir aos países pobres" (Sobre Paulo VI e a *Populorum Progressio*, Ver pp. 204-206).
[49] Tanto na acepção de produção escrita — o conjunto dos livros sagrados posteriores a Jesus Cristo —, como no de criação literária, porque Jesus falava por parábolas e a parábola é um gênero literário, e as epístolas constituem, também elas, gênero literário, apreciado e apreciável. E que dizer então do *Apocalipse*, cujas revelações puseram em circulação nas nossas línguas um substantivo e um adjetivo, Apocalipse e apocalíptico, que só encontraram concorrente à altura em Dante e dantesco, também correntes?
[50] Para bem conhecer a vida de Jesus-Cristo, leia-se, de Giuseppe Ricciotti, *Vita di Gesù Cristo*. Verona, Oscar Mondadori, 1974, 2 vols.
[51] *Seguir Jesus: os Evangelhos*, cit., p. 186.

Além de gravitar em torno da vida, dos ensinamentos e das obras de Jesus Cristo, nascido e criado na pobreza, a essência mesma dos *Evangelhos*, dos *Atos dos Apóstolos* e das *Epístolas* é o anúncio de um novo Reino: o Reino dos pobres. Sua única limitação? o dinheiro, o poder. "Ou Deus, ou o dinheiro!" (Mt., 6, 24). No seu Reino, acolhe, sem exceção, os renegados, isto é, as prostitutas, os pecadores (Mt., 21, 31-32; Lc. 7, 37-50; Jo. 8, 2-11); os hereges: pagãos e samaritanos (Lc. 7, 2-10; 17, 16; Mc. 7, 24-30; Jo. 4, 7-42); os impuros: leprosos e possessos (Mt., 8, 2-4; Lc. 17, 12-14; 11, 14-22; Mc., 1, 25-26, 41-44); os marginalizados: mulheres, crianças, enfermos (Mc. 1, 32-34; Mt., 8, 17; 19, 13-15; Lc., 8, 1-3); os colaboradores do Império: publicanos e soldados (Lc., 18, 9-14; 19, 1-10); os pobres: o povo e os pobres sem poder (Mt., 5, 3; Lc., 6, 20, 24; Mt., 11, 25-26).

Nesse reino sem fronteiras, de onde se baniram o "encerramento metafísico", a servidão do dinheiro e o peso da vaidade e do poder, o amor insufla, com a graça, a vocação para o eterno. Se a cruz propiciou a ruptura formidável com o *Velho Testamento*, a mensagem do amor absoluto, a Deus, sobre todas as coisas, e ao próximo, nosso duplo, como a nós mesmos, nos projetou na transcendência.[52] E só a pobreza completa, cabal, permite a gratuidade da entrega e o gozo da liberdade.

Convida-se o cristão a tudo deixar para seguir a Cristo. Tudo. Incluída a própria família. Requisito indispensável, o desprendimento aparece como a primeira exigência feita àquele que se apresta a partir. Entende-se sua imposição à vista do apego ao dinheiro e dos múltiplos laços que prendem o homem ao solo, à pátria, aos parentes, aos bens. Não seria necessário esperar por Freud, tampouco por Sartre, o Sartre de "o inferno são os outros" ou "família, eu te odeio", para entender até que ponto a mãe, o pai, a família, afetos e desafetos podem

---

[52] Sobre a "ruptura formidável", a cruz e sua eficácia, a interpretação sacrificial da teologia cristã e o "encerramento metafísico" (que obrigava o homem a aplicar a lei da reciprocidade, do "olho por olho, dente por dente"), ver, de René Girard, *Des choses cachées depuis la fondation du monde*. Recherche avec Jean-Michel Oughourlian et Guy Leffort. Paris, Bernard Grasset, 1978. Sobre o peso e a graça, ler, de Simone Weil, *La pesanteur et la grâce*. Paris, Plon, 1952.

exercer dominação tirânica sobre o sujeito. Quem supera essas dependências está não só habilitado a responder ao chamado de Cristo como estará apto a tomar estado, a consagrar-se à vocação, a realizar-se como ser humano. Razões práticas, do dia-a-dia, nos convencem de que a vida só é vivida em plenitude quando se alcança a pobreza essencial. Porque o mundo não oferece o absoluto a que se aspira é que se faz imprescindível deixá-lo para trás para reencontrar-se, como homem.

São Paulo realizaria, evangelizando, um projeto caro a Vives: a associação da atividade de subsistência à catequese. As suas epístolas incentivam a ajuda mútua, a partilha do pão e do ganha-pão. Visando à igualdade, propõe o que Vives programaria: dar o que sobra da fartura e receber o que falta na carestia: "Assim reinará a igualdade, como está escrito: 'A quem tinha muito não sobejou, e a quem tinha pouco não escasseou'" (2 Cor., 8, 15-16).

Na sua *História das origens do cristianismo*, Renan acompanha as viagens do apóstolo ressaltando a importância por ele atribuída às coletas realizadas nas igrejas da Ásia Menor e da Grécia. Na mesma Jerusalém, onde se dizia não haver nem miséria nem grandes fortunas em tempos revoltos, abundavam mendigos e desempregados na época de Agripa II.

As obras públicas haviam trazido para a cidade milhares de pedreiros famintos. Para não os deixar à míngua, promoviam-se demolições só para dar-lhes ocupação. Cabia então à Igreja o socorro à pobreza. E São Paulo não permitia que se descurasse da ajuda aos necessitados. Refere: "[...] sigo para Jerusalém [...] porque a Macedônia e a Acaia houveram por bem fazer uma coleta para os pobres que há entre os santos de Jerusalém. Houveram-no por bem, e disso lhes eram devedores; porque se dos bens espirituais participaram os gentios, devem também estes assistir-lhes com os bens temporais" (Rom., 15, 25-27).

A idéia de uma grande coleta, que ele próprio levaria aos apóstolos, surge por volta do ano 56 (2 Cor., 8, 10; 9, 2). Escreve para isso aos Coríntios, aos Gálatas e a outras igrejas anunciando o seu propósito. Furta-se, contudo, a ser pesado a quem quer que seja: propõe a partilha de todos os gastos e paga do próprio bolso a sua alimentação e sustento.

Como se vê, o tema da igualdade e do bem comum, sobre o qual repousa a doutrina católica da comunhão dos bens, se manifesta até mesmo na modéstia do cotidiano do grande apóstolo.[53] E é essa mesma preocupação que entrelinha a idéia do caráter sobrenatural da história, tal como a entendeu Santo Agostinho ao escrever a *Cidade de Deus*. A natureza criou o direito comum, explicava Santo Ambrósio; os usos e costumes é que criaram o direito privado.

Uma vez que a humanidade perdeu, no correr do tempo, a lembrança do direito comum, a catequese e o apostolado deveriam reconduzi-la à sua prática, corrigindo e apagando da memória dos cristãos a vinculação do Antigo Testamento, da velha Lei e da tradição oral à maldição da pobreza. E ai de quem se esqueça, na terra, de dar de comer a quem tem fome, e de beber a quem tem sede, de vestir aquele que está nu, de abrigar o peregrino, de visitar o enfermo e o que sofre na prisão! Para eles, sim, "malditos", reserva-se o suplício eterno (Mt., 25, 35-46).

A Igreja desincumbe-se de sua missão anunciando o novo Reino. Entretanto, nem a dura condenação da parábola parece ter convencido os homens da necessidade da ajuda mútua. E sequer o anúncio do Reino dos pobres livrou os cristãos da pobreza e da fome. Durante a Idade Média, a coletividade dos *pauperes, pauperculi* (pobrezinhos) assimilava-se à massa dos *miseri, miserabiles*, afligidos pela indigência, que congregava *indigens, inops, egenus, famelicus, mendicus*. Os doentes não constituíam exceção. Partilhavam a sorte dos demais porque inaptos à vida útil: *infirmus, vulneratus, claudus*.

---

[53] Ainda sobre São Paulo, ver, de Ernest Renan, *São Paulo*, in *História das origens do cristianismo*. Trad. Thomaz da Fonseca. Porto, Liv. Chardron, de Lello & Irmão, Lda., 1927, liv. III.

Definida como impedimento para o trabalho, a gravidez marginalizava a mulher — *mulier ante et post partum* —, arrastando-a à mendicância. Tanto quanto o deficiente mental — *simplex* — afastado do convívio com os sadios.[54] O estorvo dos anos também tornava vulneráveis, nas duas pontas da idade, as crianças e os velhos — *orphanus* e *senex valetudinarius*.

Esgotada a nomenclatura da degradação, restam os inomináveis: a escória do mundo. Como tratá-los? Como combatê-los? Como puni-los? Se o anonimato escapa à lei e à polícia...

"*Nomen atque omen*" — "Nome é presságio."[55] No caso, mau presságio. Condenados ao rol mais degradante da miséria (falto de repertório suficientemente vil para infamá-los) reservou-se, para eles (ou para ela, a escória), o genérico do derradeiro círculo da vilania: o da condição abjeta. Assim se classifica aquele que deve apartar-se dos demais, porque desprezível, ou aquele de quem todos devem apartar-se com desprezo: *abjectus homo*.

A extrema perversidade da abjeção admitia nuances sutis a separar o *abjectus* do *abjectissimus*: *subjectus, oppressus, humilis, ignobilis* e os banidos da comunidade ou da cidade: *captivus, exiliatus*. Formavam comunidade legendária — *paupere Christi*. Dessa massa de deserdados, os pobres de Cristo, haveria de ocupar-se com amor e alegria o mais santo dos loucos e o mais louco dos santos,[56] Francisco de Assis, unido, "até que a morte os separasse", com a *Madonna Povertà* (Nossa Senhora, a Pobreza).[57] Sua maior loucura foi, sem dúvida, fa-

---

[54] Não se fala até hoje de saúde mental, sanidade mental?
[55] V. Plauto, *O persa*, ato IV, 73. O nosso João Ribeiro glosou o título latino numa das *Curiosidades verbais*, "*Nomen & omen*" (2ª ed. Rio de Janeiro, Livraria São José, 1963, p. 21).
[56] O "*Poverello*", como era conhecido, encarregou-se de confirmar o diagnóstico que lhe impingiram os conterrâneos ao vê-lo distribuir entre os pobres os bens da família. "O Senhor me disse que eu devia ser, a meu modo, um louco aos olhos do mundo", confessa.
[57] A sucessora de Francisco de Assis, no século XX, seria a beata Madre Teresa de Calcutá (nascida na Albânia), que se consagrou "aos mais miseráveis dentre os miseráveis".

zer-se pobre e celebrar a pobreza quando as cidades eram invadidas por verdadeiras hordas de miseráveis.

A penúria alcançara também os nobres, gente de origem abastada cujos bens estavam hipotecados por empréstimos ou que tudo tinham perdido por ocasião de uma partilha. Que faziam os ricos empobrecidos? Refugiavam-se nas suas propriedades e ocultavam, como podiam, a miséria em que viviam. A pobreza envergonhada tem aí sua origem: escondiam-na por pudor.[58]

O desprezo e o medo tornaram corrente, na metade do século XIV, a apelação "classes perigosas", que alcançava, na sua abrangência, os inúteis para o mundo: caça miúda para o abate, para a tortura ou para o emprego das obras pias, como informa Bronislaw Geremek no seu livro *Os filhos de Caim: vagabundos e miseráveis na literatura européia — 1400-1700*.[59]

A atitude negativa dos ricos em face da massa indigente reforça, nas chamadas "classes perigosas", a nostalgia de um passado vagamente paradisíaco — a Idade de Ouro — e a esperança do novo Reino, mensagem que jamais deixou de fasciná-las. Na impossibilidade de fazer cumprir o anúncio do Evangelho, recorrem à violência.

As guerras entre "grandes" e "pequenos" são uma *constante* nos Países-Baixos. Em 1325, a comunidade rural livre dos Flandres marítimos, apoiada pelos tecelões de Bruges, recusa-se a pagar impostos e dízimo às autoridades civis e eclesiásticas. Não se trata de mera sublevação: os pobres tomam armas e lutam encarniçadamente. Para vencê-los, a França de Filipe VI viria em socorro dos feudos vizinhos. A deposição das armas ocorreria três anos mais tarde, em Mont Cassel. Mas outra guerra, iniciada em 1320, ocuparia os tecelões de Gand, Bruges e Ypres até 1380. Embora fizessem reivindicações objetivas e restritas — de compensação finan-

---

[58] Raul Brandão (1867-1930) retrata-lhes, com minuciosa propriedade, a esquivança do comportamento: "Há pobres duma decência que faz frio, de pessoas que querem manter certa aparência e têm fome aos setenta anos, há-os infantis, há-os que se põem a olhar a gente com a boca a tremer, como se pedissem desculpa do seu sonho e da sua humildade" (*Os pobres*, cit., p. 37).
[59] Trad. Henryk Siewierski. São Paulo, Cia. das Letras, 1995.

ceira e independência —, a fundamentação da luta tinha clara procedência milenarista (ou quiliástica). Bem o comprovam a adesão de sacerdotes dissidentes que pregavam o milenarismo revolucionário e igualitário, ao modo do franciscano Jean de Roquetaillade, e os movimentos que haveriam de suceder-se ao longo do século XIV. Assinalem-se, muito particularmente, a *Jacquerie*,[60] em 1358, e a rebelião de 1381, na Inglaterra.

Nem cinqüenta anos eram passados, e o reformador tcheco Jan Hus renovava o apelo à prática cristã pela revolução. Como a sua doutrina confundisse o poder temporal e o espiritual, recusando às boas obras o prêmio da salvação eterna, o mais expeditivo foi condená-lo por heresia. Sob a alegação de satanismo, os ricos livraram-se de sua presença incômoda, transferindo à Igreja o ônus da punição.

Sequer o auto-de-fé calou a voz dos profetas do Apocalipse. Não param aí as agitações milenaristas. À luz do constante e repetido anúncio de um novo advento, quando o mal seria abolido e os bens, compartilhados, entende-se a razão por que os indigentes se julgavam no direito de exigir a realização da promessa: por bem ou por mal.

O poeta alemão Suchenwirt refere-se às hordas de famintos que sumariamente armados invadiam as cidades em busca de pão. Gritavam e bramiam: "Os cofres dos ricos estão cheios; vazios os dos pobres. O pobre tem a barriga murcha... Vamos forçar a golpe de machado a porta do rico! Entremos para jantar com ele! [...] Antes arriscar nossa vida que [morrer de fome]!"[61]

Nesse ambiente, propagam-se mitos, nascem e encarnam-se Messias. Foi o que aconteceu a Frederico II, "Messias dos pobres". À custa de frustrações e desenganos, fortalecia-se, sucessiva e repetidamente, a crença na sua reencarnação. À coroação de um novo rei, fosse ele Sigismundo, Frederico III, Maximiliano ou Carlos V, esperava-se, com penosa ansiedade, a renovação do milagre...

---

[60] *Jacques* era o apodo do homem do campo.
[61] *Apud* Norman Cohn, *Les fanatiques de l'Apocalypse*. Trad. Simone Clément. Paris, Juliard, 1962, p. 110.

No século XVI, a mais expressiva manifestação de profecia escatológica, divulgada pelo fanático Thomas Müntzer, teria como resultado o levante dos camponeses de Mühlhausen, na Alemanha. Do uso e abuso da sua mensagem, por alemães e russos, que o transformaram num símbolo da luta de classes, não me cabe aqui falar.[62] Atente-se, porém, no teor místico de suas exortações e na pouca relevância por ele atribuída aos bens materiais (o que é legítimo num "louco de Deus").

Nunca faltaram aos pobres a força dos Evangelhos nem a eficácia metafórica do Apocalipse. As oligarquias opulentas tinham sempre pela frente o sacerdote virtuoso, o monge descalço, o ermitão inflamado para lembrar-lhes as bem-aventuranças, o juízo final, o fogo do inferno. Foi esse o levedo que fermentou a massa, o caldo em que se curtiu a mágoa dos humildes mas que também cozinhou, em muitas ocasiões, a explosão homicida da revolta.

Não são apenas os documentos que atestam a existência de uma multidão de migrantes desempregados, na mais extrema miséria, cuja única forma de expressão era, freqüentemente, o ódio; toda a literatura medieval está pautada por protestos, queixas e acusações dando notícia do clamor das ruas.

Aí estava "o perigo".

Além dos desempregados, também os mendigos, ladrões, ex-presidiários, relegados, estrangeiros sem profissão, militares expulsos de suas corporações, feiticeiros, bruxas, prostitutas, vagabundos, ciganos engrossavam a leva dos "perigosos". Eram, ao que se acreditava, criminosos em estado latente.

Essas desconfianças e prevenções envolviam quantos se aproximassem dos miseráveis ou com eles coabitassem.

---

[62] Para Norman Cohn, esse é um ponto de vista parcial, de fácil refutação pelos historiadores não-marxistas. Mas o que não se pode deixar de considerar, segundo o mesmo Cohn, é que tanto o comunismo como o nazismo se inspiraram em mitos arcaicos, fortemente ancorados na tradição apocalíptica popular. Foi o caso das profecias de Müntzer (*opus cit.*, p. 260, p. 295).

Sujeitos a igual repúdio, tornavam-se alvo da hostilidade da gente bem e de bem, sofriam perseguições e injúria das autoridades. Era o caso dos místicos e "loucos de Deus", que buscavam a rejeição por amor a Deus e ao próximo.[63]

Ao longo dos anos, pobre (substantivo ou adjetivo) adquire acepções contrárias às de *potens* (potente, poderoso), *miles* (soldado), *civis* (cidadão). É sinônimo de *debilis* (débil, fraco, enfermo, deficiente físico) e de *humilis* — *humilis homo* — homem vil; *humili loco natus* — de baixa condição.

Importa entanto notar que sequer o *humilis* estaria isento do pagamento de tributo — *tributum conferre* — se não dispusesse de um atestado negativo de renda. Não se declarava a sua indigência. O *nihil habens* (nada possui) atestava apenas que o Fisco lhe comprovara a incapacidade de assumir "estado". Isto é, de gozar em plenitude dos direitos civis e políticos conferidos ao cidadão.

Foi contudo esse mesmo impedimento à cidadania que lhe assegurou o privilégio de figurar, na terra, a imagem do Nazareno. Para cumprir à risca os preceitos do filho de Deus, o doutíssimo Jerônimo não hesitaria em despojar-se de tudo para seguir, nu, o Cristo — *nudus nudum Christum sequere*.

Aí está: já se tinha muito bem gizada, entre o IV e V séculos, a condição do pobre e as virtudes da pobreza, seus méritos e deméritos perante a divindade e aos olhos dos homens. Quer dizer, do ponto de vista espiritual e material. A curiosidade acerca das origens, do encadeamento e do devenir da história

---

[63] Santa Teresa de Ávila (1515-1582), responsável, com São João da Cruz, pela reforma do Carmelo, fundou quinze mosteiros (reformados). Doutora da Igreja, grande escritora, seus livros constituem a mais acabada expressão da literatura mística. Carmelita descalça, eis o que disse da pobreza: "A pobreza é um bem que encerra em si todos os bens do mundo; àquele a quem nada se deu toma posse de todos eles" (Caminho de Perfeição, II). Temos, ainda hoje, religiosos e religiosas que buscam a abjeção da pobreza: um frade francês vive, há onze anos, com os meninos de rua, na Bahia; na Romênia, onde a população de rua é numerosa, outros franciscanos procuram levar conforto e preparar para uma vida digna bandos de pivetes e delinqüentes juvenis. Há, nas nossas favelas, um número considerável de freiras que não mais se distinguem dos demais habitantes porque se vestem como as jovens e senhoras aí residentes. Para espanto de muitos e para nosso demérito, o maior contingente de religiosas que presta serviço à pobreza, no Brasil, é constituído de estrangeiras!

permitiria aos eruditos e ao clero traçar um extenso painel da pobreza.[64]

À retomada dos estudos da Antigüidade, com vista ao conhecimento do passado e da evolução das instituições sociais, políticas e religiosas do Egito, da Palestina, de Grécia e de Roma, seguiu-se a análise escrupulosa dos ensinamentos colhidos na Bíblia, no Novo Testamento, nas lições dos apóstolos e evangelistas, bem como nos escritos e pregações dos padres da Igreja.

O interesse pela pobreza arraiga-se na tradição cristã que vê no pobre "a imagem do Cristo". E a renúncia a qualquer posse tornou-se por isso virtude essencial para chegar à perfeição. As congregações que faziam voto de pobreza e praticavam ascese rigorosa raramente escapavam da mendicância durante os períodos de fome endêmica. Encarecendo-se a necessidade da espórtula espontânea, proibia-se esmolar. Constata-se também a existência de Regras que liberavam os monges mendicantes do constrangimento de só comer e só vestir o que lhes fosse dado por caridade. Entre os humilhados, por exemplo, os religiosos tinham no artesanato a principal fonte de subsistência. Vingava o preceito do trabuca e manduca.

Apesar da carestia, grande número de mosteiros preservou as obras pias. Delas dependia o sustento dos "seus pobres". Conta-se que o mosteiro de Cluny, dos cistercienses, distribuía comida, no início da quaresma, a dezesseis mil pobres. No final do século XII, quando a fome se alastrava pelo continente europeu e os cadáveres se amontoavam nas praças e nas ruas, os pobres acorriam às primeiras horas da manhã à porta dos mosteiros à espera do pão de cada dia (que era, de fato, um pequeno farnel).

A ajuda ao pobre, sacralizada, não passa de paliativo às conseqüências nefastas da desigualdade social. Tampouco dis-

---

[64] Consultem-se, numa edição de Y. Cortonne, *Homélies de Saint Basile sur la richesse*. Paris, 1935; na tradução e apresentação de A. Hammas, o que disseram e escreveram Cesário de Arles e Gregório Magno, atendendo às injunções de Clemente de Alexandria, Gregório de Nisa, Basílio, o Grande, João Crisóstomo, Jerônimo e Agostinho: *Riches et pauvres dans l'Eglise ancienne*. Paris, 1962.

põem os religiosos de meios bastantes para minorar a condição de vida dos indigentes. Por ocasião da peste negra, o arcebispo de Paris, que de mais perto se ocupava dos doentes, queixa-se da falta de alojamentos nos hospitais e asilos já superlotados. Os pedintes atropelavam-se, pisoteavam-se e morriam sufocados à porta dos mosteiros e conventos, no momento da distribuição de víveres.

A iconografia medieval do pobre, tal como era, tal como se mostrava e tal como era visto, assusta e deprime. Nas imagens, nas miniaturas, nos quadros de Bosch o pobre é feio, sarnento, chagado, aleijado, sujo, repelente. A cabeça baixa, humilhado, só os olhos, às vezes, se dirigem àquele a quem suplica uma esmola, olhos de desgraça e de medo, baços, tristes. Sugerem-se, nas suas atitudes, o desalento, a passividade, a entrega à fatalidade, a vergonha. Sem teto e sem profissão, um bastão à mão e um saco às costas, vai de cidade em cidade, de aldeia em aldeia.[65]

O seu retrato falado não é diferente: divulgado nos sermões paroquiais, nos textos religiosos e também nas atas públicas, que lhe documentam a vida e o óbito, instrui-nos, especialmente, sobre o meio em que vive, sobre os seus direitos e sua situação na sociedade. Insiste-se na descrição da imundície que o cerca, no desleixo físico e moral, na libidinagem, na miséria.

Prevalece, em muitas prédicas, o conceito bíblico da culpa. Procede do pecado original o castigo de comer o pão com o suor do rosto. Embora inevitável, a pena oferece aos que têm posses excelente ocasião para a prática do bem. A provação redunda, portanto, em duplo benefício: no aprendizado da resignação ante os desígnios da Providência e na possibilidade de distribuição dos bens para ajudar os irmãos em dificuldade. A pobres e ricos socorre, nos dois casos, a possibilidade da salvação.

---

[65] Veja-se "O vagabundo", de Bosch, também conhecido como "Filho pródigo" ou "Vendedor andarilho" (Museu Boymans – van Beuningen, Rotterdam). Figuras típicas da Idade Média, o andarilho, o vagabundo, o pedinte, trazem imediatamente à nossa memória a imagem de Carlitos, o deserdado do progresso industrial do início do século XX. A personagem criada por Chaplin encarna, à maravilha, o pobre de entre guerras (1919 -1933).

Do ponto de vista da cidade e do cumprimento das leis que regem a vida dos cidadãos, há quem pergunte se os pobres são cidadãos e se têm direitos. Sobreviventes de uma *no man's land* e inabilitados ao gozo das prerrogativas concedidas aos demais habitantes, cabe indagar se quem não tem respeitados os seus direitos estará obrigado à obediência da lei. A teoria da "extrema necessidade", para defesa e absolvição do ladrão faminto (detido por furto de alimento), responde que não. O que invalida, *ipso fato,* as sentenças proferidas por juízes inescrupulosos, sob suborno ou a pedido de senhores impiedosos. Sanciona-se a comunicação do bem ou bens e declara-se a inocência do pobre faminto.[66]

É, sem dúvida, uma conquista. Principalmente quando o acusado, indigente urbano, não encontra quem dele se apiade. Sem identidade, sem trabalho, sem letras, logo se desnorteia e busca no álcool o calor que a rua lhe recusa. Daí, a marginalidade, o furto. Sua contrapartida social: o medo dos puros, dos cidadãos acima de toda suspeita.

Numa obra destinada à gente letrada, o *Roman de la rose*, um dos mais festejados poemas alegóricos da Idade Média,[67] lê-se uma terrível invectiva contra a pobreza.

Guillaume de Lorris, autor da primeira parte do poema, depõe, é certo, como cavalheiro de uma corte européia do século XIII. Representa uma classe, uma casta. Quando amaldiçoa a pobreza, pena insuportável (aos olhos de quem nunca comeu o pão com o suor do rosto nem andou nu nem descalço

---

[66] Ver G. Couvreur, "Les pauvres ont-ils des droits?" *Recherches sur le vol en cas d'extrême nécessité depuis* Concordia, *de Gratien, 1140, jusqu'à Guillaume d'Auxerre, 1231* (Rome-Paris, 1961) ; M. Mollat, "Pauvres et pauvreté à la fin du XII siècle", *in Revue d'Ascétique et de Mystique*. 1965, T. XLI, p. 305-324.

[67] O recurso à alegoria permite personalizar idéias, sentimentos e abstrações. Talvez porque lhes faltasse o gosto, ou o hábito, das abstrações puras, os leitores do século XIII (ou ouvintes e espectadores porque se fazia com freqüência a leitura em voz alta e os textos eram quase sempre dramatizados) cultivavam com especial entusiasmo toda forma de alegoria. É o que explica o grande êxito do *Roman de la rose*. Ao contar a história de um jovem apaixonado que quer colher uma rosa e é impedido por alegorias representativas dos sentimentos, os autores — Guillaume de Lorris (Primeira parte, *circa* 1230) e Jean de Meun (Segunda parte, *circa* 1277) — acabam oferecendo uma análise do comportamento social e sentimental da época. Não surpreende, por isso, que aí se encontre tão expressiva manifestação de repulsa à pobreza.

e sempre foi amado e louvado) autoriza-nos a julgar tanto o autor como a sociedade que lhe prestigiou a obra.

Era esta a visão que se tinha dos pobres na época: "Maldita seja a hora em que o pobre foi concebido, porque nunca será bem nutrido nem bem vestido nem bem calçado. E nunca será tampouco amado, nem louvado!"

E daqueles que os roubavam: "Magistrados, prebostes, bedéis e prefeitos, quase todos vivem de rapina... todos se nutrem do sangue dos pobres e só pensam em roubá-los... eles os depenam vivos."

Guillaume de Lorris não amaldiçoa uma abstração, a pobreza, amaldiçoa o pobre, que a personifica, e os membros das classes que o exploram. Não se trata, portanto, de figura alegórica. Paradoxal que pareça, o poeta investe, blatera contra o infortúnio. Só que ninguém ousaria levar tão longe a invectiva, se advertido, *a priori*, sobre a revelação nela contida. Em boa verdade, a veemência com que se refere à pobreza é, já, uma opção pelo mundo e pela riqueza.

"Vizinha da Beleza, estava a Riqueza, senhora muito nobre e de grande preço", escreve o poeta.[68]

Não é preciso ir além.

A sociedade do Duzentos ignora o pobre. Se o encontra, aponta-lhe o estigma e dele foge, aterrorizada. Sequer depois de morto o pobre toma lugar entre os bem-nascidos: cava-se à parte, no cemitério, a sua fossa. A ninguém ocorre que será recebido no seio de Abraão.

A exemplo dos marginais, os monges que abraçavam a pobreza sofriam perseguição e eram enxotados das cidades. Quando começaram a reagir aos maus-tratos, que os atingiam tanto quanto àqueles com quem partilhavam a sorte, explode a violência. Os frades descalços, de congregações humílimas, eram os mais temidos pelos bandos agressores. Para restabelecer a paz na cidade, os governos decidiram-se a criar legislações específicas a fim de promover o saneamento social.

---

[68] Guillaume de Lorris et Jean de Meun, *Roman de la rose*. Ed. Mme B.-A. Jeanroy (Extraits en français moderne). Paris, De Boccard, 1928, p. 108.

Buscava-se um *modus vivendi*. Surgem, então, na Inglaterra e na França, os primeiros albergues sob administração leiga, com vigilância e gerência contábil. A admissão de mendigos e vagabundos nesses lares transitórios dependia de exame e seleção criteriosos. Nem por isso a Igreja desiste do apelo à caridade. Na Inglaterra, o beneditino Thomas Brinton, arcebispo de Rochester (1373-1389), escreve uma centena de sermões sobre o dever absoluto da esmola e intima os cristãos a praticá-la com generosidade. Era argumentador eloqüente: breve e direto. Mas nem sempre convencia, pelo que se depreende do comportamento dos seus paroquianos.

É no entanto provável que, em boa hora semeada, a sua pregação viesse a dar frutos em Gloucester, séculos mais tarde. Pois foi aí, em Gloucester, que Robert Raikes (1735-1811) fundou o movimento das Escolas dominicais na Inglaterra.

Na impossibilidade de prover o sustento dos filhos, os pais abandonavam-nos à própria sorte ou os obrigavam a trabalhar, desde a primeira infância. Precocemente envelhecidos, sujos, em farrapos, meninos e meninas eram submetidos a regime de tempo integral — mais de doze horas de trabalho diário — nas minas de carvão e nas fábricas. Quando isso não acontecia, praticavam a mendicância ou cometiam pequenos furtos, iniciando-se na delinqüência aos oito, dez anos de idade. E visto que não escapavam às penas de reclusão, passavam, nas prisões, a adolescência e a juventude. Penalizado, Robert Raikes decide-se a oferecer-lhes um novo destino: a escola. Aí estudavam o catecismo anglicano e aprendiam a ler e a escrever no único dia de descanso da semana.

Já era alguma coisa.

DEVOTOS DE NOSSA SENHORA, A POBREZA: DICKENS, OZANAM, VICTOR HUGO, CHARLES-LOUIS PHILIPPE, BERNANOS. DENÚNCIA, APOSTOLADO, OPÇÃO CIVIL, INDIGNAÇÃO, REVOLTA

O tempo passa, a revolução industrial acarreta mudanças fundamentais nas relações entre ricos e pobres, e cabe aos pobres adaptar-se à máquina, domá-la e transformá-la em ferramenta obediente. Concluída a tarefa, quando parecia chegada a hora da redenção do proletariado pelo trabalho produtivo, que acontece? Tudo continua como dantes. Ou não, nada disso. Há quem diga que tudo piorou. Tanto que, assim não fosse, não tomaríamos a Dickens (1812-1870) para testemunho da fria indiferença da sociedade e das autoridades à sorte dos miseráveis.

Embora o mais lido dentre os autores ingleses do século XIX, Dickens não se constrangia em desvendar a seu público, *the middle-class society*, as desigualdades sociais e o desamparo em que vivia o proletariado num país que se orgulhava de suas riquezas, do *comfort* e do progresso. O dinheiro, deus-todo-poderoso, parece-lhe o primeiro de todos os males. Entende-se. Seu pai, John Dickens, esteve encarcerado por dívidas na prisão de Marshalsea, em Londres. Nos *Pickwick Papers* (1836-37) e em *The little Dorrit* (1857) tem-se uma idéia do que era a vida nesse antro de sujeira, "porco e imundo", próprio a afastar qualquer intenção de calote.

Não obstante, nem o ressentimento nem a mágoa se misturam à sua ficção autobiográfica. Espírito generoso, bom por natureza, o autor guardaria dessa experiência uma imensa ternura pelos humilhados e ofendidos, uma ojeriza visceral à ruindade e ao coração de pedra. E com tudo isso, uma energia e uma fé imensa no poder do bem. E vai pintando, como os pintores holandeses sabem fazê-lo, em *claroscuro*, todos os pecados e todos os vícios para ressaltar, do contraste, as mais nobres e excelsas virtudes. Mostra, na cidade e no campo, a miserável condição das escolas, a exploração da mão-de-obra infantil, a ignomínia da justiça, a insensibilidade mercantilista. Embora grife a disparidade da sorte, não faz crítica social, não se revolta. Parece sorrir com ceticismo diante dos males advindos da explosão mecânica dos ganhos do capital.

Com o seu *humour* doce-amargo, Dickens destila complacência. Leiam-se *Oliver Twist* (1838) e *David Copperfield* (1850) para confirmá-lo. Em *Hard times* (1854), não se recusa a focar, do ponto de vista político-social, o desastre da adoção do *laissez-faire*, a divisa do liberalismo econômico, pregado pela escola de Manchester, sua perversidade e seu individualismo egoísta. Mais não se exija de um escritor. Nenhum outro autor lograria figurar, na moderna ficção ocidental, com tamanho senso da medida nem com tão grande complacência o que custou, em lágrimas e em desgraça, a conquista do bem-estar e da prosperidade. Dickens construiu com a sua obra um panteão à massa anônima que assistiu à revolução industrial e sofreu a dura marginalização da máquina e do deus Moloch, o dinheiro.

A essa mesma gente, zero à esquerda, Frédéric Ozanam se preocupava em socorrer, do outro lado da Mancha, promovendo o retorno ostensivo à sacralização da luta contra a pobreza.

Numa severa tomada de posição contra a rêmora do *colbertismo* econômico — a versão francesa do mercantilismo —, o movimento assistencial de Frédéric Ozanam (1813-1853), historiador e escritor francês, beato da Igreja desde 1997, marcaria época no apostolado cristão do século XIX.

Inspirado nas obras de São Vicente de Paulo, Ozanam associa-se a sete companheiros para fundar a *Société de Saint-Vincent de Paul* (1833), sociedade de filantropia leiga que já prenunciava os Irmãozinhos dos Pobres (*Petits frères des pauvres*). Os vicentinos, como são chamados os seus membros, engajam-se, em todo o mundo, em obras de assistência aos indigentes. Não há vila nem favela no nosso país que desconheçam o zelo piedoso da Conferência.

Ozanam amealhou e dissipou, prodigamente, o saber e a caridade. Possuidor de cultura enciclopédica, dominava as línguas românicas e saxônicas, conhecia o hebreu e o sânscrito. Doutor em direito e em letras, lecionou direito comercial em Lyon (1839-1840) e conquistou, em 1844, a cátedra de literatura estrangeira na Sorbonne.

"Para provar a união da cultura e do catolicismo, transformou-se, no dizer de Paul Guth, num monstro de cultura, iluminado pela fraternidade."[69] Obstinou-se em escrever a história da literatura da barbárie para divulgar as transformações operadas pela Igreja nos povos primitivos e mostrar que, convertendo-os, o cristianismo lhes abriu, de par em par, as portas da Palestina e do Egito, da Grécia e de Roma. Depois de iniciá-los no humanismo, a Igreja de Cristo conduziu-os à filosofia, aguçou-lhes a inteligência, despertou-lhes a sensibilidade. E, para louvar a Deus e cantar-lhes as maravilhas, ensinou-lhes a música e a pintura, dando-lhes o gosto e a fruição das belezas eternas.

Em 1848, ano da fundação de *L'Ère nouvelle* e da entronização das teorias socialistas na Europa ocidental, varrida pelo vendaval revolucionário e pelas palavras de ordem do Manifesto comunista, os camponeses tremiam sob a ameaça da perda de suas terras. Tocqueville, surpreso, ponderava: o pânico das sociedades burguesas à vista do "tornado" do socialismo causava tanto ou maior estrago na Europa que a invasão da Roma antiga pelos vândalos e godos.

---

[69] *Histoire de la littérature française. Des orages romantiques à la Grande Guerre.* Paris, Fayard, 1967, p. 384.

Ozanam não se contagia pelo medo. A pobreza arranca-o dos estudos instigando-o, uma vez mais, ao apostolado. Inicia a organização de uma frente de combate cuja principal arma estaria na conceituação de uma ciência social católica, capaz de "subtrair às seitas heterodoxas o perigoso poder que acumulavam com o proselitismo militante".

Caso levasse a cabo esse seu propósito, realizando-o com êxito, o que era mais do que provável, Ozanam teria posto em prática o que a Igreja só discutiria, no nosso século, após o XXI Concílio ecumênico. Entre a II República de 48, as barricadas, a guerra civil, a repressão, o medo do perigo vermelho e o golpe de Estado de Napoleão III, ouviu-se a sua advertência dramática: "Vocês esmagaram a revolta. Resta-lhes agora um inimigo: a miséria."

Palavras proféticas. A miséria roubou a cena aos vitoriosos, invadiu a literatura e correu o mundo nas páginas de Victor Hugo, apóstolo da justiça social.

Ninguém tão íntimo quanto ele da sua vileza, nenhum outro escritor capaz de captar-lhe, sem desdém, o sublime e o grotesco.

Desde o *Último dia de um condenado* (1829), Hugo se insurgira contra a miséria e batera-se, sob Louis-Philippe, por melhores condições de vida e de trabalho do proletariado. Empenhara-se, enquanto deputado, no serviço do país e, particularmente, na defesa dos menos favorecidos. Depois de aderir à esquerda republicana, de oposição a Napoleão, luta ao lado dos insurrectos nas barricadas, é expulso do território francês, mas continua a conspirar na clandestinidade até que o convencem a deixar Paris, sem bilhete de volta, rumo à Bélgica. Nove dias após o golpe, procedem à sua evasão.

A exemplo de Voltaire, o exílio não enclausura o poeta na inércia. Confinado durante vinte anos em Jersey e Gernsey, jamais se furtaria à ação. Se a praticou, na Assembléia legislativa, como político, exerceu-a, desde as ilhas da Mancha, no papel de escritor proscrito: investiu a própria obra nas funções de um tribunal permanente contra os desmandos dos poderosos. O seu talento, a sua fama, a sua honra e o seu senso de justiça estavam comprometidos com o destino da humanidade. Não foi apenas um homem de bem. Queria fazer o bem. E não media esforços para isso.

Na *História de um crime*, a que chama "uma peça de anatomia", aprofunda-se na análise das questões sociais da França sob Napoleão, o Pequeno. A grandeza do horizonte descortinado da sua morada sobre o mar não lhe permite isolar-se nas limitadas fronteiras de um hexágono geográfico. Alargando a perspectiva dos seus interesses, contempla a política internacional. Ao vigésimo-terceiro aniversário da revolução polonesa, prevê, em Jersey, o nascimento da Europa republicana, a hora e vez de um pacto entre as nações para a formação dos Estados Unidos da Europa. "O passado pertence aos príncipes, chama-se Barbárie", proclama, "o futuro pertence aos povos, chama-se Humanidade!" (29/11/1853) Num gesto pioneiro de confiança no futuro, planta, algum tempo depois, em Guernsey, o carvalho Estados-Unidos da Europa. Carteia-se, então, com os idealistas das comunidades européia e americana, impõe suas opiniões, faz-se respeitar pela sua independência e imparcialidade.[70]

Numa tácita oposição a São Paulo, o apóstolo da origem divina da autoridade, Hugo denuncia as quatro instituições que se opõem ao futuro, para prejuízo do Estado: o exército, a administração, o clero, a magistratura (e faz questão de dar, a cada uma delas, qualificativo próprio — o exército permanente, a administração centralizada, o clero funcionário, a magistratura inarredável).

Ao argüir a autoridade de que se investem essas agrupações, escoradas no *esprit de corps*, o poeta-profeta repensa o governo das nações, diagnosticando-lhes os efeitos danosos: o caráter nefasto da pretensa superioridade militar, judiciária, monárquica, sacerdotal (terrena, a última), avilta, escraviza, constrange, degrada a moral e os costumes, cerceia a livre expressão. O medo e a pusilanimidade dos que a elas se sujeitam

---

[70] Consultar, de Jacques Roos, "Victor Hugo: L'idée des Etats-Unis de l'Europe. Aboutissement de sa pensée politique", *in Etudes de littérature générale et comparée*. Ed. Ophrys, Paris, 1979, p. 33-42.

— eis os cúmplices do Mal na luta sem trégua contra a justiça, o bem-estar social e o progresso.

Ninguém levaria tão longe, quanto Victor Hugo, a defesa do homem comum, cidadão, a quem cumpre assegurar os direitos pregados pelas revoluções e que não tem, deveras, senão a Deus para valer-lhe. Não há dúvida: banindo-o da pátria e da vista dos conterrâneos, o exílio aproximou-o de todos os homens: solitário, o proscrito reencontrou a humanidade.

Em 1862, julga-se enfim preparado para acompanhar a saga da miséria. Hugo responde, ao escrevê-lo, ao desafio que a si mesmo impusera: a criação do romance francês, de inspiração popular, de que o verdadeiro protagonista seria o povo (o coletivo dos deserdados da sorte). Retoma, como o fizera Eugène Sue, dessa vez em tom épico, o maniqueísmo do bem e do mal, da luz e das trevas, da bondade e da crueldade, defrontando e confrontando a ralé e a burguesia, o pobre e o rico, o herói e o crápula.

Que viessem *Os miseráveis*. Se confere à intriga ambientação folhetinesca, tem seus motivos: fala dos miseráveis num gênero que lhes é próprio, acanalhado, mas inflamado pelas chamas da genialidade. Sentimentalmente patético, à maneira dos antigos cantares de gesta; dramático e tonitruante na denúncia das injustiças sociais, no contraste chocante entre a ferocidade dos donos do mundo e o desvalimento dos humildes. Uma epopéia, diríamos.

Sempre à procura de uma forma de governo que livrasse os miseráveis dos porões da sociedade, Hugo nos convence de que a justiça social e os benefícios da civilização são inseparáveis do estabelecimento da república e do fortalecimento da democracia. Essa, a grande lição do enredo.

Grande alma em perdição, o herói (ou anti-herói) Jean Valjean trava guerra santa com a consciência. Depois do roubo de um pão para matar a fome da irmã e de sete órfãos, é condenado e tem a pena aumentada, por punições disciplinares, para quatorze anos de prisão. Mas a luz prevalece sobre a treva: Deus vem em seu socorro. Jean Valjean se converte. Contra tudo e contra todos tem início a sua caminhada na direção do bem e do Evangelho.

Ao transpor para a ficção a vida de Jean Valjean, o escritor recriou e publicou a história da alma, satisfazendo o grande desejo de divulgar a idéia de Deus e da própria existência do homem. Nessa saga das *Misérias*,[71] o remorso regenera o herói, o amor materno resgata Fantine da prostituição, a esperança ingênua salva o menino Gavroche, fazendo justiça, por linhas tortas, aos deserdados da fortuna. Não tardou que lhe reconhecessem o mérito. O mundo inteiro o aplaudiu. Seu livro foi *best seller* antes mesmo da adaptação para o palco e para o cinema. Uma obra-prima. Aprende-se, nas suas páginas, que a igualdade e a justa distribuição dos bens dependem da adesão sincera das almas, nem ostentatória nem demagógica. Impossível fazer cumprir a lei do Evangelho, a única a abraçar todos homens, sem que antes se processe a mudança da sociedade. E Victor Hugo conseguiria provar, com *William Shakespeare* (1864), que isso era possível.

Como? Transformando "a caridade em fraternidade, [...] a iniqüidade em justiça, o burguês em cidadão, a populaça em povo, a ralé em nação, as nações em humanidade e a guerra, em amor". Nesse mundo, justo e fraterno, "Dante importa mais que Carlos Magno, e Shakespeare, mais que Carlos Quinto".[72]

Não se exigem argumentos engenhosos, nem conceitos sutis para explicar que, condenadas à sujeira, à fome, à vida nos esgotos, ao desespero e ao crime, todas as personagens de Hugo são um único e mesmo homem. Ainda que sob várias máscaras, no papel de pobres, proscritos ou banidos, reagem de forma unânime. Grande niveladora, a miséria afeiçoa ao mesmo molde quantos vivem sob seu jugo.

Eis a verdade, a luminosa verdade que Hugo viu, sentiu e descreveu e que Charles-Louis Philippe, filho de um tamanqueiro de Cérilly, converteria em crença e militância literárias.

---

[71] O primeiro título do romance cuja primeira versão, publicada por Gustave Simon, só apareceria em 1937.
[72] *Oeuvres complètes,* cit., X, p. XLII-XLIII.

De origem humílima, Charles-Louis Philippe (1874-1909) assumiria a pobreza como quem faz profissão de fé religiosa: com obrigação de voto perpétuo. Infenso aos ônus do *status* e a qualquer concessão "burguesa", exerceu, vitaliciamente, o cargo e os encargos de escritor dos pobres. Nutrido desde a infância pelo leite da indigência, aprendeu a afinar o texto no tom certo da desgraça: era pobre e orgulhoso de sê-lo. Pontilhoso, Paul Guth, chama-o "naturalista da piedade". Certo. Ninguém iluminaria com maior ternura o infortúnio dos humilhados e ofendidos. De romance em romance, renovam-se, mercê da sua intimidade com o tema, a riqueza do naturalismo de meias tintas, avesso ao escândalo e ao *pathos* do miserabilismo. Basta conhecer alguns dos seus títulos para adivinhar-lhes a discrição e o pudor no trato de tão áspera condição. Por exemplo: *Quatro histórias de pobre amor* (1897), *A boa Madalena e a pobre Maria* (1898), *Mãe e filho* (1900).

Léon-Paul Fargue desvelaria, nas suas personagens, o desdobramento do "vivido". Em *Charles Blanchard* (1913), assiste-se à reconstituição da vida do pai na limitação de uma rotina massacrante; em *Bubu de Montparnasse* (1901), a mais lida e reverenciada de suas obras, registra-se a história da prostituta doente, sua companheira (na vida real), elevada a símbolo da bondade humana.

Cioso de sua liberdade, Philippe manteve-se distante de igrejinhas literárias e de ideologias da moda. Nem assim se salvou de rótulos que lhe iam pespegando, à revelia, na tentativa de aliciá-lo. Os socialistas recusavam-se a admitir que rezasse outro credo. Argumentavam: "É um dos nossos; ninguém poderá arrancá-lo de nós" (*L'Humanité*); para a *Action française*, no entender de Georges Valois, as idéias sociais de Philippe orientavam-se na direção do partido monarquista; a Igreja, por sua parte, cúmplice de toda filantropia, nele descobre o cristão que se desconhece. Um católico praticante confessaria a Valéry Larbaud que *Bubu de Montparnasse* fora um dos raros livros, na literatura profana, a reaproximá-lo dos pobres.

Donde se conclui que o julgavam bom demais para isolar-se no partido do Eu-sozinho.

Acontece que Philippe não demoraria a divulgar seu antagonismo visceral: dizia-se contra todas as "tendências da classe dirigente da época". Não opta contudo pela revolta. Faz mais que isso: aparta-se de todos. Como se tivesse pronunciado a terrível maldição de Cristo — "Ai de vós, os ricos!" (Luc., VI, 24) —, impõe-se um "divórcio completo", informa Valéry Larbaud. "Homem do povo, rejeitava, em bloco, toda a concepção burguesa da vida", continua o autor de *Este vício impune*. E acrescenta: "Afastou-se [da burguesia] e, abraçando resolutamente a pobreza, aceita resolutamente [*sic*] a lei do trabalho."[73]

Leia-se, para comprová-lo, sua declaração de princípios:

"Se querem conhecer meu sentimento profundo, ei-lo: tenho uma impressão de classe. Os escritores que me precederam são todos de classe burguesa. Eu não me interesso às mesmas coisas que eles. Todas as crises morais da literatura são crises morais da burguesia. Musset, em *Rolla*, não concebe senão uma vida de estroinice. Eu tenho muito maior interesse em pensar no trabalhador e no pão de cada dia [...]. Eu me sinto separado da classe burguesa e em união com os trabalhadores de todas as nacionalidades."[74]

Para juntar a teoria à prática, aconselha:

"Nós, que não gostamos dos ricos, jamais devemos ser ricos. Se um dia eu ganho algum ouro, acredito que não terei o direito de dele me servir para viver no luxo e nos prazeres. Senão, eu me condenaria a mim mesmo. E já não teria o direito de falar a um operário e chamá-lo meu irmão. Não há senão um sistema, é dar os seus bens como fez, ao que se conta, Tolstoi. Senão, a gente faz como o cachorro que late sem razão."

O engajamento perfila-o ao lado de quantos provaram o preço do pão que se come com o suor do rosto. Seu último

---

[73] "*Charles-Louis Philippe*", in *Ce vice impuni, la lecture. Domaine français* (*Oeuvres complètes de Valéry Larbaud*. Paris, Gallimard, 1953, VII, p. 293).
[74] *Apud* Valéry Larbaud, *opus cit.*, pp. 299-300.

romance, póstumo e inacabado, *Charles Blanchard* (1913), é o romance do pobre, o romance do pão. Para Michel Ragon, "uma síntese mítica da pobreza".[75]

Sobreleva lembrar que lhe coube também escrever a gesta mítica do pão. Numa página antológica de *Charles Blanchard*, Philippe mostra como a vida do pobre gravita em torno da subsistência e da luta contra os inimigos do pão. Impossível ignorá-la.

> "Tudo que há é inimigo do pão dos pobres. O que o pobre ama é um inimigo, o que ele detesta é um inimigo. Nos dias em que Solange Blanchard se sentia melhor, com um pouco mais de apetite, ela comia um pouco mais do pão, que tanto lhe custava ganhar. Nos dias em que estava doente, comia um pouco menos mas temia que a doença a impedisse de sair para ganhar o pão. Temia tanto a alegria como a dor... Também o aluguel, mais o tempo que separava cada pagamento da locação, era um inimigo do pão... Quando andavam, [os pobres] prejudicavam o pão, porque gastavam os sapatos. Se sentados, a roupa roçava a palhinha da cadeira; fora de casa, a chuva molhava o tecido, o sol desbotava-o e a lama acabava de vez com ela. E a roupa de cama? Como se sujava! E isso não era tudo. Onde quer que olhasse, estaria em guerra contra os inimigos do seu pão. Era o filho que crescia. E que ia precisar de roupa, e de dinheiro, com o qual ela não poderia comprar pão. O pão que ele comia é que o fazia crescer. Assim, até o pão fazia guerra ao pão."[76]

Por tudo que se irradia desse texto, tanto como se deduz da opção feita pelo autor, compreende-se que se sentisse só e isolado na literatura francesa. Não o maltratava contudo a diferença que o marginalizava. Muito pelo contrário. "Essa solidão é excelente," afirmava. "É sinal de que a nossa geração tem alguma coisa a criar. Dá uma coragem muito grande não

---

[75] Não se pode ignorar o livro fundamental de Michel Ragon sobre a literatura operária: *Histoire de la littérature ouvrière et paysanne. Du Moyen Âge à nos jours*. Préface par Édouard Dolléans. Paris, Les Editions Ouvrières, 1953, p.112.
[76] *Charles Blanchard*. Éd. définitive. Paris, Fasquelle Ed., 1947 (Ver os demais livros de Charles-Louis Philippe nesta mesma editora, Bibliothèque-Charpentier).

descobrir parentesco com ninguém quando nos voltamos para nós mesmos."[77]

Ainda hoje, a ausência de parentesco isola Philippe em nicho privado nas letras francesas. Nicho em que compartilha, na literatura geral, do culto que se presta a um Dickens, a um Thomas Hardy, a um Dostoievski ou a um Gorki e, por diferentes mas instigantes razões, a certas obras da picaresca espanhola, a Roberto Arlt e ao nosso João Antônio.[78]

Para encerrar um escritor do nosso século nesse pequeno círculo de devotos de Nossa Senhora, a Pobreza, não será preciso deixar o Brasil. Bastará subir a Minas Gerais, para encontrá-lo exilado entre nós: o autor de *Le chemin de la Croix des Âmes* — *O caminho da Cruz das Almas* —, Georges Bernanos (1888-1948).

Como não compreendia o mundo sem a pobreza, Bernanos integrou-a à sua obra. Fez cumprir, no plano das idéias, o sermão das bem-aventuranças. Presença permanente, atuante e enriquecedora, a pobreza não só acompanha e justifica a vida e o comportamento dos seus heróis e heroínas, como, principalmente, eleva-os e dignifica-os.

O melhor retrato do que é o cotidiano dessas criaturas anônimas e sem história está numa página de *Enfants humiliés*. Depois de anunciar "que os pobres salvarão o mundo, e o salvarão sem querer, contra a sua vontade, sem pedir nada em troca, por desconhecer o preço do serviço prestado", Bernanos comenta:

> "Parecerão discutir com o farmacêutico, com o padeiro, com o dono do armazém, com o proprietário, ajustar, a cada fim de mês, suas prodigiosas combinações, buscar incansavelmente a solução de problemas mais complicados que o da qua-

---
[77] *Apud* Valéry Larbaud, *opus cit.*, p. 299.
[78] Ver capítulo à parte sobre João Antônio.

dratura do círculo: a roupa que cresça ao mesmo tempo que o filho, o sapato indestrutível, a manga que não tenha buraco no cotovelo, o xarope barato, polivalente, que cure as bronquites, as anginas, o sarampo, a escarlatina, tão bom para a gengiva do bebê como para os reumatismos do avô."[79]

A esse herói da luta pela sobrevivência, que realiza a façanha temerária de vencer as semanas que o separam do fim do mês, minguados o salário e o pão, a sociedade ainda discrimina e tudo faz para expulsá-lo do seu convívio.

É também a ele que se refere Alfonso Sastre ao tratar, em Lumpen, da gente "de mal vivir", a mesma gente a quem Juan Goytisolo dá testemunho de especial apreço no discurso de recepção do Prêmio Extremadura, que lhe foi atribuído em setembro de 2005. Revela o grande escritor que "sempre o atraiu muito mais o que se varre para a periferia do que o centro inteligente e brilhante, porque a verdade floresce precisamente nos limites e remendos da sociedade" ("Premio Extremadura a la Creación a la Mejor Trayectoria de Autor Iberoamericano 2005", El País, 7/09/2005).

Dono do presente e do futuro, o homem, pequeno-deus, sonha com uma aristocracia étnica, candidata ao reino da ri-

---

[79] Paris, Gallimard, 1949, p. 248-249. Num samba inspirado nas agruras da pobreza e na fé do pai de família que ainda acredita "que a vida vai melhorar", letristas de talento lograram reproduzir, com humor adstringente, o cotidiano de milhões de brasileiros. Interpretado por Zeca Pagodinho, "Tá ruim mas tá bom", o samba parece figurar num bairro pobre do Rio, talvez favela, o quadro imaginado por Bernanos. Eis o que canta o nosso Pagodinho: "Tô devendo à D. Maria da quitanda / Tá ruim pra mim / chego até a passar de banda / pra D. Maria não me ver. / Quando ela me vê se zanga. / Pra D. Maria não me ver / Chego até a passar de banda. / Eu tô devendo à D. Maria da quitanda. / Tá ruim pra mim./ Chego até a passar de banda / pra D. Maria não me ver / quando ela me vê se zanga. / Quando chego mais à frente / topo com o seu Manuel do botequim / que me cobra uma pinga e um torresmo / que tá no prego há mais de um mês./ Sem contar que também estou devendo / o aluguel do português. / Sem um qualquer / é duro de se viver. / Eu envergo mas não quebro, / amanhã vai melhorar, / eu vou à luta e aturo / os lamentos da Joana / que não faz feira há semanas / e suplica ao Menino Jesus, / diz que o homem do gás não perdoa, / que a Light vai cortar a luz. / Mas eu tô legal numa boa / lá vou eu carregando essa cruz. / Tá ruim mas tá bom / Eu tenho fé que a vida vai melhorar. / Oi, segura as pontas seu Zé. / Eu devo mas quero pagar / 17, 50 de leite e pão / na padaria / 20 pratas que o Jorge bicheiro emprestou / lá na tendinha, o carnê da televisão, que pifou, / na garantia, uma vela que a minha mulher acendeu, de sete dias, / tô devendo à D. Maria da quitanda / .... (CD *Deixa a vida me levar,* de Alamir, Clemar e Zé Carlos).

queza e do poder, da saúde física e mental, tudo coroado pela eterna juventude e pela beleza. Os eugenistas, coadjuvados pela engenharia genética, se preparam, com a clonagem, para o desafio da criação dessa nova espécie, destinada ao povoamento da utopia. E julgam estarem aptos para alcançar, em condições de excelência, o êxito obtido com o *pedigree* entre os animais de raça, bastando para isso a multiplicação dos melhores e a eliminação dos piores. Simplismo já autorizado pelo nazismo quando tentou reduzir a extrema complexidade das leis da herança a famigeradas experiências zootécnicas de laboratório.

Claro que no "admirável mundo novo" da aristocracia étnica clonada, não haverá lugar para os pobres. Mas... acautelem-se os vencedores! Ai de quem ouse banir os pobres da face da terra!

Terão pela frente, escudado no Sermão da montanha — vínculo eterno a unir a inocência do espírito à pureza da alma, a fome e a sede da justiça à pobreza integral —, o seu anjo protetor, São Georges Bernanos, que assim esgrime com a palavra:

"Atrevo-me a escrever que uma sociedade sem pobres é cristãmente inconcebível, e se ninguém tem coragem para escrevê-lo depois de mim, considero que não vivi em vão." E interpela em seguida:

"Quereis uma sociedade sem pobres? Pois não tereis senão uma sociedade desumana, ou, melhor, ela já está aí... [...] Que não tendes necessidade nem de pobres nem de santos? Muito bem. Vereis, aliás, já estais a ver, o que será [...] uma sociedade sem santos e sem pobres. *Para cada pobre a menos, tereis cem monstros, e para cada santo a menos, cem mil monstros*" (*sic*).[80]

---

[80] Luc Estang, *Présence de Bernanos*. Paris, Plon, 1947, p. XVIII, XIX, XX, XXII. Ainda há quem veja na pobreza, a exemplo dos santos, dos mártires e de um Bernanos, dom inestimável. Anatole France agradecia ao destino tê-lo feito nascer pobre: "A pobreza me foi amiga benfazeja; ela me ensinou o verdadeiro preço dos bens úteis à vida, que não teria conhecido sem ela. Evitando-me o peso do luxo, devotou-me à arte e à beleza" (*A vida em flor*, XXX). E acrescentamos, em 1999, mais um devoto da pobreza à nossa nominata: Roberto Benigni. No pequeno discurso feito em Hollywood, à recepção do Oscar pelo filme *A vida é bela*, Roberto Benigni estendeu o agradecimento aos pais, que o presentearam, ao nascer, com "o dom da pobreza". Só por essa declaração, o cineasta, que é grande leitor e conhecedor da obra de Dante, faria jus a mais um Oscar: o da sabedoria.

Não basta o confronto com o absurdo — um mundo sem pobres. Sem pobres e sem santos. Aí estaremos sujeitos, por acréscimo, à opressão e à crueldade apocalípticas, justamente porque faltos do equilíbrio que nos asseguram a experiência da dor e do infortúnio, a indigência, a resignação e também a revolta e o desassossego. Sob um Estado cujos poderes se estimam pela desmedida ambição do lucro e do proveito, não haverá lugar nem para os pobres nem para o espírito da pobreza.

O santo, o pobre, a criança, eis a trindade que domina o ideário de Bernanos. A sua participação na Primeira Grande Guerra, de que saiu ferido e condecorado, incutiu-lhe o horror da morte coletiva, da morte dos jovens, sobretudo. Foi o que o marcou para sempre. Jamais aceitou que se mobilizasse a juventude por um hipotético "bem da pátria". O crime que contra ela se comete, convertendo-a em soldado, é o de matar o amor. Mas os donos do mundo, confortavelmente instalados na berlinda do poder, só têm olhos na "bucha pra canhão" — o préstimo que concedem à energia explosiva da juventude...

Todos os protestos de Bernanos aplicam-se hoje aos apóstolos da guerra como à sociedade que marginaliza as crianças condenando-as ao abandono, à mendicância, à prostituição. Porque a rua se tornou, também, campo de batalha. Do qual não há quem saia com glória nem condecorado. O crime de que o autor de *Crianças humilhadas* acusa o Estado é o que hoje se pratica nos países do Norte e do Sul, nas grandes cidades e nas periferias, nas favelas, nas *cités* e nos guetos em que se amontoa a classe abjeta.

Leia-se o que deveria escrever-se, segundo Charles Moeller, "com letras de fogo, no coração de cada um":

"A juventude ocupa na sociedade o lugar do amor na vida do homem: este papel pode ter uma importância imensa [...]: uma sociedade sem juventude não apresenta sintoma visível de decrepitude [...], o único que faz é endurecer-se, tomar o caráter particular de egoísmo animal, caricatura ignóbil do egoísmo sagrado da primeira infância."

Em conclusão: "As sociedades modernas, que se arranjam para viver sem a juventude, e pretendem construir um mundo novo, as sociedades que sorriem à juventude, mas que a desprezam [...], enganando-a, violentando-a na sua consciência íntima [...] são demoníacas na sua essência."[81]

Traduzindo tudo isso em poesia, à maneira de Brecht, ficaria mais ou menos assim:

> "*Vós que paris em leitos*
> *confortáveis,*
> *e chamais de bendito*
> *o vosso ventre inchado,*
> *não deveis execrar*
> *os fracos e desamparados.*
> *Por obséquio, pois, não vos indigneis.*
> *Toda criatura precisa da ajuda dos outros.*"
>
> (B. Brecht)

---

[81] Lugar cit., p. 69, p. 253. Ver, de Charles Moeller, "Bernanos o el profeta de la alegría", *in Literatura del siglo XX y cristianismo*. Trad. Valentín García Yebra. Madrid, Ed. Gredos, 1955, I, p. 501-539 (a citação, p. 513).

OS DIREITOS SOCIAIS, A ECONOMIA. O TRABALHO, UMA CONQUISTA?

Voltemos a Ozanam: é ela, a miséria, a grande vitoriosa de todas as revoluções: cruentas, incruentas, ideológicas, religiosas, econômicas. Depois de desmontar o bloco soviético, desintegrou as repúblicas do Báltico, dividiu a África, derrubou o petrodólar, e também o real, desestabilizou o México e a Rússia, ameaçou de bancarrota os tigres asiáticos e até o Japão. Os sete países mais ricos do mundo tremem ao anúncio da presença, nas suas costas e fronteiras, de clandestinos, foragidos, perseguidos políticos, *boat people*, *chicanos*, valadarenses, albaneses, kosovares, pouco importa o adjetivo ou patronímico para imigrantes ou emigrantes, eufemismos recorrentes, todos, para a multidão de excluídos cujo êxodo tem um único motivo: a penúria.

Indigentes nas terras de origem, expõem-se, nos países em que se asilam, à xenofobia dos autóctones, ao banimento, *ex vi legis*, por fraude, falsidade ideológica, falta de papéis, comportamento inaceitável, hábitos e costumes inadmissíveis, desacato à autoridade, atentado ao pudor, iletrismo, desconhecimento do idioma nacional e mais justificativas, quaisquer delas suficientemente fundamentadas para meter num vôo fretado todos os indivíduos "social e politicamente indesejáveis".

Como impedir que a pobreza sele o destino de milhões de pessoas à vagância sem fim e à vergonha? Como conter essa hemorragia debilitadora? Como tirar do engano quantos partem na esperança ilusória de uma vida melhor? E como manifestar, *urbi et orbi,* o desacordo ante o tratamento impiedoso infligido a quem tudo foi negado?

Do ponto de vista social e político, bastaria que se preservassem a justiça e a liberdade do indivíduo; do ponto de vista da razão e do pensamento, que se adotassem medidas, métodos, o que fosse, para reintegrar os excluídos em condições ótimas de igualdade. Vale dizer, como seres pensantes, atuantes, úteis. Numa palavra: cidadãos.

As condições inerentes a esse tipo de integração, como as relações dos indivíduos entre si, regidas pelo Estado, encontram-se explícitas nas Constituições. Já que existem, e o bom senso é virtude natural em todos os homens, por que não exigir que se cumpram? O mundo civilizado dispõe, nos dois hemisférios, de aparato jurídico abrangente, apto a defender a pessoa humana das arbitrariedades do poder e a preservar-lhe a integridade moral, social e econômica. Atingido esse cúlmen, pode-se hoje afirmar que os direitos sociais são uma conquista do século XX. Conquista pela qual Ozanam também se bateu sem que tivesse podido celebrar a satisfação dos seus esforços.

Isso aconteceria após a revolução política e a guerra civil no México, com a aprovação e adoção da Constituição de 1917. Bafejada pela grandeza da República de Weimar, onde foi redigida em 1919, a Constituição da Alemanha alcançaria maior projeção e acatamento no mundo livre. Não se pode contudo negar que se deve à mexicana, que a precedeu, defesa muito mais ampla e sem reserva dos direitos sociais.

Enquanto na Constituição alemã o econômico prevalece sobre o social, ocorre o inverso na Constituição do México. O que importa muito. Sobretudo num país pobre da América Latina, exposto a conflitos étnicos e à sanha de políticos inescrupulosos. A Constituição mexicana concede primazia à liberdade de trabalho, com especiais salvaguardas para o contrato de trabalho, favorece as garantias individuais, ampara a saúde, a maternidade, os menores, cuida da previdência social e do regime de seguro. Os direitos sociais cumprem, no seu texto, funções de socorro efetivo ao trabalhador, de modo a protegê-lo da eventual desídia do Estado.

Do México e da Alemanha, essas preocupações ganhariam o continente americano e a Europa. Foi o que aconteceu no Brasil à redação da Constituição de 1934. Nos países comunistas, caberia à Constituição da URSS (1936) propor a adoção de um novo sistema político-social, afeiçoado à idéia marxista do direito. Mas a autonomia das repúblicas que antes compunham a União soviética determinaria, nesse fim de século, um bom número de alterações constitucionais, de adequação nacional, a fim de que se respondesse às peculiaridades de cada Estado.

Em todos esses anos que nos separam da Constituição do México, salta à vista o apego das constituições aos direitos sociais.

De posse dessa armadura constitucional, quem não se sente protegido?

Words, words, words..., dirão os pessimistas.

É força convir: ainda se ouve, para prejuízo de muitos, a frase clássica, do tempo da colonização — "*Se acata, pero no se cumple.*"

O texto da lei sobre a cabeça, em sinal de obediência, o juiz proclamava, ao repeti-la em alto e bom som, a soberana autoridade do rei. Ressalvada a legitimidade do princípio, como e por que acusá-lo de crime? Estávamos na América; o rei, na sua corte...

Em todo caso, sejamos otimistas: deu-se o primeiro passo. Que os demais nos permitam avançar além da letra.

Esse breve atalho pela Constituição e pelo respeito aos direitos sociais nos leva, em conseqüência, ao desenvolvimento da sociedade ocidental, a que pertencemos, e cuja economia cresceu e frutificou ao amanho do capitalismo. Abrigada à sua sombra, a sociedade burguesa descurou os valores intelectuais, anestesiou os sentimentos, cortou o cordão umbilical do carinho e da dependência familiar. Não contente de ditar suas leis na arena onde vigem as astúcias do negócio, o egoísmo invadiu, sub-repticiamente, a vida de relação e o domínio do ócio para instalar-se, com tretas culposas, nos limites domésticos.

A tensão do proveito, do lucro, do "tirar vantagem" demoliu preconceitos e convenções sociais; a obsessão do dinheiro sentou-se à mesa, meteu-se na cama, fez e desfez matrimônios, entrou na salas de aula, nos consultórios médicos e nos hospitais, nas assembléias e no senado, desviou vocações, comprometeu as artes, corrompeu a fé, prostituiu o amor, a amizade.

Lucien Goldmann tem razão: "Ao homem social e religioso da Idade Média sucedeu o Eu cartesiano e fichteano, a mônada sem portas nem janelas de Leibniz, o *homo economicus* dos economistas clássicos."[82]

Excluíram-se da cartilha do homem comum a moral e a fé religiosa que antes ditavam normas de conduta, inspiravam honradez, inclinavam à prática das virtudes, exaltavam a espiritualidade. Esse beabá caiu de moda. E só se entende a sua prática em situações excepcionais. Os próprios filósofos que nos falam de Deus e têm do bem um conceito abstrato professam um deísmo intelectual, uma caridade descarnada, invertebrada, nem moral nem imoral; amoral.[83]

Com discernimento e lógica implacáveis, pensam e argumentam, como se vivessem num planeta desorbitado. E pontificam, pontificam, desde suas torres de marfim. Palavras vãs.

Quando as verdades eternas se convertem em teoremas e toda a metafísica se esgota entre a tese e a demonstração, não há lugar para o homem, criatura e não mera hipótese, que sofre, sente, chora e pede um pedaço de pão.

Natural que o aparecimento do *homo economicus* tenha reorganizado o mundo à sua volta. Centro obrigado da gravitação universal, quem resistiria à sua atração? O trabalho, o lazer, os hábitos e costumes se afeiçoaram a seu talante. Por que protestar agora contra a tirania da economia? O feitiço virou contra o feiticeiro. Apenas isso.[84]

Passemos.

---

[82] "La vision tragique de Dieu", in *Le Dieu caché. Etude sur la vision tragique dans les* Pensées *de Pascal et dans le théâtre de Racine*. Paris, Gallimard, 1959, p. 38.

[83] Encontra-se em Ortega y Gasset a explicação para essa triste e fria verdade ontológica: "A vida do Outro, ainda que a de quem nos seja próximo e íntimo, é, para mim, mero espetáculo, como a árvore, a rocha, a nuvem passageira. Vejo-a, mas não a sou, quer dizer, não a vivo. Se ao Outro lhe doem os dentes, isso se me torna patente na sua fisionomia, a figura dos músculos contraídos é espetáculo, mostra de alguém achacado pela dor, mas a sua dor de dentes não me dói e, portanto, o que dela vejo não se parece com o que tenho quando me doem em mim mesmo" (*Obras completas*. Madrid, Revista de Occidente, 1961, T. VII, p. 100).

[84] Lembra-me o filme de Walter Disney, *Fantasia*, quando o feiticeirozinho, desesperado, não consegue dominar a torrente de água que ameaça afogá-lo.

Depois que Viviane Forrester meteu a colher no prato dos economistas e saiu com o *best seller O horror econômico*,[85] muita gente se insurgiu contra a sua pretensão. Reclamavam: com que direito uma romancista se aventura por um gênero para o qual não tem formação nem informação nem competência? Que descoco! Cada macaco no seu galho... E muitos outros mimos alusivos à invasão de território.

Acontece que isso, de fato, não preocupava a escritora. Nem era desejo seu, e muitas de suas entrevistas o confirmam, perorar em nome de um saber científico, teorizar em torno das leis de mercado à maneira dos economistas de plantão. O que fez, do alto dos seus setentanos de espectadora dos fatos sociais, foi fazer soar a sirene das fábricas vazias onde já não se trabalha. Se ninguém tem respostas para o desastre econômico, que venham os bombeiros. As sirenes também anunciam calamidade, bombardeio e fogo.

Não me socorrem o brilho da romancista francesa nem o privilégio de escrever na língua de um país que tem nas letras o quarto poder. Modesta leitora de Vives, só me atrevo a atualizar-lhe o discurso, enervá-lo aqui-ali com notas pertinentes. Isso me basta. O que não quer dizer que não tenha olhos de ver, ouvidos de ouvir nem perguntas a fazer...

O emprego desapareceu, os operários estão na rua. À mercê da pobreza, e também da miséria, as famílias, desassistidas, invadem a periferia das nossas cidades. Por quê?

Os donos das fábricas cujas portas se fecham para os braços, para a energia e o vigor de quem procura trabalho justificam-se com respostas descosidas sobre "estagnação da economia", "mão-de-obra cara", "mão-de-obra ociosa", "globalização", "redução do lucro", "encargos sociais escorchantes", "prepotência sindical", "Estado onipresente"... Em suma: "razões econômicas".

Não serão essas razões, bem ponderadas, tão arbitrárias quanto as alegações acerca da globalização, dos encargos sociais, da onipresença do Estado e da prepotência sindical?

---
[85] Trad. São Paulo, Ed. Unesp/SP, 1997.

Diz Mme Forrester: "O horror econômico acontece quando uma indústria demite mais de três mil pessoas em nome da rentabilidade." Também no Brasil, as demissões de trabalhadores cumprem função "saneadora". E todas se justificam "em nome da rentabilidade".

Tenho ganas de repetir Plauto, já citado, *"Nomen atque omen"*...

Responsável, antes, pela geração de empregos, pela produção de riqueza, a economia — mundial, atente-se,— hoje produz o pânico, o *estresse*, a síndrome do desemprego. E o desempregado é o pobre de amanhã. A exemplo do jovem de hoje — aposentado sem aposento e sem pensão nas próximas décadas. Logo, o que a economia continuará a produzir será pobreza, e mais pobreza.

A quem socorrer? Aos desempregados que se contam aos milhares e milhões, mesmo nos sete países mais ricos do mundo? Aos pobres? Aos patrões? Aos líderes sindicais? Aos governantes? Ou ... aos economistas, à míngua de bom agouro?

Num excelente ensaio sobre o capitalismo de renda, Ahmed Henri glosa o conceito, hoje clássico, de que a fábrica (na acepção de indústria) é filha da modernidade. Substituindo filha por irmã, eis como o inicia: "Na sua origem, a fábrica é irmã da modernidade."[86]

Surpreende considerar, ao resgate do passado que se alonga de nós, o que foi e o que significou, para as gerações de nossos pais, avós e bisavós, o progresso industrial. Bastaria figurar, em série, as transformações da locomotiva a vapor, construída por Stephenson em 1829, cuja tração foi paulatinamente substituída pela eletricidade e pelo *diesel*.[87]

A introdução e uso da máquina no campo, na cidade e nas casas determinaria novas formas de vida, novo conceito do

---

[86] "Le capitalisme de rente: nouvelles richesses immatérielles et dévalorisation du travail productif", *in Temps modernes*. Paris, 50ème année, sept.-oct. 1995, nº 584, p. 98.
[87] Numa homenagem ao pai, engenheiro italiano que trabalhara na estrada de ferro, Emile Zola escreveria a sua obra-prima, *La bête humaine* (1889). Para bem informar-se sobre as máquinas, Zola viajou nos trens sem conforto do fim do século e entronizou *Lison*, a locomotiva, no grande bestiário da literatura. Fêmea de aço, a *Lison*, segundo o romancista, "tinha qualidades de mulher. Era terna, obediente, de partida fácil, de marcha regular e contínua graças à boa vaporização". Maquinistas e

tempo e do trabalho, do repouso e do conforto. A mecanização introduziu e fomentou um ideal coletivo de prosperidade e conforto.[88] As indústrias funcionavam como sementeiras em que se plantavam, cultivavam-se e colhiam-se, a curto, médio e longo prazos, o gosto do trabalho, a auto-estima, o otimismo, a fé no futuro, o espírito de classe.

Num livro premonitório, escrito e publicado na década de 40, Jean Fourastié faz um balanço do que foi e do que seria a civilização nascida do progresso: *La civilisation de 1960*. O saldo das conquistas a creditar parecia-lhe, então, altamente promissor.

A natureza não dá saltos, é certo. Mas, à medida que se libertava do trabalho braçal, o operário podia não só aspirar à cultura como planejar o futuro dos filhos e encaminhá-los para a universidade.

A linha referencial de ganhos sociais tem seu início em 1830. Demonstra-se, qualitativa e quantitativamente, que as horas subtraídas à corvéia braçal foram transferidas à formação profissional e à escola, com especial impacto nas condições de higiene e saúde...

A civilização de 1960 teria, por conseguinte, dívida inestimável para com o progresso. Sem a era da máquina e da indústria a humanidade não chegaria (segundo Fourastié) ao "primado do espiritual", que se podia prever para antes do final do século...

---

mecânicos também viam suas locomotivas com igual encantamento. Quem conhece o *Western* americano sabe disso. È óbvio que nos nossos dias nenhum escritor nos falará do mesmo modo de um computador... Faltam-lhe qualidades humanas, ou mesmo animais, de calor e energia. A eletrônica e o átomo, de que hoje dependemos, são inumanos. Há quem sonhe, como o matemático inglês Alan Turner, com a invenção de um mecanismo que humanize o computador e o faça pensar. Para tornar realidade esse sonho, o mecenas americano Hugh Loebner criou um prêmio, o prêmio Loebner, que todos os anos distingue o programa de computador que se aproxime por mais tempo de um ser humano, com respostas inteligentes. "Albert", o programa premiado em fevereiro de 1999, foi julgado humano durante 11% do tempo do teste a que se submeteu com outros cinco *softwares* (Ver, de Ana Lúcia Azevedo, "Software que gosta de Shakespeare..." *in O Globo,* Rio de Janeiro, 7/02/1999).

[88] Como não poderia deixar de ser, conforto é termo inglês — *comfort* — e começa a ser usado a partir de 1815, quando de fato passamos a desfrutar as comodidades da vida material que nos foram oferecidas pelo progresso do século XIX.

Não eram outras as ilusões do proletariado. A fábrica, a usina, os grandes complexos industriais prometiam e asseguravam a independência dos seus assalariados. A promoção social começava no uniforme ou no avental, no relógio de ponto, na sirene que regia o tempo do trabalho, no olerite com o cálculo das horas pagas, descontos, gratificações e o líquido a receber. E acresce que muitos operários gozavam da regalia de residir nos arredores, em casas da empresa. Modestas mas confortáveis, essas moradias padronizadas agrupavam-se em vilas bem-planejadas, com água corrente, energia elétrica, esgotos. Não havia quem não se sentisse ligado à fábrica como a uma família. Pesem o que pesarem as críticas dos sociólogos e etnólogos ao paternalismo industrial, escreveu-se, nessas colmeias, um dos capítulos mais humanos da história do capitalismo (cuja importância está, no nosso caso, no combate à pobreza).

TRABALHO E MORADIA. A PRODUÇÃO. O COMÉRCIO DAS IDÉIAS. O VEDETARIADO. A PROLETARIZAÇÃO EXTRATERRITORIAL

Jean-Baptiste André Godin ligou o seu nome à história da indústria e ao bem-estar do operário. Inteligência prática, Godin jamais esqueceria a miséria dos pardieiros infectos em que vivera, partilhando a sorte dos companheiros de trabalho. Favorecido pela necessidade e pela vontade indomável, ganha a luta contra a pobreza: inventa o aquecedor a carvão, torna-se industrial. Era a sua hora e vez. A fortuna permitia-lhe realizar o sonho longamente ruminado. Adquire um terreno, próximo da indústria que dirigia, e aí faz construir o Familister.

Encarrega-se, ele mesmo, do projeto e da sua execução: dos alicerces ao acabamento.[89] Professa, com rigor caprichoso, o ideal do progresso e do bem-estar, segundo as lições de Charles Fourier (1772-1837), o socialista da

---

[89] Três paralelogramos, ligados por uma passagem. Cada prédio tem vida própria, com teatro, escola, creche, *atélier*, piscina, sistema de climatização, lixeiras. Tudo é grande, enorme, vastamente iluminado. A água quente desce diretamente da fábrica. Os paralelogramos lembram, na sua origem e destinação, os falanstérios de Fourier. Retomam-se, no projeto de Godin, as disposições clássicas (do castelo de Versalhes), com o acabamento final das casas da região (Flandres, Bélgica). Nesse castelo do povo, o engenheiro, o administrador da fábrica e o operário compartilham a morada e o cotidiano. É arquitetura aberta. Um pátio faz as vezes de pracinha de cidade, ponto de encontro e reunião. Todo mundo vê todo mundo. O olhar do Outro obriga ao bom comportamento. Godin estabeleceu o *modus vivendi* da coletividade, criou normas estritas, com multas e expulsões (à maneira das convenções de condomínio).

utopia.[90] Repete, à sua maneira, os falanstérios do seu predecessor. Levaria vinte anos para terminar todo o complexo. Concluída a obra, equipados os alojamentos, os operários mudam-se para o Familister sob o olhar inquieto da vizinhança. A presença de pessoas humildes numa região nobre, residência de famílias de posse, desagrada e incomoda.

Godin não se intimida. Chamara a si o dever de instruir, para a vida, os locatários da sua pequena cidade. Fato consumado, o que estava feito não estava por fazer. Encara os vizinhos com altivez, freqüenta o Familister. Cumpre, religiosamente, a obrigação que se impusera: ministrar aulas e conferências sobre os mais variados temas sociais. Pouca gente comparecia. Mas o insucesso do conferencista não esmorece o utopista. Godin empreende a construção de um novo Familister perto de Bruxelas. À sua morte, tudo passaria a uma associação especialmente dotada para garantir a perenidade dos benefícios aos operários. Durante um século mantém-se vivo e ativo o seu ideal. Fechada a indústria, desvirtua-se aos poucos a principal finalidade dos alojamentos. O descaso e a má gerência dos fundos levam à ruína o projeto de vida comunitária.

Um século após o seu falecimento, o Familister mudaria de dono e de nome: vendido a particulares, perderia sua razão de ser.

Não há o que lamentar. A obra de Godin concretizou, à perfeição, os objetivos do seu criador. E o seu sonho sobreviveria ao Familister: com o suíço Le Corbusier e o francês, nosso contemporâneo, Jean Novel.

Muito conhecido no Brasil, mestre de Lúcio Costa e Oscar Niemeyer, Le Corbusier (Charles Édouard Jeanneret-Gris) seria, no nosso século, o sucessor da idéia de uma arquitetura funcional, ao alcance de todos. Grande teórico, publicou livros

---

[90] Fourier pretendia criar uma nova sociedade cujo núcleo seria o falanstério. Esse sistema (que tomaria o nome do seu criador, o *fouriérisme*) comportaria uma bem-estruturada exploração comunitária, rural e industrial, para cujo êxito se associariam homens e mulheres. Espontâneo, variado, à escolha e prazer de cada qual, o trabalho cooperado não seria corvéia, pois se buscava o bem de todos. Sociedade de produção e consumo, o falanstério distribuiria a renda entre o capital, o trabalho e o talento. E todo sócio cumularia benefícios dessas três fontes.

fundamentais sobre a arquitetura, *Vers une architecture* (1923), *La Charte d'Athènes* (1943). Suas teorias foram aplicadas em "unidades de habitação" em Marselha, na *Cité Radieuse* (1947-1952), o mais conhecido dos seus projetos, para 1.600 pessoas.

Jean Novel tornou-se, nos últimos anos, seu melhor discípulo. Projetou, na década de 80, a pedido do Estado, o Nemausus 1. Imóvel popular, sua adaptabilidade à rotina e ao espírito dos locatários lembra, a muitos respeitos, o Familister: prédios sólidos, de metal e cimento, com grandes espaços, luz e ar. Não é a gaiola de coelhos dos conjuntos populares do IAPI nem dos HLM franceses. Tudo transborda para o exterior. Há pontos de vista vertiginosos. As varandas externas funcionam como ruas, tanto para circulação dos moradores como para recreio das crianças. Mas foi justamente a superior qualidade de Nemausus que tornou impraticável, nos nossos dias, a locação dos apartamentos a preços módicos. Muito caros para o bolso dos pobres. Novel responde às críticas com humor: "Pouco importa. Não faço arquitetura intemporal. Quero que se diga: É a arquitetura dos anos 80."

No Brasil, a Estrada de Ferro Leopoldina e a Estrada de Ferro Central do Brasil, a Companhia Siderúrgica Nacional, a Ferteco, a Açominas, entre outras empresas estatais e privadas, também fariam construir conjuntos habitacionais para os seus empregados. Sucedem-se, Brasil adentro, as iniciativas de construção de habitações populares, ora financiadas pelas antigas Cohabs, ora pelo SFH, ora por capital privado (fábricas e aglomerados industriais), ora pelas administrações estaduais e municipais, ora por instituições religiosas.

Os funcionários da Prefeitura do Rio de Janeiro foram contemplados com o Conjunto do Pedregulho, projeto assinado pelo professor Affonso Eduardo Reidy. Também da autoria de Reidy, o belo Conjunto Proletário da Gávea e, numa parceria com Francisco Bolonha, o conjunto popular de Paquetá. Lúcio Costa e Gregório Warchavsky incumbiram-se do Conjunto Proletário da Gamboa. Fruto do apostolado de D. Hélder Câmara, ainda no Rio, é o bloco residencial Cruzada de São Sebastião, no Leblon, para onde se transferiram os habitantes de favelas da periferia.[91]

Entre as décadas de 60 e 80, o governo brasileiro empreendeu esforços para resolver os problemas de habitação e urbanismo popular. E o nome do arquiteto Hartmut Thimel vincula-se a inúmeras soluções urbanísticas para a integração "trabalho e moradia". Atento aos direitos de cidadania do favelado, procurou aproximá-lo do local de suas atividades, sem grandes ônus para o Estado. Em seus projetos, chamados "processos", optou pela autoconstrução e pelo sistema de mutirão. Citam-se, entre outros, o Projeto Rio 68/69, o projeto de pesquisa para uma parte da cidade satélite Ceilândia, em Brasília (1975), o do Conjunto Boa Vista, em Vila Velha, Espírito Santo (1976), o Projeto da ex-favela Guararapes, no Cosme Velho, Rio de Janeiro (1977), o Projeto do Gordura, em Belo Horizonte (1980/81), o Projeto Global para o desenvolvimento do Sul de Minas, sob o patrocínio da Secretaria Estadual de Planejamento de Minas Gerais (1980/81), o Projeto do bairro Aero-Rancho, em Campo Grande, Mato Grosso do Sul (1983/84).

Os trabalhos de Harmut Thimel despertaram a atenção da imprensa nacional e estrangeira. Atendendo a convite do Ministério de Cooperação Econômica da Alemanha, dirigiu, em Bonn, um seminário sobre "Habitação e urbanismo espontâneo e possíveis soluções no Brasil" (1974).

Apesar do interesse crescente dos arquitetos, ansiosos por participar de planos de urbanização, vê-se que os investimentos nessa área só fizeram minguar. E a atuação das Cohabs tornou-se descontínua e fragmentada.[92] Prevalece, nas periferias urbanas, a iniciativa autônoma, seja de mutirão seja de autoconstrução. É o povo que toma a si a responsabilidade de prover-se de moradia. Do que resultam invasões, uso indevido do solo, construções precárias e calamidade

---

[91] Para saber mais, leiam-se as revistas *Habitat*, cujo editor era Pietro Maria Bardi, e *Módulo* (ed. Oscar Niemeyer). Veja-se, também, *Arquitetura*, que publicou o ensaio de Sílvio Vasconcellos, "Habitações para o povo".

[92] Ler, de Hartmurt Thimel, "Habitação para população de baixa renda", *Módulo*. Rio de Janeiro, julho, nº 81, p. 66-70; de Ralfo Edmundo Matos, "Habitação popular", *idem, ibidem*, p. 53-57.

previsível. Tudo porque o Estado se esquiva aos compromissos assumidos com os cidadãos.

Um projeto arrojado, do prefeito Luís Paulo Conde, do Rio de Janeiro, inspirado talvez no "Favela-bairro", do governo anterior, empreendeu a revitalização do centro urbano. E o fez de modo a despertar, nos seus habitantes mais humildes, o gosto pelo resgate histórico da fisionomia da "Cidade Maravilhosa". Uma de suas mais louváveis iniciativas é a que leva o nome de "Moradias em ruína" (1999): os moradores de velhos casarões dos bairros da Lapa, Saúde, Cidade Nova, Santo Cristo colaboram com a administração do município, formam associações e juntam esforços para a reforma do casario desse primeiro núcleo residencial. O resultado já começa a aparecer. E gente que vivia mal, em aposentos sem luz e sem água, desfruta agora o privilégio de morar no centro, perto de "tudo".

Em Belo Horizonte, a proposta de moradia decente, barata e com finalidade social começa a ganhar forma graças à Bambuzeria Cruzeiro do Sul, um centro de pesquisas na área de desenvolvimento de técnicas alternativas de construção, movelaria e artesanato em fibras naturais. O primeiro alvo da iniciativa será a população de rua.

"O programa," explica o professor Lúcio Ventania, à repórter que o entrevistou," consiste na confecção de pequenas habitações modulares em bambu, realizada em conjunto pelos desabrigados e ex-alunos da bambuzeria."

A primeira casa a ser oferecida à população carente — um projeto da arquiteta Cristina Araújo Ferreira — já está pronta.

"Queremos construir pelo menos cinqüenta outras casas em Belo Horizonte," informa o professor. "Será um mutirão de ex-alunos, desabrigados e voluntários em geral."[93]

---

[93] Regina Palla (repórter), "Uma iniciativa econômica e de caráter social: Soluções boas e baratas e com gostinho esotérico" (*in Diário do Comércio*. Belo Horizonte, 10/03/1999). A procura de soluções comunitárias para os problemas de exclusão vem despertando o interesse do programa Gestão Pública e Cidadania, da Fundação Ford e da Fundação Getulio Vargas de São Paulo, sob o patrocínio nacional do BNDES (Consulte-se, de Ilza Camaroti e Peter Spink, *Parcerias e pobreza — soluções locais na construção de relações socioeconômicas*. São Paulo, FGV, 2000).

Sob a direção de Hermínia Maricato, atual Secretária executiva do Ministério das Cidades, busca-se agora ordenar o caos gerado pelas "décadas perdidas", "quando Rio e São Paulo elevaram a 50% o uso ilegal do solo urbano".

Segundo a Dra. Maricato, numa entrevista radiofônica a Heródoto Barbeiro (CBN, RJ, 15/02/03), "a explosão demográfica, no início do século XX, responsável pela ocupação selvagem do perímetro urbano, seguida de favelamento, no Recife e no Rio de Janeiro, só incharia São Paulo a partir de 1970, década em que as demais metrópoles do país acusariam o mesmo fenômeno, causado pela absoluta carência de projetos habitacionais para as classes menos favorecidas". E o pior: "Visto que, nos dias de hoje, nem os cofres municipais, nem os estaduais e sequer os da União remuneram condignamente os servidores da Polícia, da Saúde e do Ensino Secundário e Superior, as favelas passaram a ser a única solução de teto e abrigo para policiais, professores, enfermeiros, laboratoristas..."

"E assim explica a Secretária," desde que as Caixas abrem inscrições para a aquisição de moradias, os primeiros qualificados e atendidos são esses profissionais, do que redunda a falta permanente de habitações para a população de nenhuma renda..."

Lúcida e experiente, porque junta ao saber de ciência o de experiências feito como ex-Secretária de Obras do município de São Paulo, a Dra. Maricato conclui que o problema habitacional do país não se resolverá senão a longo prazo. Muito longo prazo.

Mas cabe ainda convir: sem embargo o caráter populista, de retórica eleitoreira, repetido em tempo de crise, o governo petista não só não resolveu o problema da habitação no país como não se empenhou, decididamente, na sua solução. Alheio às penas dos 6,6 milhões de brasileiros, favelados, habitantes de rua ou moradores desalojados por chuvas, inundações e incêndios, sua resposta à falta de moradia é, ao que se deduz de entrevista do secretário de Planejamento e Investimentos Estratégicos, Ariel Pares, o único item das prioridades do Estado em que "ainda titubeamos"...[94]

---

[94] Marta Salomon, "Radar Social" do Ipea diz que o Brasil tem 53,9 pobres. *Folha de São Paulo*, 28/04/05.

Quanto às críticas que se fazem aos gestos gratuitos de cidadãos honestos e abnegados, arquitetos e construtores, não será necessário sugerir a visita às senzalas das nossas casas-grandes nem às habitações destinadas aos empregados nos castelos europeus ou nas mansardas francesas — quartos esgueirados, de parede inclinada, sob o telhado, cujo lavatório, com vaso sanitário (luxo do final do século XIX), é deslocado, por falta de espaço, para um W.C. coletivo, no fim do corredor.

O caráter moderno das inovações dos modelos industriais rompe com a tradição e com o passado. O otimismo generalizado (que primeiramente chegaria a São Paulo e, depois, a algumas capitais brasileiras) autorizava a crença numa nova era cujo *deus ex machina* se encarnara no trabalho. Nem castigo nem prêmio nem, muito menos, conquista: via-se nele, ao advento da mecanização, a redenção do homem. Dos pobres, mais exatamente. Porque lhes coubera domar a máquina. Foram eles os heróis dessa gesta coletiva da história da humanidade. O pobre deixava de ser um esfarrapado sujo para converter-se em produtor de riqueza. A partir desse momento, o futuro lhe pertencia.[95]

Sempre à mira de fins específicos, pouco importando-lhes os meios, as ideocracias nazista e marxista-leninista encontrariam na força braçal um dos seus melhores trunfos; no trabalho, o seu mito grandioso. São as concentrações populares, os comícios, os desfiles que mantêm a massa sob a fascinação da sua própria grandeza.

Para Walter Benjamin, ela se divide entre o palco e a platéia, oferecendo-se em espetáculo. Dilui-se, no coletivo, a noção do indivíduo. Quem assistiu aos filmetes publicitários sobre o esforço de guerra do Terceiro Reich ou sobre a reconstrução da Rússia e fundação da União Soviética pode avaliar, na euforia nacionalista, a resposta do inconsciente coletivo, exaltado até a fúria pelo nazismo, e adestrado para a servidão

---

[95] Aos negadores das benesses do progresso, aconselho a leitura de Lamennais e dos escritores católicos que se bateram, por volta de 1830, contra "o feudalismo da riqueza", semelhante ao feudalismo medieval. Ver, de Lamennais, *Essai d'un système de philosophie catholique*. Paris, éd. Christian Maréchal, 1906; Abbé Gerbet, *Conférences de philosophie catholique, Introduction à la philosophie de l'histoire*. 5ème conf., 19 juin 1833, p. 220-221.

pela ditadura do proletariado. Insufladas, comandadas, aviltadas, essas massas inermes encenariam, em delírio, as últimas grandes sagas da Idade moderna. À tenacidade, à pujança e ao vigor dos pelotões imantados à insânia do *Führer* e ao ideal do "papaizinho" Stalin o mundo ficaria a dever a glorificação da guerra e a práxis da conquista e colonização ideológicas por uma pretensa utopia da classe proletária.

Feitas as contas, que nos resta hoje do trabalho dessas gerações sacrificadas que não sejam os monumentos a Dachau, Treblinka, as prisões desafetadas dos *gulags* e o bloco de cimento de Tchernóbil?

Há, portanto, trabalho e trabalho... E seus fins nem sempre auguram o bem de todos.

Inventou-se, entrementes, que *time is money* e a melhor maneira de ganhá-lo é trabalhando. Trabalho produtivo, assinale-se. Que seria igual a: riqueza, realização pessoal, segurança no futuro, garantia de repouso na velhice.

Mudaria o trabalho? Ou... mudamos nós? Pois não é esse, de modo algum, o quadro com que a classe trabalhadora se depara neste novo milênio.

O trabalho mudou, sim. E nós, sobreviventes de outras eras, ainda o vemos ungido nas águas lustrais da honra e da alta dignidade: quanto mais áspero, maior a virilidade; quanto mais produtivo, maior a competência; quanto mais aturado e duradouro, maiores a tenacidade e o proveito.

Acontece que nada disso desperta agora aplauso nem confere medalha nem mantém o operário no emprego. As máquinas continuam a chegar aos galpões das indústrias, é fato. Só que, instaladas, expulsam a mão-de-obra. Aqueles que despendem força e energia no trabalho, trabalho pesado, produtivo, são os primeiros a partir. Os robôs evitam-lhes as canseiras, os males da coluna, os ambulatórios dos hospitais. E a perda de três, cinco ou sete operários, talvez mais, na linha de montagem, é compensada, no escritório, pela contratação de um especialista em robótica, que calcula, no computador, a possibilidade de redução do gasto de energia (elétrica) e empenha-se em aumentar o número de funções que uma pinça executa em três segundos.

Enquanto o maquinário importado a altíssimo custo ocupa o lugar dos candidatos à pobreza, decide-se, *a priori*, na bolsa de Nova Iorque, Londres ou Frankfurt, do preço das ações da mesma indústria cujo robô está começando a montar o automóvel ou bem durável que será posto à venda dentro de dois, três, seis meses. È o mercado futuro. Os tentáculos fortalecidos pelas transfusões de sangue da mão-de-obra passada galvanizam-se no presente enquanto se preparam para novas investidas no futuro, livrando-se então, definitivamente, das mãos amputadas.

Ahmed Henni justifica o novo quadro industrial. O homem tem coisa melhor a fazer. Claro que tem. Os computadores não dispensam mãos e cérebros adestrados de analistas de sistemas, técnicos e mais prestadores de serviço. Além disso, a desvalorização da experiência e do esforço físico acompanha-se da revalorização das rendas. Por exemplo: as ações daquela velhinha norte-americana, ou australiana, subiram em Frankfurt desde que a Ford pôs na rua 2.800 empregados brasileiros. E ela, pobrezinha, estava sem dinheiro para comprar comida para o gato...

Não, não é hora de ironia. O que se tem por certo é que os acionistas (nem sempre velhinhas indefesas) não estão preocupados com o destino do trabalhador brasileiro ou argentino, mas com a liquidez das *blue ships*...

Não se pode raciocinar, preferencialmente, com inversões de situação. Há muita gente a quem aproveitam as mudanças operadas no comportamento político e social da sociedade contemporânea. Nem só de robôs, de computadores e de informática vive o mundo... Muito dinheiro corre por outros fluxos. E, nunca, nunca mesmo, tanta gente ficou a dever a tão poucos!, há quem afirme. Tome-se, por exemplo, uma apresentação da Madonna.

Claro!, seus cachês são vultosos!, dirão. Mas seus *shows* tanto demandam mão-de-obra braçal como profissionais de costura, decoração, arte cênica, maquiadores, cabeleireiros, médicos, enfermeiros, tradutores e intérpretes, motoristas, eletricistas, carpinteiros, soldadores, especialistas em acústica, sonorização. E os seus discos? Vendidos mundo afora, promovem riqueza, dentro e fora do seu país.

E nem só de *show business* vive o mundo... Divulgou-se, com alarde, que um jogador de beisebol contribuía, sozinho, para elevar o PIB dos Estados Unidos. E os mágicos e bruxos que abandonaram o reino do faz-de-conta para enriquecer o mercado editorial? E um autor como Paulo Coelho? Não faz entrar divisas no Banco Central? Talvez não cheguem a tapar o rombo feito nos cofres públicos por campanhas eleitorais e "mensalões", mas, ainda assim, suas mensagens escritas agitam o marasmo da literatura, aceleram a produção de celulose, enriquecem editores, despertam a atenção de jornalistas e críticos, fazem vender jornais e revistas, chamam a atenção para um país cuja moeda vale menos que um *cent*.

E por que não lembrar os milhões de dólares que concorrem com a velocidade dos carros de corrida da Fórmula 1? E que dizer dos campeonatos de futebol?, das Copas do mundo?, das Olimpíadas?, do *Tour de France*?, dos desfiles de moda?, do ganho polpudo dos manequins? Não se caminha, apenas, rumo à pobreza. Criaram-se, ultimamente, inúmeras fontes de renda. E ocasiões propícias ao enriquecimento de muitas coletividades. O Carnaval brasileiro é uma delas.

Apesar disso, não me deixo convencer. De que valem esse brilho intenso, esse ouro puro? Que representa, para a estabilidade da moeda ou para o pão de cada dia dos mais pobres, a eventual afluência às bilheterias do Maracanã, do Sambódromo, do Anhembi, do Morumbi, em noite de Fla-Flu, do Chicago Bulls, de Michael Jackson, dos Rolling Stones, do Rock in Rio, ou de desfile de Christian Lacroix?

Não se alimentem ilusões. A comoção despertada pelos "clássicos" do futebol tanto como a apoteose do vedetariado nem sempre se traduzem em lucro certo. E a féria de um dia, se não chega às burras do Estado, tampouco reverterá no proveito dos cidadãos desassistidos.

Interessados em ganhar muito em breves turnês, os grandes astros comportam-se como as aves de arribação da trova de Soares da Cunha — "se faz bom tempo, eles vêm; se faz mau tempo, eles vão"... Não passam de meteoros. E lembram, nos seus giros intermitentes, a permanência, nos nossos bancos, do capital oportunista, que corre de praça em praça à procura de melhores opções no mercado instável do dinheiro fácil. São sanguessugas: sugam, exaurem a vítima e partem saciadas.

Para nossa desventura, os especialistas acabam de descobrir que a instabilidade econômica e os conflitos sociais vigentes no Terceiro e Quarto Mundos, isto é, no Sul, determinaram a formação de uma espécie de proletariado internacional que concorre com o da unha afortunada (essa, a do lucro imediato, que aparece, arma o circo por dois, três dias, e parte em arribada) cuja concorrência só se faz na alta rotatividade, não no ganho. Trata-se da mão-de-obra barata que circula e muda de país e de hemisfério, ou se movimenta no mesmo país e hemisfério, a serviço de indústrias nômades.

Desde que o êxito social e financeiro se desvinculou das penas da labuta diária e que da noite para o dia uma fortuna pode ser conquistada, sem *hold up* e sem a interferência de terceiros, como também pode ser perdida, se a bolsa de Tóquio ou de Sidney fechar em baixa, basta apertar uma tecla do computador e comprar ações em Hong Kong, compor um *hit*, ou um *tube,* marcar um gol, criar um *software*, escrever um *bestseller.* Uma idéia luminosa, de coisa simples, como a caneta esferográfica ou a pipoca estourada no forno microondas, pode trazer maiores lucros que uma bem-montada indústria de máquinas pesadas, com mais de mil, dois mil operários.[96] E livre do pagamento de infinitos impostos e encargos sociais...

---

[96] O barão Bich, o megaempresário da caneta esferográfica Bic, ganhou muito mais dinheiro que alguns fabricantes de automóveis. À semelhança das fabriquetas de fundo de quintal, seu império começou numa pequena indústria na periferia de Paris, após a 2ª Grande Guerra. A idéia luminosa da fabricação da esferográfica só lhe veio em 1950, ao aperfeiçoar as canetas dos soldados norte-americanos. Bich manteve a roda multifacetada — a esfera original — e introduziu o corpo de cristal aparente para evitar vazamentos. A essa inovação seguiu-se luta sem trégua para transformar a Bic em produto mundial a preços imbatíveis. O filho do barão Bich, Bruno Bich, que acaba de vender a marca ao lançamento da caneta de número 100 bilhões, revela que o pai "concentrara todos os seus investimentos na esferográfica. Foi ele o primeiro industrial a recorrer a técnicas altamente desenvolvidas e precisas de produção". Daí o sucesso (Veja-se ainda: "Escrita duradoura", *in JB*, 9/09/2005).

As histórias de sucesso já não começam (nem terminam, muito menos) nos galpões das fábricas... O trabalho suado, cansativo, reserva-se hoje para a mão-de-obra escrava dos países da Ásia. As multinacionais instaladas nas regiões mais empobrecidas do planeta são as grandes responsáveis pela destruição do meio ambiente.

Na Amazônia ou em Bornéu, onde o Green Peace e mais grupos ecológicos não são ouvidos nem sua presença é tolerada, o mercúrio mata a fauna marinha e fluvial, o desmatamento transforma a floresta em deserto. E quem se sujeitaria a condições insalubres para receber um dólar por dia senão os mais pobres dentre os pobres?

Um estudo de balanços financeiros por analistas "evolucionistas" dos Estados Unidos concluiu pela nítida superioridade, em termos econômicos, da cultura do talento sobre a cultura da produção. Para eles, não há crise material, quantitativa, de produção, mas humana, qualitativa, de pessoal. E procede da incapacidade, ou inabilidade, de adaptação à nova ordem.

Corrige-me Ahmed Henni: "O desempenho não se funda sobre o trabalho produtivo, mas sobre a capacidade de adaptação às mudanças do meio."[97]

Ao que me permito replicar: mais importante que a opinião dos analistas a respeito da cultura do talento, aplicada a uma avaliação de déficit e superávit, parece-me a referência à clássica definição da inteligência: "a capacidade de adaptação à circunstância". E isso acontece, ou não acontece, todos os dias. Não precisaríamos de uma crise para convencer-nos da sua falta ou da sua presença. Mais importante que o caráter sociológico da sua falta é a razão psicológica da sua presença. Talvez suficiente para explicar o descaso atual pelo trabalho produtivo, condição, até meados do século, para "vencer na vida", qualificar-se socialmente, adquirir bens, ser respeitado, conquistar "um lugar ao sol", merecer o apreço e a consideração da família e dos amigos.

De tudo isso, eis o que se depreende: a ninguém ocorre indagar a que grau de ansiedade e angústia se sujeitaram, nem

---

[97] Lugar cit., p. 105. *Apud* Ahmed Henni , veja-se, de Nelson and Winter, *An evolutionary theory of economic change*. Harvard, Harvard University Press, 1982.

a que concentração e esforço submeteram suas meninges, seus órgãos vocais, seus nervos, seus músculos um Bill Gates, um Pavarotti, um Ronaldinho, um Michael Jordan, um Antônio Ermírio de Morais (distinguindo apenas os mais nomeados nos setores em que atuam) para chegar ao topo de suas carreiras. O êxito premiou-lhes 90% de trabalho. Os 10% restantes correm por conta do acaso, da sorte, do talento inato, da inspiração...

Aplaude-se, ou denigre-se, o resultado dos 90%. Apenas. Como se a massa cinzenta, o corpo, a saúde, a temeridade, a voz, a economia detivessem o tempo e lhes propiciassem o *dolce far niente* sem deles exigir mais concentração e mais esforço depois do triunfo. E como nada disso se vê, que é que se imagina? Que estar atrelado a uma função burocrática, ou a quarenta horas por semana numa linha de montagem, a um arado ou a uma foice no campo, a uma vassoura no serviço de limpeza urbana significa condenar-se à inferioridade, à miséria, ao escárnio. O trabalho deixou de ser visto como uma conquista. É uma vergonha.

Hegel foi enterrado com a História. E enterrou-se, com a sua memória, a idéia da recompensa pelo esforço aturado: o pão de cada dia, os estudos dos filhos, a casa, as férias, o automóvel e outros sonhos, sempre que possível. Durante o carnaval, nas festas de fim de ano e mais celebrações nacionais, os repórteres, microfone à mão, perguntam aos médicos, enfermeiros, bombeiros, garis, garçons e demais pessoas que asseguram o funcionamento dos serviços essenciais, o que sentem ao ver que "todo mundo se diverte" ou que "todos estão em casa com a família" e eles, "só eles, estão trabalhando"...

Tanto as perguntas como as respostas são dignas de figurar no repertório de Stanislaw Ponte Preta. Ressalta-se, além da incompetência e da falta de imaginação dos repórteres, a visão deturpada do trabalho: punição, castigo, discriminação injusta. Enquanto os ricos e os poderosos dançam e cantam, em fevereiro, no Sambódromo, e também celebram, em dezembro, o Natal, os pobres-diabos...

Nos países europeus, de numerosa imigração árabe, turca e africana, tanto como nos ricos emirados do Golfo, onde indianos, coreanos, filipinos e egípcios constituem a massa do operariado, associa-se o trabalho pesado à incapacidade intelectual, à inferioridade, à pobreza. Cabe portanto ao estrangeiro, criatura sem qualificação profissional e social, ocupar-se das tarefas mais humildes. Lá e cá...

Da condição dos empregadores e dos empregados, dos que se dispõem a pagar e dos que se engajam por salário vil, ressalta-se, ao paralelo mais grosseiro, que esse novo proletariado avilta, coletivamente, o trabalho. Inferiorizados pela pobreza, pela baixa escolaridade, pela cor da pele, pelos dentes malcuidados, pela dificuldade de elocução, acumpliciam-se com os empregadores desonestos. E é da sua própria cumplicidade que se valem para explorá-los em qualquer parte do mundo.

Embora não considere o caráter perverso dessa forma surpreendente de aviltamento coletivo, por uma forma insidiosa de mobilização (legal, porque espontânea), Ahmed Henni explica que o trabalho produtivo se transfere continuada e sucessivamente a países mais pobres que os dos empregadores. E dessa *constante*, que supõe subserviência monetária e produtiva, deduz que a servidão ao trabalho recusado pelos ricos não só condena à pobreza como torna culturalmente inferior aquele que o realiza.

A meu ver, esse contrato de ambígua e tácita apreciação de inferioridade e superioridade nada mais patenteia, e com claríssima evidência, que um confronto da pobreza com a riqueza.[98] E não creio que dessa evidência se possa chegar à sentença fatal de Henni. Se os países ricos se libertaram, em grande parte, da servidão agrícola e lograram, depois da revolução industrial, furtar-se à servidão da máquina, por que os povos monetariamente inferiores não poderão passar do progresso técnico ao progresso econômico e do progresso econômico ao progresso humano, *tout court*, apto a determinar as mudanças culturais?

Jean Fourastié, que já previra como seria a década de 60, confirma nossa esperança em *Maquinismo e bem-estar*.

---

[98] Pois assim vejo e explico o ultraje que me faz pensar num contrato entre o lobo e o cordeiro.

Declara que "as causas que levaram uma fração da humanidade a tomar a dianteira sobre a outra fração, primeiramente no campo científico, depois no técnico, imprevisível para os primeiros milênios da história, são ainda desconhecidas, e sua investigação é uma das tarefas essenciais dos fatores do progresso humano".

Sob os auspícios do imprevisível, também a fração da humanidade deixada para trás poderá alcançar a fração que lhe tomou a dianteira. Por que não? Desde que não se proceda por saltos, o que contraria a lei de Leibniz, *Natura non facit saltus.*

A PROPRIEDADE, NO SENTIDO PRÓPRIO E FIGURADO. A FOME, CALAMIDADE

Se a natureza não dá saltos, a economia, contudo, ignora Leibniz e impõe suas leis. Depois que se desvincularam o êxito e a promoção social da jornada de doze, dez, oito horas de trabalho (hoje castigo, marca de inferioridade monetária e cultural), a espada de Dâmocles, suspensa sobre o destino das nações, é o índice das bolsas.[99] E passou-se a considerar o próximo, que pode também ser a empresa concorrente ou o país vizinho, como usurpadores do bem que deveria atribuir-se ao menos favorecido (por nascimento, acidente infeliz ou mero acaso).

Ultrajado, descrente da frase de Virgílio — *Labor omnia vincit* —, o pobre veste a camisa do despossuído e se abriga sob a contestação — "*La propriété c'est le vol*" — sem inteirar-se, antes, de que o autor do libelo, o jornalista, escritor e deputado da Constituinte de 1848, Pierre Joseph Proudhon (1809-1865), depois de formular a pergunta *Qu'est-ce que la propriété* (1840) e responder com a frase que todo mundo conhece — "A propriedade é o roubo" — lhe juntou, em corolário, "*La propriété c'est la liberté.*"

"Produto espontâneo do ser coletivo, aparentemente constituída contra o direito e o bom senso, a propriedade,"

---

[99] Muito curiosamente, até das brincadeiras infantis já se baniram as atividades saltitantes, o gasto de energia do "boca-de-forno", do "chicotinho-queimado", do "pegador"... Quem ainda se bate numa "queimada"? Quem pula corda? Quem brinca de roda? Tudo foi substituído pelos jogos eletrônicos, pelas máquinas de guerra e carros envenenados que aparecem na tela do computador: o mínimo de esforço pelo máximo de adrenalina.

declararia Proudhon em 1865," pode ser considerada como o triunfo da liberdade" (*Teoria da propriedade*).

Assim pensando, natural que a liberdade fosse, a seus olhos, uma condição, estado decorrente de necessidade primária que, satisfeita, resolvesse todos os problemas sociais.

Imbuído desse princípio, dispõe-se a reconstruir a sociedade. Nada o intimida. Defensor dos pobres, ele mesmo pobre, filho de um cervejeiro falido de Besançon, sai em cruzada contra os ricos e ociosos rendatários, que tinham no dinheiro ferramenta e ganha-pão. Funda, em 1849, o Banco do Povo, enfrenta galhardamente o filho de um rico advogado de Trier, de sobrenome Marx, o já célebre autor, com Engels, do *Manifesto do partido comunista* (1847), Karl Marx. Chama-o "tênia do socialismo", tacha o seu comunismo de "absurdo antediluviano".

Brandindo suas idéias, faz-se tipógrafo, obedece à lógica de Rousseau e Saint-Simon, abusa das antinomias de Hegel, escreve e incendeia as páginas do jornal *Le Peuple*. Longe dele os comunistas e sua ideologia: "*Loin de moi, communistes!* A propriedade individual é elemento ativo do progresso, a pedra angular da família, o fundamento da pátria, o dique da liberdade" (*Teoria da propriedade*).

Cultor da liberdade, temia, apesar da luta em favor dos pobres, a ditadura de classe. Ao insistir na necessidade da "propriedade para todos", visava a aglutinar a burguesia e o proletariado numa única classe, a classe média, expulsando a pobreza da sociedade. Embora se tenha batido generosa e perigosamente pela realização do seu sonho, cumprindo penas na prisão e sendo obrigado a expatriar-se, sequer conseguiu, ao que se vê, que conhecessem de sua obra mais do que uma frase. Ainda deturpada, na interpretação e no uso.

De qualquer modo, até mesmo nos territórios da antiga União Soviética, acredita-se atualmente na garantia moral e cívica da propriedade privada. E jura-se, como só Proudhon teria jurado, que dela decorrem o gozo da liberdade e o respeito aos direitos do cidadão.

Jacques Attali, seu estudioso, pensa que isso não passa de moda. A propriedade privada deixa atrás de si um tão longo rosário de frustrações e desespero que mais cedo ou mais tarde, no seu entender, ela não será vista como panacéia para todos os males sociais.

Durante mais de três séculos a humanidade se pergunta pelos seus riscos e vantagens. E ainda não acertou os ponteiros entre dúvidas e certezas. Para muitos, só a organização primitiva dos homens parece ideal. Que fez a sociedade no seu afã de compartimentação egoísta? Degradou-a, em detrimento dos mais fracos. Para outros, a ordem que se seguiu ao caos tribal representa a única forma viável de progresso. Mas é um *modus vivendi* a assimilar.

Depois de Locke, propriedade e democracia caminham juntas. E Adam Smith gravou-lhes o destino, senão em parte, pelo menos, ao trabalho. Num nítido desvio, rumo ao marxismo, o século XIX iniciaria a demolição sistemática dos conceitos favoráveis à propriedade privada, encarecendo os excelsos atributos da posse coletiva de qualquer tipo de objeto, ferramenta ou instrumento. Se os frutos do trabalho se reexpedem, em maior volume, aos donos das máquinas, a mera posse já os assenhoreia do esforço e do suor daqueles que as manipularam. É o trabalho acumulado. Condição da abundância e da democracia, assinalou-o Ricardo, a comunidade dos bens livraria o operário dessa extorsão.

Ainda indeciso, na sua primeira metade, quanto à opção pela comunhão coletiva, o século XX acabaria por definir-se pela propriedade privada depois de virem a furo os equívocos cometidos pela ditadura do proletariado. O que não quer dizer que se possam esquecer os infinitos obstáculos levantados às mirabolantes reformas empreendidas pelo liberalismo e, mais recentemente, pelo neoliberalismo, abortadas, até hoje, por incompetência e, o mais grave, pela subversão de valores.

Deram no que são, bocejos de Salomão...

Numa diferente instância, em que se defendem a redistribuição da riqueza em causa própria e a eliminação, a ferro e fogo, da desigualdade social, que haveria a acrescentar?

Autorizada a tese "a propriedade é *um roubo*" (grifo meu), conclui-se da interdição do direito por parte de quem nada possui e, dessarte, o "Mata e come" dos *Atos dos apóstolos* (X, 13) se refere a matar, não a presa, mas o dono da presa, de vez que ele se interpõe entre o faminto e a comida.

Pois bem. Operada a redistribuição da riqueza, saciada a fome, corrigida a desigualdade social, o novo proprietário conquistará a liberdade. Liberdade que lhe permitirá optar, ou não, pelo trabalho. Essa, a interpretação de quem busca legitimidade para apropriar-se dos bens alheios.

Jacques Attali julga encontrar na obsessão incontornável do desejo de posse a resposta pessoal do homem ao medo da morte. Ei-la: "*ter* e *ser* (grifo do autor) confundem-se, quase sempre, no sentido próprio e no figurado. No próprio porque para viver é preciso ter o que comer e onde se abrigar; e porque não ter é estar excluído do grupo, logo estar ameaçado de desaparecer: eu só existo se tenho. No figurado porque até nas línguas mais primitivas, um indivíduo — ou um povo — é identificado, *distinguido* (*id.*) por suas propriedades; seu nome, sua língua, sua terra, suas propriedades dizem sua identidade: somos aquilo que temos".[100]

Não seria difícil a Attali comprovar, entre os muçulmanos, o recurso à guerra para legitimar a posse. Somente. Pois não se trata, no Islã, de vencer a morte, mas de fazer cumprir a vontade de Alá. Essa forma sumária de justiça, que o Criador delega à criatura, a fim de que a paz reine na terra após a guerra, garante, ao que afirmam os defensores da guerra santa, a boa repartição dos bens.

---

[100] *Au propre et au figuré. Une histoire de la propriété*. Paris, Fayard, 1988, p. 12. No que respeita à relação do sujeito com o objeto, a tese de Attali não convence. O ter não se situa num registro de pura interioridade. E nisso quem tem razão é Gabriel Marcel. Em boa verdade, a consciência da posse situa-se num registro em que a exterioridade e a interioridade não se separam (como o grave e o agudo, por exemplo, diz o filósofo francês). Eis o que acontece, explica o autor de *Être et avoir*: "É mais do que certo que há um elo entre o *qui* e o *quid*, e esse elo não é uma simples conjunção externa. Por outro lado, enquanto coisa (*quid*), sujeito às vicissitudes próprias às coisas, ele pode ser destruído. Arrisca-se então a tornar-se o centro de uma espécie de turbilhão de temores e ansiedade. Daí traduzir-se, precisamente, na tensão que é essencial à ordem do ter." E anote-se: é a ameaça da perda que faz com que "eu aperte contra mim essa coisa que me será talvez arrancada; eu tento desesperadamente incorporá-la a mim, formar com ela um complexo único, indivisível. Desesperadamente, inutilmente..." (*opus cit*. Paris, Fernand Aubier, Ed. Montaigne, 1935, p. 234-segs.). É o que ocorre ao protagonista da peça de Plauto, *Aulularia* (V. nota 19).

Tirante o pretexto religioso, mas admitidas a força e a agressão, sempre que necessárias, essa tem sido, semelhantemente, a justificativa dos cristãos que rezam pela cartilha da teologia da libertação: a riqueza não é recompensa, prêmio ou resultado de esforço; é dom de Deus que se deve partilhar, *com ou sem a anuência do proprietário* (o grifo é meu).

Vives limitaria sua aprovação às premissas do silogismo. Primeiro, porque no século XVI raríssimos eram aqueles que tivessem adquirido, mercê de trabalho pessoal, produtivo, os bens possuídos. Segundo, porque Deus, na sua imensa bondade, favorecendo esse e aquele com a posse de riquezas, quisera (no juízo do filósofo) propiciar-lhes ocasião de generosidade. Como os bens não são dados para proveito de um só, mas de muitos, assim agindo davam cumprimento à vontade de Deus.[101]

Não se passe além. Cairíamos num sofisma. De conclusão inadmissível.

O apelo a um deus mitológico, capaz de ordenar o caos com raios e trovões, ou a Javé, que corrigia o mundo impondo a Lei do Velho Testamento, autorizaria, com certeza, a ocupação selvagem de fazendas e casas pelos membros dos movimentos dos "sem-terra" e dos "sem-teto", os ataques dos guerrilheiros colombianos e peruanos aos pequenos e grandes proprietários, a revolta armada dos zapatistas de Chiapas, dirigidos pelo subcomandante Marcos.[102]

---

[101] V. nota 24.
[102] V. *Le Monde*. Paris, 19/01/1995. Planejadas, segundo o jornal francês, por catequistas, as incursões contra as propriedades, em Chiapas e arredores, teriam sido inspiradas e justificadas pela catequese. Fato? Boato? Em caso de dúvida, fico com o réu. E o réu é, entre nós, o miserável. Quanto aos conflitos que dividem brancos e autóctones, ou brancos e descendentes dos autóctones, nas três Américas, que se busquem, sempre, provas e testemunhos idôneos, à saciedade. Pois tudo, ou quase tudo, que se propala acerca de assaltos perpetrados por tribos sanguinárias contra acampamentos de brancos, seguidos de atrocidades inomináveis, cometidas por canibais e redutores de cabeças (porque ainda circulam essas invencionices), traz a marca da infâmia, da mentira e da crueldade. E isso vem acontecendo desde os primeiros tempos da conquista e colonização do continente. Os indígenas foram, e continuam a sê-lo, vítimas indefesas de genocídio impune, e ao qual se pode inculpar, *de jure*, como de crime contra a humanidade. Imprescritível portanto. Urge acabar com isso. Abstenho-me de qualquer comentário sobre o artigo de *Le Monde* porque não me socorrem meios para comprovar-lhe a veracidade.

Não se trata disso. Estamos, sim, diante de uma nova fé, arraigada na mística da desgraça e estimulada pela resistência e egoísmo dos ricos e dos políticos conservadores. Inflamada, queima o estopim detonador de reivindicações em cadeia, com ou sem propósito. Endossadas como "idéia em marcha", veiculam-se na contestação à legitimidade do patrimônio, na transgressão à lei e no desacato às autoridades. Sua melhor coerência? O uso, não importa onde nem por quê, do nome de Deus e dos símbolos nacionais, além do patrocínio ostensivo da mídia falada e escrita, de astros da televisão e do cinema, de líderes ecológicos, ONGs e demagogos. Para quê? Para obter, por intimidação e açodamento, aquilo a que só se chega, ou chegava-se, após uma vida inteira de abnegação, renúncia e trabalho. O demagogo faz a festa enquanto dura o espetáculo e depois se omite deixando a turba sem proteção. Em outros casos, vale-se da ocasião para legislar *pro domo sua*: compra a preço vil os títulos de propriedade concedidos aos "sem-terra".

Engana-se quem julgue ser a afoiteza, ou o ataque, o melhor *script* para chegar ao *happy end*. Não se poderá contar, depois de uma luta político-social intensa, de forte apelo mediático, com entrevistas, discursos, passeatas, gritos de ordem, invasões, tiroteio, detenções, com gente especialmente afeiçoada ao campo e às suas infinitas, monótonas e enervantes aporrinhações.

Ainda que possuíssem, ou julgassem possuir, mercê de Deus, uma profunda vocação agrícola, sejamos justos: a adesão à terra (ou à morada, ao lar), que não se impregna de zelo, e do suor do rosto, tem vida curta.

Se os adultos dirigem seus pensamentos e desejos a coisa melhor (conhecida e provada nas andanças burocráticas e nas cidades), aos seus filhos, crismados na certeza de que as trombetas da justiça social sempre jogarão por terra as muralhas da desigualdade, há de aborrecer-lhes a labuta sedentária, a acumulação lenta e áspera de bens duráveis. Muito dificilmente esquentarão lugar. Devotos de Santo Expedito, o santo que acena com a bandeira do Hoje — *Hodie* — ao mesmo tempo em que esmaga a cabeça da serpente do Amanhã — *Cras* —, tudo associam à lei do *hic et nunc*.[103] Pouco tempo instalados, já os inquietará, a uns e outros, a busca da terra prometida.

A questão insolúvel da propriedade passa contudo a desfrute de ociosos perante a fome, que é calamidade social: sua presença envergonha qualquer família e envilece o Estado, poderoso que seja, se incapaz de bani-la de suas fronteiras.[104]

De tal modo enredada ao destino do homem, a fome se converte, nos momentos de sua mais dramática incidência, em tema literário: catarse compensatória com transparente virtude de exorcismo. Foi o que ocorreu no século XVI, à publicação, na Espanha, da história do *Lazarillo de Tormes* (1554), o infeliz guia de cego cuja idéia fixa é matar a fome.

Toda a sua picardia consiste em encontrar meios lícitos, ou ilícitos, para escapar da miséria e ajeitar-se na vida. O acaso e a necessidade explicam, se não justificam, o seu amoralismo. O que não nos autoriza a considerá-lo membro da *germanía*,[105]

---

[103] Que era o nome de uma emissão do SBT — *Aqui e agora* —, de alto índice de popularidade. A notícia de sua fama chegaria às páginas do semanário francês *L'exprès*, com fotografias do par de jornalistas responsáveis. Os bons pontos no Ibope inspiraram outras tantas emissões de escandaloso e cruel escárnio da miséria humana. E a televisão aberta se divide hoje entre as bênçãos do "Senhor Jesus" e os horrores dos *flashes*, "ao vivo", de assaltos, seqüestros, desvios sexuais, espancamentos e esquartejamentos e mais monstruosidades. É a política do "Atendemos à demanda do público"...

[104] Num pronunciamento no Dia Internacional para a Erradicação da Pobreza, Lionel Jospin, primeiro-ministro da França, declarou que faria aprovar um projeto de lei com medidas para evitar e combater a marginalização social ."Nossa sociedade", disse o ministro, "tem algo de absurdo e injusto porque é rica mas vê milhares de pessoas que passam fome, dormem na rua e não têm tratamento médico" ("ONU conta os miseráveis", in *Jornal do Brasil*. Rio de Janeiro, 18/10/1997, p. 11).

[105] Irmandade formada por grêmios de Valencia que no início do século XVI moveram guerra contra os nobres (constituía-se, especialmente, de marginais e desocupados). Como se serviam de linguagem secreta, lardeada de termos ciganos, *germanía* ou germania (port.) também se usa na acepção de calão de ladrões e rufiões.

a acusá-lo de crime, nem a condená-lo por roubo. O seu mal, não ter o que meter entre os dentes, é que o induz a pequenos furtos e à falsia.

Imorais, descaradamente imorais, são o *Buscón* (1607-1626), herói do livro do mesmo nome, de Quevedo, ou o *Guzmán de Alfarache* (1599-1603), de Mateo Alemán, que bem poderiam, se quisessem, trabalhar e viver do suor do rosto. Não. Comprazem-se na marginalidade e não deixam o crime porque qualquer esforço lhes parece um desmentido à igualdade entre os homens. Sendo a fome vicissitude partilhada por todos os pícaros, imorais ou amorais, aprende-se, à leitura da ficção que os retrata, que ela não serve apenas de tempero à comida: é denúncia e protesto contra o descaso das autoridades, reivindicação de direitos sociais.

Do furor mercantilista, que corrói a ética da nobreza medieval e aponta nos pobres o maior empecilho ao desenvolvimento, resulta a conduta cínica da política, filtrada com talento pelos escritores do Quinhentos e do Seiscentos. O seu melhor fruto? O novo gênero, a picaresca, que gozou na literatura espanhola de tão grande fastígio.

Josué de Castro, autor de *A geografia da fome*, acreditava que se não fossem as duas grandes guerras e a revolução russa, durante a qual se recensearam doze milhões de óbitos por inanição, a humanidade continuaria a fechar os olhos à dramática realidade da fome no mundo. Knut Hamsun (1859-1952), autor do romance *Fome,* e que receberia, em 1920, o Prêmio Nobel, certamente contribuiu para dramatizar, física e psicologicamente, os efeitos devastadores da desnutrição sobre o comportamento do indivíduo.[106]

---

[106] Pobre-diabo anônimo, de vida errante, sem emprego fixo e sem teto, a personagem criada por Hamsun poderia lembrar, na sua via-sacra da fome, os heróis, ou anti-heróis, da picaresca espanhola. Mas não. Ele nada tem da astúcia ingênua do Lazarillo nem da petulância cruel do *Buscón*. É um intelectual puro, escritor frustrado. Isolado no seu mundo de reflexão e de palavras, fechado na sua solidão, a fome significa para ele uma experiência moral. Tanto que penhora o seu colete para comprar leite para um pespontador de sapatos, faminto infeliz, a quem uma circunstância fortuita — a falta de trabalho — deixara sem alimento. Discriminado pela sociedade, e não por Deus, o remendão desperta-lhe piedade. Um intelectual não é um indigente ordinário: não pede esmolas, não rouba. A fome não justifica, a seus olhos, qualquer desvio de

Apesar de tudo, pouco se fez, e menos se faz hoje, para combatê-la eficazmente. Milhões de pessoas continuam a morrer, na mais absoluta penúria, na África, na Índia, mesmo na Europa, na América Latina, na Oceania e em muitos países asiáticos. Os conflitos tribais, religiosos, políticos e até de ordem lingüística, na África, na Índia, na Indonésia, as guerras civis nos antigos países do Leste, o bloqueio econômico, a invasão e a atual ocupação imposta pelo presidente Bush ao Iraque exacerbaram as condições de miséria a que se sujeitava cerca de um bilhão e meio de pessoas. Segundo a ONU, 840 milhões de habitantes do planeta, num universo de 5 a 7 bilhões de indivíduos, não têm o que comer. A cegueira, as crises de fúria ou de raiva, a passividade extrema, o fatalismo dos intocáveis nada mais são que seqüelas da carência permanente de proteínas e aminoácidos.

Ardilosamente explorada por militares e estrategistas da Antigüidade, a fome exauria populações inteiras que acabavam por render-se após semanas, meses ou anos de cerco. Foi o caso de Numancia, cidade da Hispania, tomada por Scipião Emiliano durante sítio de um ano (133-134 a.C.), imortalizado por Cervantes em *El cerco de Numancia*, tragédia nacional da coletividade.

Também D. Rodrigo Díaz de Vivar, *Cid*, "o Campeador", impôs cerco firme a Valencia, que capitularia às suas armas em 14 de junho de 1094.

O que era estratégia, de uso regido por leis e ética próprias, tornou-se, nos dias de hoje, embuste de guerrilha, estratagema político e mediático. Na África, a fome é usada pelos grupos beligerantes, seja para obter víveres para os soldados, seja para barganha no mercado de armas, seja para induzir a ajuda internacional ou tornar conhecido o abandono em que vivem os civis (sempre apresentados como vítimas dos opositores).

---

conduta. Mastiga gravetos para enganar o estômago, engole saliva, mete pedrinhas na boca. Vencido pelo desespero, grita, blasfema, ergue os braços para o céu, pergunta a Deus a razão do castigo. Em desatino, bate com a cabeça nos postes, crava as unhas nas palmas das mãos, morde a língua. Quadro pungente do homem confrontado consigo mesmo, com o seu corpo, com o seu orgulho, o romance de Hamsun desvela, sem piedade, os conflitos de um intelectual exposto à mais aviltante das provações. De que valem, nessa hora, as belas idéias, os conceitos filosóficos, a dialética de Kant? (Ver, de Knut Hamsun, *Fome*. Trad. Carlos Drummond de Andrade. Rio de Janeiro, Ed. Delta, 1963.)

Sylvie Brunel, coordenadora de uma publicação sobre a geopolítica da fome, refere o empenho das ONGs que atuam nas regiões em conflito para fazer chegar aos indigentes a ajuda das entidades filantrópicas. Também esse teria sido o procedimento do Iraque, que escondia e desviava os carregamentos destinados aos pobres para exagerar os males resultantes do embargo e conseguir da ONU a sua suspensão.

Diante desse quadro, de evidente exploração da miséria, Sylvie Brunel declara que as ONGs se vêem obrigadas a abandonar os postos de proteção aos civis. O que significa trair o espírito do mandado humanitário que para ali as dirige.[107]

Essa, talvez, a mais dolorosa decisão inspirada pela justiça.

---

[107] Ver "Fome vira estratégia, diz especialista", in *Folha de São Paulo*, 17/10/1998, p. 12. No Iraque, a exemplo do que sucede à África, a fome serviu a interesses políticos: provocada pelo embargo imposto ao país pelas Nações Unidas, a pobreza era a melhor aliada do regime, que a explorou politicamente. E como os recursos para lutar contra a miséria são sempre reduzidos, outros países se socorrem desse mesmo estratagema. É o caso de Cuba, sufocada pelo embargo decretado pelos Estados Unidos; é o caso da Coréia... De todos esses desvios resulta a pobreza política, exógena. Trata-se, ao fim e ao cabo, de "problema social," a que se refere Celso Furtado, mas, cabe acrescentar: de ordem política, e não econômica. Soluções? Depois do trabalho coordenado por Sylvie Brunel, a que se referia o jornalista da *Folha*, em 1996, a pesquisadora publicou *Famines et politiques*. Paris, Presses Sciences Politiques, 2002. Urge consultá-lo.

O MAIS POBRE DENTRE OS POBRES. FOGO!

"Se a minha pena tivesse o dom das lágrimas..."

Apesar de tão devastador quanto as lutas fratricidas na África, o genocídio dos índios no Brasil, perpetrado com o fim preciso de alijá-los das reservas onde ainda vivem, não comoveu a ONU nem chamou a atenção do mundo para a imperiosa urgência de protegê-los dos ataques dos brancos.

Num perene estado de guerra não-declarada contra a população indígena, brancos, negros e mestiços (recrutados até mesmo entre autóctones aculturados) não têm medido esforços para exterminá-la. O índio brasileiro é estorvo ao progresso, impedimento à reforma agrária, concorrente "inapto e preguiçoso" do trabalhador diligente (até uma escola de samba, a Viradouro, do Rio de Janeiro, assim pretendia figurá-lo, não fosse a grita geral, num quadro de "Os pecados capitais", no desfile de 2001). Fazendeiros, lavradores, criadores de gado, garimpeiros, madeireiros coreanos, militares da Calha Norte e sem-terra movem-lhe, todos, perseguição mais acirrada e cruel que a dos colonizadores, conquistadores e bandeirantes.

O vasto continente que os malaio-polinésios descobriram há milênios tem, hoje, no Brasil, cotas de migração e imigração para os seus descendentes. Em terra disputada a foice e a fuzil por MSTs, UDRs e políticos grileiros, e cuja demarcação depende da boa vontade de Brasília, não há lugar para os índios. Por que não os despejar do mapa?

Tem-se procurado apresentar com belas cores a colonização das terras descobertas a leste das Tordesilhas, ressaltando o sadismo e a crueldade da Conquista espanhola. Como se fosse possível medir a infâmia ou a honorabilidade de invasores da mais diversa origem, desde militares ambiciosos, empenhados na busca do ouro para enriquecer o reino e fazer carreira na corte, a nobres deserdados, criminosos, muitos deles condenados às galés, soldados, rufiões, desempregados e aventureiros.

"As atrocidades cometidas pelos caçadores de índios," acusa Leoncio Basbaum, não têm paralelo na história a não ser talvez com os traficantes de negros ou as hordas dos hunos ou os colonizadores da América Central." Mas se a trata de africanos tinha a absoluta necessidade de preservar a vida do futuro escravo, o mesmo não sucedia aos preadores de índios. "Entre os bandeirantes," prossegue o professor Basbaum, "o índio valia mais como troféu do que como objeto de utilidade ou comércio."[108] Submetidos a suplício e mutilação, os "bugres", como os chamavam, perdiam nariz e orelhas, exibidos por mata-mouros façanhudos, com aplausos dos companheiros e celebrações nos povoados.

Compensará tais horrores, inquietava-se Capistrano de Abreu, a lembrança das terras devassadas pelos bandeirantes, e agora anexadas ao Brasil? E quem se orgulhará de tais heróis?, haverá certamente quem pergunte. Conquistadores ou colonizadores, pouco importa o nome, desalojaram os primeiros habitantes dos dois hemisférios, condenando-os ao trabalho escravo, ao nomadismo, ao alcoolismo, às doenças, à sevícia e à morte.

Em 1639, o Papa Urbano VIII impôs a mais severa sanção da Igreja contra quem quer que escravizasse um índio, convertido ou não. À divulgação da Bula de Excomunhão no Rio de Janeiro, refere Roy Nash em *A conquista do Brasil,* a populaça derrubou as grades do Colégio dos Jesuítas e te-

---

[108] *História sincera da República*. Rio de Janeiro, Liv. São José Ed., 1957, p. 85-86. O que não mais ocorre. Nosso autóctone não serve sequer de troféu. Leia-se o livro de Ary Quintella, *Cão vivo, leão morto. Era apenas um índio* (da nova literatura infantil que foca o real, Ed. Record, 1986). Diante de um índio assassinado, qual a reação dos que passam pelo cadáver, sem dar-lhe atenção? Nada além do desfrutável "Era apenas um índio!"

ria assassinado todos os missionários paraguaios, não fosse a pronta intervenção do governador. Em Santos, ao tornar público o conteúdo da carta pontifícia, o Vigário-Geral foi atacado e pisoteado, enquanto em São Paulo se expulsaram os jesuítas da cidade.

Sobreleva gizar que as etnias brasileiras sofreriam maior prejuízo que as andinas ou norte-americanas (incluídas as civilizações do México pré-colombiano), por desconhecerem a servidão. Ocupavam lugar de exceção no quadro do descobrimento: conheciam a liberdade e eram as únicas a usufruir, no continente, desse privilégio. O descobrimento culmina, portanto, com o confisco desse bem inalienável.

Se se cumprisse à risca o ideal de Marx, para chegar à "sociedade sem classes", devíamos começar, isso sim, por "expropriar os expropriadores, a fim de que o Satã do capitalismo fosse expulso pelo Belzebu do comunismo e se lograsse enfim resgatar um direito seu", inato, de que se prevaleceram até o desembarque de Cabral.

Quanta ironia! No fundo, o pensamento de Marx, saturado da escatologia teológica, versão profana do reino de Deus do Antigo Testamento, desemboca naquilo que julga um privilégio a conquistar enquanto os nossos indígenas já o desfrutavam há séculos: nasciam livres.

A esse respeito, permito-me sugerir a leitura da obra de Luís de Molina (1535-1600), *Concordia liberi arbitrii cum Gratiae donis, Divina Praescientia, Providentia, Praedestinatione et Reprobatione* (Lisboa, 1588). E aconselho-a, vivamente, porque não se trata, como seria de supor, de mais um tratado filosófico sobre a liberdade natural e a liberdade sobrenatural. Nada disso. Ciente de que o selvagem brasileiro, a exemplo de Adão e Eva, vivia nu, e indene a qualquer servidão, Molina tomou-o para modelo de suas especulações, ressaltando, com ênfase, o uso do *liberum arbitrium*.

Ao conferir cunho de doutrina às considerações acerca da bondade natural, o sacerdote português aprofundaria o tema versado no Quinhentos ligando definitivamente o nosso índio às teorias européias acerca dos povos que viviam na América recém-descoberta cuja vida se guiava pela luz inata da razão e pelas leis da natureza.[109] Como não se serviu de alegorias e inculcou responsabilidade teológica e filosófica ao seu tratado, expôs-se a acusações de difícil defesa quanto à divulgação de idéias contrárias à interpretação oficial da Igreja sobre o pecado original e o livre-arbítrio. Acusado de pelagismo, por transformar a idéia da bondade natural em base de doutrina filosófico-teológica, foi condenado por heresia.

Hoje, o que de fato importa é que o índio brasileiro tenha servido ao seu ideal utópico. Como a utopia ainda não deixou as páginas dos livros, voltemos à dura realidade do antigo silvícola.

"Se a minha pena tivesse o dom das lágrimas, eu escreveria um livro intitulado *O índio* e faria chorar o mundo", escreveu o ensaísta equatoriano Juan Montalvo (1832-1889), resumindo em pranto a situação do índio nas Américas.

Inúmeros escritores responderam à sua sugestão, mas, ainda assim, o mundo continuou a ignorar a sorte do nosso primeiro habitante. Sequer os "novos filósofos" se lembraram de inculpar-lhe os algozes por "crime contra a humanidade", o que vêm fazendo desde a divulgação do holocausto e depois das manifestações contra os genocídios perpetrados na África e na Bósnia. Só a Igreja, por ocasião da 3ª Conferência Geral do Episcopado Latino-americano, em Puebla, no México, em 28 de janeiro de 1979, se manifestaria em favor dos índios. Dirigindo-se aos indígenas e camponeses de Oaxaca, João Paulo II declara que quer ser "a voz de quem não pode falar ou que é silenciado", quer ser "consciência das consciências, convite à ação, para recuperar o tempo perdido [...], tempo de sofrimentos prolongados e de

---

[109] Leiam-se, de Michel de Montaigne, "Des cannibales", *in Essais, Oeuvres complètes*. Textes établis par Albert Thibaudet et Maurice Rat. Introduction et Notes par Maurice Rat. Paris, Gallimard, 1962, Liv. Premier, ch. XXXI, p. 200; de Luís de Molina, consulte-se a edição crítica da *Concordia,* ed. Johannes Rabeneck, Madrid, 1953; sobre Molina, ver, de Orlando Romano, *O molinismo. Esboço histórico de conceitos filosóficos*. Luanda, Instituto de Investigação Científica de Angola, 1969; de Afonso Arinos de Melo Franco, *O índio brasileiro e a Revolução francesa*. Rio de Janeiro, Liv. José Olympio Ed., 1937.

esperanças não-satisfeitas".[110] Fiel à pregação de João Paulo II, que viu nas feições do Cristo sofredor "as feições dos indígenas e dos afro-americanos", a Conferência criou o Conselho Indigenista Missionário (CIMI) para protegê-los *da fúria dos brancos* (grifo e juízo meus).

Acrescente-se, em muito boa hora: nas telas dos cinemas dos Estados Unidos, proibiu-se, por força de lei, a exibição de filmes enaltecedores da vida e das proezas do general Custer, o famigerado matador, protótipo dos heróis do velho Oeste, para quem o índio bom era o índio morto.[111]

Ainda há pouco, no primeiro semestre de 2005, a desnutrição das tribos indígenas da reserva de Dourados causou a morte, por inanição, de dezenas de crianças das aldeias de Bororo e Jaguapiru. Foi preciso que a imprensa publicasse uma pequena nota sobre o óbito dos *Curumi* e o *Jornal Nacional* desse o alarme para que a defesa civil e o serviço de proteção aos índios viessem a público isentando-se de culpa.

Na emergência do real vivido, longe das salas de projeção, e mais longe ainda dos poderes Executivo, Legislativo e Judiciário, continuam a cometer-se os mesmos crimes e desatinos dos conquistadores, colonizadores, bandeirantes (os maiores preadores de índios) e pioneiros das três Américas contra quem é, de fato, o dono da terra. Em Brasília, capital de nossa República Federativa, isentou-se de culpa, com o beneplácito da Justiça, o bárbaro assassínio de um índio que cinco sádicos (inomináveis) da classe média queimaram e viram arder em chamas para seu gosto e prazer. Uma brincadeirinha

---

[110] "Saludo a los Indígenas y Campesinos", nº 8, 9 (*Apud Fe cristiana y compromiso social. Elementos para una reflexión sobre América Latina a la luz de la doctrina social de la Iglesia.* Departamento de Acción Social — Celam. Redacción: Pierre Bigó, S. J., Fernando Bastos de Ávila, S. J. , Lima, 1981, p. 217).

[111] Depois dessa lei, já houve mudanças. Tivemos o belíssimo filme *The Mission* (1986), de Roland Joffe, de defesa do autóctone e das missões jesuíticas que se puseram ostensivamente à frente dos indígenas contra os colonizadores portugueses e espanhóis. "Os germes da Teologia da Libertação foram semeados nessa época", disse um dos produtores do filme, o italiano Fernando Ghia. Em 1990, de Kevin Koster, *Dança com lobos* filme que a crítica européia qualificaria de "soberbo, cheio de poesia, de respeito e de amor": a história da amizade de um soldado com os índios Sioux.

inocente, disseram. Acobertada e absolvida por uma juíza que desconhece os direitos humanos.[112]

Donde se conclui que do descobrimento aos nossos dias o branco nada fez senão "brincar" com a vida dos autóctones. A razão está com Michaux: "O homem branco possui uma qualidade que lhe permitiu triunfar no mundo: o desrespeito."

É preciso que se saiba: coube aos indígenas, na nossa América, o título de iniciadores da libertação. As insurreições por eles lideradas precederam as conspirações revolucionárias.

Mais realistas e mais próximos da terra, lutavam pela abolição do trabalho escravo — *mita, encomienda, pongueaje* —, pela justa redistribuição dos campos de cultivo e por melhores sistemas de irrigação. Enquanto se batiam por tudo quanto interessava de perto à subsistência, os conspiradores ilustrados, discípulos do Enciclopedismo francês, defendiam, romanticamente, os conceitos abstratos de Liberdade, Igualdade, Fraternidade.

Nem mito, nem herói. Triste, enfermo, espoliado, o nosso indígena já não atende pelos nomes de Atala, Peri, Ubirajara, Iracema, Chingachgook, Jerônimo, Cumandá ou Tabaré. Ele se chama Megaron Txucarramãe, Mário Xavante, Marcos Terena ou Raoni.

Chefe xavante, Raoni conservou o botoque do beiço inferior para percorrer o mundo na companhia do roqueiro Sting, dando testemunho, em português — que os repórteres franceses e belgas disseram tratar-se de "dialeto tribal" —, sobre a miséria em que vivem os seus irmãos...

Uma exceção ao analfabetismo dos indígenas aculturados é Marcos Terena, que sabe ler, escrever e falar tanto o português como o espanhol, é intérprete de inglês e francês (*excusez du peu!*) e até pilota avião. Numa carta altiva, por ele escrita e endereçada ao *Jornal do Brasil,* Terena conta como a sociedade dos brancos o iniciou na farsa patética dos valores do mundo civilizado. O nobre orgulho que a inspirou e a bem-nascida segurança que lhe ditou as palavras contra o torpe debique de um colunista social autorizam-me a transcrever o trecho que nos remete ao tema destas páginas: a pobreza.

---

[112] *Nomina sunt odiosa* costuma-se dizer. Diante do despautério cometido pela juíza, omito-lhe o nome, em consideração à Magistratura e à inteligência feminina.

Depois de apresentar-se como um dos 240 mil índios brasileiros [em 1990] e um dos seus interlocutores junto ao homem branco, Terena refere:

> "Quando tinha ainda nove anos, fui levado a conhecer o mundo, a civilização do homem branco. Era preciso ler, escrever e falar o português. Um dia, a professora me pôs de castigo, não sabia por quê, mas obedeci. Fiquei olhando para o quadro-negro e de costas para a sala. Quando meus colegas entraram, todos morreram de rir. Não sabia o motivo, mas sentia-me orgulhoso por fazê-los felizes. Eles riam porque haviam descoberto meu segredo: meu sapato não tinha sola, apenas um grande buraco, amarrado por pequenos pedaços de arame. Naquele momento porém, sem querer, acabei descobrindo um dos segredos do homem civilizado: suas crianças não eram apenas crianças. Uma palavra, apenas uma palavra as separava uma [sic] das outras: pobreza."[113]

Sete anos antes que as labaredas consumissem o corpo do brasileiro Galdino, também Jesus, Galdino Jesus dos Santos, num martírio de que nem Canaimé no cumprimento do seu mandato de terror e de sangue jamais teve notícia, Terena expressava a noção pontual da fronteira que separa autóctones e bárbaros: a pobreza.

Pois não é que os cinco bárbaros do Planalto central confessaram que, ao empapar de gasolina a roupa da vítima e atear-lhe fogo ao corpo, julgavam tratar-se de um mendigo (!?!). Como não lhe viram o rosto, nem ele lhes estendeu a mão, pois dormia, e a sensitividade amébica não repercute as mil nuances do branco nacional, que vai de todos os tons do negro e do aco-

---

[113] Marcos Terena, "Vôo de índio", in *JB*. Rio de Janeiro, 01/07/1990. Num nariz de cera, o redator justifica a publicação da carta de Terena. Diz: "Na terça-feira, 26, o *Jornal do Brasil* publicou, na coluna Zózimo, uma nota afirmando que o líder indígena Marcos Terena estaria procurando emprego. A nota acrescentava que Terena acabara de ser demitido da Funai, onde exercia a função de piloto — mesmo não tendo freqüentado avião senão como passageiro, e mesmo assim tremendo de medo." A carta é, portanto, uma resposta ao debique insidioso do colunista da gente bem. Lamento não poder transcrevê-la *ipsis litteris et verbis*. Fica para um ensaio sobre o conceito de dignidade indígena.

breado aos do amarelo fúlgido até o "barata descascada", como lhe descobriram a identidade? — *"Nomen atque omen"*...
Isto é, concluíram que a vítima sacrificial brasiliense só podia ser um mendigo. Autocondenou-se a um auto-de-fé, diversão inocente de meninos abastados do carrascal — *sem intenção de crime, pois os rapazes não queriam matar, mas apenas dar um susto ou fazer uma brincadeira*,[114] na boca sem botoque da meritíssima juíza que os isentou de culpa. Porque o mendigo, escória urbana, sem rosto, sem cor, se dorme em banco público, sequer é vítima; é pretexto para susto ou brincadeira de Neros entediados.[115]

Não se deduza porém que outro índio, qualquer índio, mesmo Marcos Terena, sentado ou deitado num banco público, estivesse a salvo da farsa. Mendigo tem, entre nós, acepção tão abrangente quanto a do *abjectus homo*. Podendo, portanto,

---

[114] O grifo é meu, embora o preferisse em vermelho, rubro-labareda. O desalento da sociedade diante de tamanha injustiça comoveu a promotora Maria José Miranda Pereira, que recorreu da decisão da juíza. Depois de um parecer favorável da Procuradoria-Geral da República, firmado pelo Procurador Eitel de Brito Pereira, o seu recurso foi julgado pelo STJ em 9 de fevereiro de 1999. O STJ deu-lhe ganho de causa: os sádicos assassinos de Galdino Jesus dos Santos serão julgados por um tribunal popular. Nem tudo está perdido. Já é um começo. Os jovens promotores vêm dando ao país lições de justiça e de coragem. Parecia impossível que militares criminosos fossem a júri popular. E isso aconteceu: os responsáveis pela chacina do Carandiru compareceram perante o tribunal. A truculência dos policiais contra os moradores da favela Naval tampouco ficou impune. No início do ano, a máfia da Prefeitura de São Paulo aprendeu que os tempos são outros: a Justiça existe. O Ministério Público está de parabéns. É assim que se forja uma nação. O recurso da promotora Miranda Pereira caldeou um dos seus pilares: o da etnia (omito os nomes da juíza e dos assassinos de Jesus Galdino dos Santos. Recuso-me a mencioná-los nesta emenda de agravo num culto a Nossa Senhora, a Pobreza).

[115] O culto da incandescência fez escola. No Rio, garante-se o saneamento urbano transformando mendigo em cinzas. Um deles, o *Carioquinha*, um entre três mil moradores de rua da cidade, sobreviveu às labaredas que lhe cobriram 60% do corpo com queimaduras de segundo e terceiro graus. Não sei se estará recuperado (Ver "As duas vidas de Carioquinha", *in Jornal do Brasil*, 25/06/1997, p. 19). No dia 23 de fevereiro de 1999, registrou-se, no Rio de Janeiro, um novo auto-de-fé. O mendigo Romário Costa de Oliveira teve um terço do corpo queimado e na mesma noite em que falecia dois meninos de rua ateavam fogo no pescoço de Jorge Carlos Azevedo, o *Segurança*, também mendigo, homem de bem, e de confiança, que faz pequenos serviços para os moradores do bairro do Catete. O mais doloroso em tudo isso é que agora o auto-de-fé comece a praticar-se entre os moradores de rua. Não se trata de luta de classe, mas de eliminação de adultos (parece que Romário também foi imolado por jovens delinqüentes). Perdido o *esprit de corps*, decretada a guerra entre as gerações, que é que nos resta?

incluir o índio. Aos olhos do branco, assinale-se. Porque índio que é índio (i. é, não-aculturado) não mendiga.

É provável que, ainda hoje, o pouco que se sabe sobre a sua origem e sua cultura leve algum estudante do segundo grau a figurá-lo de tanga e cocar, a cara pintada para o ritual de guerra, ou pulando e cantando a marchinha "Índio quer apito" ou, mais recentemente, o bonito samba que elevou a escola Unidos da Tijuca ao grupo especial, com o enredo "O dono da terra". Porque não foi certamente o nobre selvagem de José de Alencar — o Peri romântico de *O guarani*, nem o da ópera de Carlos Gomes, do mesmo nome — que a nossa juventude tomou para modelo ao descer às ruas e, cara pintada e apito à boca, pedir o *impeachment* e a defenestração do presidente Collor. É essa a imagem que se faz do índio.

E por que não? Na festa brasileira por excelência, o Carnaval, em que há grande preocupação com guarda-roupa, adereços e respeito à verossimilhança, os índios são representados de forma caricatural. Além do desconhecimento de usos e costumes dos primitivos aborígines, ignora-se, até, a cor da sua pele. Não é outra a verificação do professor John Monteiro, do Departamento de História da USP, autor do livro *Negros da terra: índios e bandeirantes nas origens de São Paulo*.[116]

"A história |matou| os índios", declara o professor norte-americano. E continua: "Estudar índio é tabu entre os historiadores. Em outras partes das Américas, a etno-história, ou história indígena, é escrita tanto por historiadores como antropólogos. Aqui tem sido assumida por antropólogos."

A incompatibilidade da realidade com a verdade é compreensível. Para furtar-nos ao julgamento da história e ao sentimento de culpa de que padecem os nossos vizinhos hispano-americanos, que carregam como ferida no flanco o massacre das populações indígenas e a destruição da sua cultura, recusamo-nos a admitir nossa dívida para com a etnia autóctone, recolhemos ao porão da memória nacional tudo quanto lembre

---

[116] São Paulo, Cia. das Letras, 1994. Ver, também, entrevista a Luciana Villas Boas, "O índio é tabu na história", *in JB*. "Idéias/Livros." Rio de Janeiro, 28/01/1995, p. 4.

o dono da terra e primeiro habitante. O que não se conhece não se teme e se elimina sem piedade. Não o trouxemos para a cozinha nem para a alcova nem o pintamos com os nossos filhos docemente agarrados ao regaço (como se fez com a mãe negra, a babá, a quem se tecem elogios sem conta, ainda que essa pieguice louvaminheira fique para as reuniões de família).

Escorraçado, preado para escravo, o índio brasileiro empreenderia a mais longa caminhada de que se tem notícia na era moderna. Nem o abominável homem das neves atravessaria tão longa distância para esconder-se dos invasores. Provam-no a descoberta de tribos que, a meados do século XX, ainda viviam na idade da pedra, afastadas, portanto, de qualquer contato com os "civilizados". Caçadores, madeireiros, grileiros, garimpeiros, posseiros, fazendeiros, latifundiários e minifundiários (sem exceção), empresas multinacionais, nacionais também, MSTs, UDRs, missionários (anglo-saxões, principalmente, mas os demais se incluem por motivos outros que os de roubo e expropriação) o Serviço de Proteção aos índios e a Funai, todos, todos, só se aproximaram dos índios para dizimá-los, conspurcar-lhes os costumes, aculturá-los sordidamente, ofendê-los e humilhá-los.

Os negros, os judeus e as mulheres,[117] as chamadas minorias do mundo moderno, despertam hoje o interesse de instituições governamentais e não-governamentais que tomam, publicamente, a defesa ostensiva dos seus direitos. E os índios? As pregações e os escritos de Bartolomé de Las Casas, no México e em Burgos, de Anchieta, Nóbrega e Vieira, no Brasil e em Lisboa, perderam, há muito, sua atualidade.

---

[117] Excelente exemplo de que a mulher goza, em certas situações, de maior prestígio que o índio e, como minoria, tem mais audiência que os pobres, é o caso da mestiça boliviana, de poucas letras, Domitila Barrios Chúngara, militante operária e ex-prisioneira política . Convidada a participar de um Congresso pela emancipação feminina, Domitila vê-se lado a lado com estrangeiras bem-nascidas cujas reivindicações nada lhe dizem. Não ambicionava bater-se, solitariamente, pela emancipação da mulher. Seu combate nada tinha de pessoal nem de feminino: transcendia à divisão das tarefas domésticas, ao direito ao aborto, à demanda de igualdade salarial, à luta contra os preconceitos sexistas. O que a levara ao Congresso fora o combate pelo seu povo, pela condição dos mineiros, pela pobreza. Ao certificar-se do engano, Domitila preferiu tomar a defesa das mulheres que passavam fome, viviam na miséria ou estavam na prisão (Ver *Se me deixam falar...* 3ª ed. São Paulo, Símbolo, S.A., Indústrias Gráficas, s / d., p. 109).

A brutal conversão do regime econômico-agrário, praticado por incas, astecas, zapatecas e outras etnias, num sistema de propriedade limitada, já pelo espírito individualista do europeu, já pelo seu caráter feudal, produziria a mais funda marca na vida dos autóctones. A independência, pela qual tanto lutaram, não lhes trouxe tampouco qualquer benefício. "A guerra da Independência foi a revolução mais conservadora que jamais houve", afirma Cecil Jane.[118]

Prova disso? O êxito obtido pela divulgação do ideário comunista entre os excluídos do México. Não porque acreditassem numa nova ordem de coisas; julgaram possível, isso sim, que a tão anunciada revolução social lhes permitisse resgatar, após a expropriação dos latifúndios e banimento dos herdeiros dos conquistadores, usos e costumes anteriores à Conquista.

Três séculos e meio de Colônia, a que se somaram quase dois de vida republicana, não modificaram a condição do aborígine, que é a mesma em toda a América: da fundação da Nueva España à derrota do PRI, da dominação de Pizarro à eleição de um oriental para a presidência do Peru, das Missões jesuíticas ao caso Oviedo no Paraguai, da abertura dos portos, por D. João VI, à criação da Funai.

Se esses breves cortes no curso do tempo, tão penosamente vivido pelos povos indígenas, pouco acrescentam à gloriosa visão da história que gostaríamos de legar à posteridade, não há que desesperar. Uma pequena mudança de perspectiva e tudo se transforma: a leste, volver!

Abrem-se ao nosso olhar todas as fulgurações da inteligência humana. Nada mais nada menos que quinhentos anos sob a galáxia de Gutemberg: da aurora iluminada do Renascimento às luzes da Enciclopédia, de Voltaire à morte da História, do *sfumato* de Leonardo ao paroxismo de *Guernica*, dos motetos de Palestrina ao misticismo de Messiaen, das revoluções celestes de Copérnico à Estação Mir e às aeronaves Apolo VII, Columbia e Discovery. Fomos longe, longe demais.

---

[118] *Libertad y despotismo en la América hispánica*. Trad. Madrid, Ed. España, 1931, p. 188-189.

Enquanto isso, banido o uso dos quipos pelos colonizadores, a chave da história e da cultura incaicas, o autóctone não foi iniciado no mistério das letras nem nos segredos portentosos do livro. Ao índio, a todos os nossos índios, não aproveitaram a invenção da estrada de ferro, nem a mecanização da lavoura. Da medicina, cujo progresso dizem milagroso, só lhe deram a conhecer os sintomas das doenças dos brancos e vagos diagnósticos de gripe, tuberculose, sarampo, catapora, cólera e AIDS... Não há, portanto, como abandonar as ervas e bruxarias (mais eficazes, é certo, que a ciência mal-administrada pelos charlatães). Talvez um dia a civilização chegue a assimilá-los, abrindo-lhes as portas das ciências e das artes. A mesma civilização de que se orgulham os invasores e usurpadores de sua terra e dos seus direitos.

Não é outra a condição dos aborígines da costa atlântica, do Brasil à Argentina. Isto é, dos seus sobreviventes. E o mesmo se pode dizer da presença rara de quem por eles se interesse. Um Rondon, "amigo e pai", como está nos versos de Drummond, um Noel Nutels, um Roquete Pinto, os Vilas Boas, um Sidney Possuelo, um que outro cantor, como Sting, que veio a público para falar da condição infra-humana e da extrema penúria em que vivem os nossos índios. Também preocupado com a destruição do meio ambiente nos países do Sul, Sting e sua mulher, a atriz Trudie Styler, criaram a Rainforest Foundation, dedicada à preservação das florestas tropicais.[119]

Tem-se contudo a lamentar a oportunice ecológica, agora em prática no *show business*, após o êxito mediático do gesto pioneiro, e espontâneo, de Sting. O empenho solidário, até de astros nacionais, pelos "povos da floresta" (como está no disco de um brasileiro), não vai além de alguns vagidos nativos e dos vultosos *royalties* recebidos pelas canções (de pretensa destinação humanitária).

Dan en lo que son: bostezos de Salomón...

---

[119] Em sua nona edição, no dia 17 de abril de 1999, no Carnegie Hall, em Nova Iorque, o concerto beneficente da Rainforest Foundation reuniu artistas como Tony Bennett, Billy Joel, Elton John, Ricky Martin, Sandra Bernhard e Don Henley, interpretando, cada um, as canções de sua preferência do repertório de Frank Sinatra (CF. "Elton John e Tony Bennett cantam Sinatra em concerto para as florestas", in *O Globo,* Rio de Janeiro, 14/03/1999, p. 3).

Os judeus e os negros vêm recebendo, ainda que ao ensejo de desagravos e comemorações, repetidos protestos de apreço e solidariedade. Só a etnia indígena permanece, até hoje, à margem da filantropia e benemerência sociais. Por quê? Porque não há, ainda não, índios natos, saídos de aldeias indígenas, comprometidos com o destino de suas tribos e habilitados, por formação e instrução escolar, a fazer ouvir a sua voz, a divulgar os seus escritos e a exigir respeito e melhores condições de vida para os seus irmãos. Menores, e ainda tutelados, a sua promoção social é ainda mais difícil no Brasil. Se não impossível. Tivemos um índio, Juruna, na Câmara Federal. Como o tratavam? Com desprezo e zombaria. Ele, justamente, a quem os índios ficaram a dever inúmeras demarcações de terras. Claro que não se reelegeu.

A literatura ocupou-se, no século XIX, da divulgação da face romântica do bom selvagem — invenção estrangeira de repercussão universal, amável e amorável. A corrente indigenista, bem mais legítima que a dos indianistas, criadora do índio nobre e belo, fugiu à representação artificial e artificiosa do *bon sauvage* à Chateaubriand. Isso ocorreria nas literaturas da América hispânica, nos países de forte presença indígena.

Postulantes do autenticamente americano, os defensores do autóctone concorreram para a reivindicação dos seus direitos, argüindo a necessidade da obediência à Constituição e aos "direitos humanos". Indagaram pelo homem, miserável, desprezado, reescrevendo, na ficção, a *via-crucis* do indígena.

Entenda-se: "o indigenismo não é uma corrente humanitária, é um despertar do índio, tanto como da consciência do mestiço acobreado, da sua força e do seu destino particular. [...] Estima-se o indigenismo como o despertar da consciência do [próprio valor das populações indígenas], sem exclusão de conceitos éticos, políticos, educativos e sociais".[120]

---

[120] Víctor Gabriel Garcés, *Indigenismo*. Ed. Casa de la Cultura Ecuatoriana, Quito, 1957, p. 223-224.

Não temos, no Brasil, literatura indigenista, mas romances e versos de tema indígena. O que é diferente.

De qualquer modo, o tempo se encarregaria de provar, com ou sem indigenismo, que nada se dilui tão rápido no ar quanto as boas intenções dos literatos. Nem por isso se pode admitir o aviltamento coletivo de "nações" que deveriam ser defendidas, amadas, respeitadas. Por quê? Porque estabelecem o elo primeiro de ligação do homem com a natureza. Todo índio é nosso antepassado.

Até quando assistiremos indiferentes aos crimes que se cometem contra ele? Até quando?

No México, depois da rebelião do Exército Zapatista de Libertação Nacional, mudou-se a estratégia político-social do Estado. O levante dos índios, liderado pelo subcomandante Marcos, tornou público, pela mídia e pela Internet, o debate sobre o criminoso abandono em que vive um quinto da população mexicana. Infenso ao poder, o líder zapatista exige democracia, liberdade e justiça. O que significa, no seu sentir, educação, escolas, moradia, higiene e saúde, alimentação, trabalho e respeito. Respeito às tradições de um povo que só tem conhecido o desprezo, a injustiça, a fome. E faz questão de lembrar que não pede nem exige mais do que pedem e exigem os povos que vivem ao abrigo de uma Constituição. Repete, por conseguinte, a pregação dos indigenistas do século passado.

Para torná-la efetiva e comprovar a sua própria liderança, a Frente Zapatista de Libertação Nacional (FZLN) decidiu-se a promover consulta nacional sobre os direitos das nações autóctones. Entre os quesitos, a desmilitarização de Chiapas e o cumprimento dos Acordos de San Andrés (1996), que prevêem a autonomia dos indígenas da região, vista e entendida pelo Partido Revolucionário Institucional, o PRI, como um estratagema do movimento separatista para a abertura do processo de autonomia da região.

Depois de mobilizar mais de cinco mil integrantes das bases de apoio do Exército Zapatista de Libertação Nacional (EZLN), o subcomandante Marcos procurou despertar a opinião pública para a necessidade de solução dos problemas suscitados pelos rebeldes de Chiapas. Para discutir a situação política e social de 10 milhões de mexicanos marginalizados, isto é, os mexicanos de origem indígena, convoca o país às urnas em 21 de março de 1999.

Segundo a imprensa, a proposta de Lei dos Direitos Indígenas, rejeitada em 1998 pelo governo, porque considerada "uma ameaça à segurança nacional", teria pouca chance de aprovação.

Reticentes, e pouco inclinadas a qualquer alteração do *statu quo* (pois consideram regalias o que, *stricto sensu*, não passa de direito natural), as autoridades procuraram desacreditar o plebiscito, recusando-lhe endosso oficial, sob a alegação de "golpe publicitário".

Indiferente ao desacato, o subcomandante zapatista não se intimidou: saiu à frente dos rebeldes afirmando que a consulta devolveria a paz a toda a sociedade civil. Se não conseguiu o que queria, obteve, pelo menos, importante vitória moral: sensibilizou a mídia internacional e fomentou a pressão pública para um acordo honroso com o governo. Estava coberto de razões. Não foi outro o motivo que levou Bartolomé de Las Casas (1474-1566), Procurador e Protetor Universal de todos os Índios, à corte de Carlos V. Ao apresentar-se ao imperador, o frade dominicano não só denunciou os abusos cometidos contra os habitantes da Nova Espanha como despertou a consciência moral da nação. E isso há cinco séculos!, quando a mídia era ele próprio, o autor exaltado e gesticulante da *Brevíssima relação da destruição das Índias*.

Os zapatistas confirmaram o que já sabiam: que o país não se dispunha, sob a tutela do PRI, a conceder aos excluídos os direitos pelos quais se batia, no século XVI, o "Quixote da fraternidade humana", como era chamado o bravo religioso. Em nada mais que três quartos de hora, Las Casas conseguiu convencer Carlos V e sua Corte de que os autóctones do Novo Mundo eram homens e, como tais, deveriam ser tratados e respeitados. Não eram eles, segundo voto expresso por Isabel de Castela, vassalos da Coroa?

Desde então, os missionários, seus sucessores, aos quais se aliaram inúmeros mexicanos de boa vontade, se obstinam na defesa dos direitos dos indígenas, reconhecidos e proclamados depois da memorável polêmica entre Juan Ginés de Sepúlveda, favorável à escravidão dos "gentios", e o próprio Las Casas, que, obediente aos princípios do Evangelho, pregava a liberdade e a igualdade, em nome da fraternidade cristã.

Será mesmo verdade que a justiça tarda mas não falha?

Após as eleições de julho de 2000, quando Vicente Fox, candidato do PAN (Partido de Ação Nacional), saiu vitorioso das urnas e o PRI foi derrotado, os zapatistas passaram a viver em compasso de espera. Para pôr fim à ansiedade e incitar o novo governo a demonstrar, *urbi et orbi*, que o México era, a partir de 2 de julho, "outro país", o subcomandante Marcos tornou pública a decisão de encontrar-se com o presidente Fox.

Para isso, empreenderia, a pé, com o seu exército, a marcha de 3.000 km., distância que separa a floresta de Lacandons, sua base na região de Chiapas, da capital. Com saída marcada para o dia 25 de fevereiro de 2001 e chegada a 11 de março, o *zapatour* (como *El Heraldo de México*, de 27/02/2001, nomeava, com derrisão, a marcha do EZLN) despertaria, e de fato despertou, irritação, curiosidade, simpatia. Custodiados por 1.400 policiais e seguidos por "interminável comitiva formada por ônibus", os andarilhos detiveram-se na cidade de Oaxaca para uma reunião com os membros da Comissão de Concórdia e Pacificação (Cocopa), a fim de preparar a agenda da audiência com o seu presidente, o senador Demetrio Sodi, no dia 12 de março, na Escola Nacional de Antropologia, sede dos zapatistas durante a estada na capital.

Mas a julgar pelas declarações desse mesmo senador, publicadas na edição citada do *Heraldo*, as expectativas de entendimento pareciam, desde o início, fadadas a malogro. Embora investido de poderes de concórdia e pacificação, mantinha-se ele próprio cético quanto à busca de soluções mais amplas para os problemas dos indígenas e, o imperdoável, nada sensível à defesa dos naturais de Chiapas.

Do alto de sua ascendência sobre a população humilde, o preclaro senador pontifica: informa, com visível má vontade, que não "seria fácil legislar sobre costumes e autodeterminação dos povos e comunidades, porque, assim como os zapatistas têm seus pontos de vista, existem opiniões de outros grupos e setores sociais com diferentes visões".

Ferido no seu orgulho, o subcomandante Marcos responde, em alto e bom som: "Já não poderá existir plano nem projeto, de ninguém, que não leve em conta os indígenas do país." E em Oaxaca, perante cinco mil pessoas, adverte, ameaçador: "Que isso se ouça em Cancún!"

Confiante, fazia alusão ao Foro Econômico Mundial.

O eco de suas palavras acabou por ali perder-se em salvas de palmas ao México profundo, aos valorosos descendentes de Cuautémoc e... tudo terminou com a volta melancólica para casa. Bocejos de Salomão...

O México vem travando combate intermitente contra a pobreza. E, visto que intermitente, sujeito a discussões intermináveis, retomadas a cada ano, para a aprovação de verbas e concessão de empréstimos que nunca chegam aos excluídos.

Sob a presidência de Carlos Salinas de Gortari teve início, na década de 90, o programa Solidariedade (de comunidades solidárias), que esgotaria milhões de pesos em recursos e encerraria suas atividades acusado de corrupção e desídia. O governo do presidente Zedillo lançaria o Progresa, Programa de Educação, Saúde e Alimentação, com a ajuda do BID e do Banco Mundial. Mas logo se acusou o programa de apenas amparar a pobreza extrema, o que acentuaria, em pouco tempo, o número de pobres, condenando os desassistidos à penúria.

Empenhado em lutar, antes de tudo, contra a corrupção, o atual presidente subscreveu o Acordo Nacional para a Transparência e o Combate contra a Corrupção. Ao convocar a nação para "lutar numa só frente contra esse flagelo", avisou: "Ou atacamos a corrupção ou ela nos consome como um câncer social que penetra em todos os lados e que tudo destrói" (*El Heraldo de México*, cit.)

À comprovação de que as denúncias ao PRI se relacionavam com a inércia diante da corrupção e, no mais das vezes, com a cumplicidade do Executivo nos casos de malversação do dinheiro público, talvez esteja aí, nessa frente contra o flagelo, o indício de uma mudança de comportamento, enfatizada pelo subcomandante Marcos numa entrevista a Ignacio Ramonet, sobre o novo México, o México que se recuperava de setenta anos de domínio de um partido. "Depois de 2 de julho, há outro país, outro México", assegurou-lhe (*Le Monde diplomatique,* fév. 2001).

Diante do epílogo a que se assistiu depois da longa marcha de Chiapas, a mudança parece caminhar a passos lentos. Muito lentos.

NORTE E SUL: RICOS E POBRES. GLOBALIZAÇÃO E EDUCAÇÃO: RIMA OU SOLUÇÃO?

A visita de João Paulo II ao México, em 24 de janeiro de 1999, não determinou, ao que se esperava, qualquer modificação nas relações entre o Estado e a população indígena. Não obstante a dureza dos propósitos contidos na Exortação apostólica *Ecclesia in America*, de veemente defesa dos pobres e severa condenação da política neoliberal, a viagem de Sua Santidade não deve ter deixado aos excluídos senão a certeza de que se esquecem bem mais depressa as injustiças que as acusações em praça pública: a Igreja Católica sofreria, tanto quanto os seus fiéis, as conseqüências da desprestigiosa publicidade acarretada pelas censuras da Exortação apostólica. Em contrapartida, nada se fez em favor das vítimas da desigualdade social.

A globalização, acredita-se, deve ter sido a idéia mestra que desencadeou as considerações do Papa em torno da distribuição de pobres e ricos no planeta. Apesar dos seus prejuízos — previsíveis, previstos ou imprevisíveis —, a rede mundial tem, a seus olhos, um mérito: o de propiciar o surgimento da solidariedade universal. Sem embargo, nem tudo é proveito. Se dirigida pelas puras leis do mercado, de inspiração leonina e coniventes com o poder, essa solidariedade estreitará, planetariamente, as malhas da economia da usura.

Ao mudar o enfoque da ação pastoral do Vaticano, o Papa daria claro indício de que se opunha ao corte hemisférico do globo. Fugindo à velha divisão, agora reforçada no paralelo Norte / Sul, em que os Estados Unidos e o Canadá apareciam como potências privilegiadas às quais competiria o exercício da generosidade para com os americanos pobres da América Latina, Sua Santidade preferiu referir-se, e o fez pela primeira vez, à América como "unidade humana e geográfica que vai do Pólo Norte ao Pólo Sul".

Como se lhe recitassem os mais belos versos do poeta da América, que foi Pablo Neruda, quando se propôs, no *Canto general*, contar a nossa história,

> "*Desde a paz do búfalo*
> *até as açoitadas areias*
> *da terra final, nas espumas*
> *acumuladas da luz antártica,*
> *e pelas tocas despenhadas*
> *da sombria paz venezolana*" [...]

A exortação de João Paulo II, *A Igreja na América,* resgata a identidade primitiva desse magnífico continente, que por suas possibilidades reais poderia forjar um destino superior para todos os seus habitantes, na medida física da sua grandeza e à altura da dignidade dos seus próceres: um Jefferson, um Lincoln, um Tiradentes, um Bolívar, um San Martín, um Sarmiento.

Ao prenúncio de discriminação no isolamento do Norte, a Exortação antecipa-se ao refugo dos povos do Sul. Natural que um papa polonês, conhecedor das vicissitudes por que passaram, e por que passam, os povos da Europa Central, tenha notado que nos estaria talvez reservado igual tratamento, se disso não se tratasse sem delonga. E com um aliciante: somos povos mestiços; não somos europeus. Nesse caso, a quem cumprirá partilhar a nossa sorte? Se também os americanos do Norte se defrontam, *intra muros*, com a pobreza e a mesma e variada etnia da América Latina, uma bem-planejada integração regional favoreceria a integração de todo o continente.

A Exortação não cuida de despertar a caridade dos ricos para gente estranha ou distante. Aponta aqueles que vivem ao lado. E mostra-lhes que estão, todos, no mesmo barco. Tal como expressou a economista Susan George, "Estamos todos no *Titanic*, embora alguns, como no *Titanic*, viajem de primeira classe"...

Utopia, ou não, o apelo do Vaticano, de sutil admoestação, não ameaçou os ricos: procurou aliciá-los sem afugentá-los. Uma espécie de discurso à Vives, em final de milênio.

Reiterando a opção preferencial pelos pobres, princípio básico da teologia da libertação, João Paulo II advertiu os empresários, políticos e magnatas mexicanos: "A atenção aos mais necessitados provém da opção de amar de modo preferencial os pobres. Trata-se de um amor que não é exclusivo *e não pode ser interpretado como sinal de parcialidade ou faccionismo*" (o grifo é nosso. Entenda-se. Na acepção canônica de libertação teológica).

Aí está. A mensagem abarcou, num gesto magnânimo de amor, os homens de boa vontade. Só não calou nem poupou censuras à concepção economicista do desenvolvimento, praticada pelo neoliberalismo, e que toma por parâmetros absolutos o lucro e as leis do mercado em prejuízo da dignidade e do respeito da pessoa humana e do povo. Pôs o dedo na ferida e atacou sem ambages a "justificação ideológica de algumas atitudes e modos de agir no campo social e político que determinam a marginalização dos mais fracos". E arrematou: "Não há democracia autêntica e estável sem justiça social."

É o que cumpre realizar.

Num continente de tão grandes disparidades sociais e econômicas, o que primeiro chama a atenção é a fineza com que se expressam as variações de cor e de condição financeira. E compreende-se que isso ocorra. Não é apenas na pele que a nossa América oferece ao Ocidente uma das mais opulentas e nuançadas palhetas. Também nas estatísticas da pobreza, conviria incluir numerosas variações de indigência, tirante as expressões correntias "pobreza necessitada", "pobreza disfarçada", "pobreza remediada", "pobreza envergonhada".[121]

---

[121] Registram-se, no Brasil, tanto a falta como a presença desse ou daquele benefício, o que justifica a referência expressa à miséria "absoluta", que é diferente da miséria, *tout court*. Há pobrete, pobrinho, pobretão, pobríssimo e paupérrimo, pobre-diabo

Numa estimativa publicada pelo Banco Internacional de Desenvolvimento, BID, a América Latina encabeça a ocorrência das maiores desigualdades planetárias. E pesa-nos, ainda, o nefasto prognóstico de que teremos pela frente, se atingidas taxas anuais de 3% de crescimento, entre sessenta e duzentos anos para acabar com a pobreza!! Esse crescimento pouco significa quando se atenta na limitação da oferta de emprego, agora dirigida à mão-de-obra qualificada. O que ampliará fatalmente a distância entre pobres e ricos.

A solução, salta aos olhos, está no livro. Só o livro ignora diferenças de nascimento, nome, língua e fortuna. E como o trabalho intelectual vem afugentando e expatriando o trabalho produtivo, não poderá aspirar a melhores salários nem prover cargos de empresas públicas ou privadas quem não tenha competência para o exercício de funções especializadas.

Globalização[122] e educação: rima ou solução?

Sejamos otimistas. Raciocinemos como se tudo chegasse a bom termo na América Latina: a economia em expansão,

---

e pobre soberbo, há pobres "sem teto" como há pobre "que não tem onde cair vivo, pois morto se cai em qualquer lugar". E temos, ainda, para espanto dos europeus, classe média baixa, classe média média e classe média alta. Só os ricos permanecem, inacessivelmente, em graus superlativos. Acima do antigo milionário, detentor de um milhão, e que, hoje, "é aquele que tem milhões", concorrendo com o multimilionário. Já se emprega miliardário (do fr. *milliardaire*, mil milhões), porque muitíssimo mais rico que o multimilionário. Nessa acepção, poucos entendem que se trata de bilionário porque milhar (com h, port.) não vai além de mil unidades.

[122] O emprego abusivo do termo globalização obrigou-me a buscar uma definição correta, e em bom português (não restrita *ad usum delphini*), para mostrar que o horror maior de toda a globalização são o mau uso do neologismo e as explicações nebulosas sobre a sua natureza e aplicação. Permito-me transcrever a primorosa introdução da conferência do Dr. Karlhans Sauernheimer, professor de economia internacional da Universidade de Mogúncia, Alemanha: "Sentido da palavra." "Para o economista, globalização significa simplesmente o aumento do grau de abertura de uma economia nacional. O grau de abertura mede a parte do conjunto de transações |...| que se processa em nível transnacional. Essas transações podem abranger bens e serviços (*outputs*), capital e mão-de-obra (*inputs*), conhecimentos economicamente relevantes em termos de produção ou consumo, ou atividades puramente financeiras. À medida que o fluxo de bens, migrações, difusão de informações e fluxo financeiro fica menos restrito por fronteiras nacionais, as diversas economias nacionais mais se transformam numa economia mundial integrada. A globalização nada mais é do que o meio de alcançar esse fim" ("As três faces econômicas da globalização", *in A globalização entre o imaginário e a realidade*. São Paulo, Konrad-Adenauer-Stiftung, Pesquisas, 1998, nº 13, p. 33). Uma vez consolidada a economia global, veja-se, segundo Marcelo Kischinevsky, em que consiste "O paradoxo da globalização" (*in JB*, "Coisas do Brasil", A2. 04/03/05).

o déficit reduzido, as moedas estáveis. Em conseqüência, educação para todos, o analfabetismo erradicado, a evasão escolar em declínio.

Gizado o quadro, eis o que temos: se a globalização implica graus de abertura na economia nacional, a educação irá certamente beneficiar, no mesmo grau, quem esteja apto a descortinar da sua berlinda o vasto mundo da cultura. Isso é possível. E acontece todos os dias quando um internauta *acessa* a Biblioteca Nacional em Buenos Aires ou no Rio de Janeiro, a Academia Brasileira de Letras ou o Instituto Caro y Cuervo em Bogotá, a Biblioteca do Congresso em Washington ou o Museu do Louvre em Paris.[123]

Mas a posição observada é falsa. Não é possível falar de globalização da educação pela rede informatizada quando sabemos que suas benesses se reservam para uns quantos iniciados, que dominam algumas línguas instrumentais e se interessam pela aquisição de conhecimentos. Na caixa de Pandora cuja chave está com o BID, o flagelo da pobreza nos acompanhará até 2060 ou, talvez, até o século XXIII...

Contemplado de outra perspectiva, o nosso globo, o mesmo globo de que a Internet nos escancara as portas, aparece dividido em duas metades: Norte e Sul. Já não faz sentido a referência ao Primeiro, Segundo e Terceiro Mundos. A antiga oposição política e ideológica entre dois blocos, a Leste e a Oeste, foi substituída, a partir da queda do muro de Berlim e do esfacelamento da URSS, pelo segmento esférico, limitado pelos planos de suas bases, que se estende, ao Norte, dos Estados Unidos e Canadá às sociedades industrializadas da Europa ocidental, do Extremo Oriente e da Australásia (conjunto geográfico formado pela Austrália e Nova Zelândia), e, no Sul, o aglomerado dos países pobres da América Latina, África, uma parte da Ásia e da Oceania.

A fratura, nesse caso, não se deve às placas tectônicas, mas ao descobrimento, conquista e colonização das terras da

---

[123] Até se criou o neologismo hipertexto para figurar a infinita rede que o leitor "acessa" ao abrir um livro. Como se isso não acontecesse séculos antes da invenção do computador!

América, seguidos da formação dos grandes impérios coloniais em cujos tesouros se acumulou toda a riqueza do mundo. Agora, no terceiro milênio, resgatam-se, com poucas falhas, os antigos limites entre as chamadas *terrae cognitae* e *terrae incognitae*.

Nessa condição, perante novo antagonismo, ocorreu-me identificá-las com apelação mais exata: *terrae opimae* e *terrae inopiae*.[124]

"*Nomen atque omen.*" Não há fugir, o nome é presságio.

Picada pela curiosidade, esquadrinhei códices e velhos mapas-múndi para descobrir o que se escondia debaixo da geografia física. E verifiquei, com vista de olhos, que o Império romano do Ocidente, depois de Teodósio (379-395) e das razias sucessivas dos bárbaros, ganharia nova configuração.

Riscada com tamanha astúcia e eficácia pelos invasores, a nova carta apresenta-se de tal modo truncada que sequer o latim, instrumento de comunicação e cultura até os albores do Setecentos, nem os dialetos romances, dele derivados, lograram alongar a sua mancha sobre a imensidão dos territórios antes ocupados pelos habitantes do Lácio.

---

[124] A dupla apelação antagônica — terras conhecidas e terras desconhecidas, terras opimas ou ricas e terras pobres — sujeita-se a condições específicas, de duração interina. Natural. Porque as terras desconhecidas se deram a conhecer e foi assim que se verificou a inversão no conceito, hoje em curso, de ricas e pobres, com a transferência ou transporte das riquezas (relevem-se os eufemismos) para aquelas que são hoje, na Europa, *terrae opimae*. O fato histórico não suscita qualquer dúvida: o ouro, a prata, o estanho, o cobre e mais produtos retirados do solo da nossa América contribuíram, sobejamente, para o enriquecimento dos colonizadores e dos seus parceiros. É irrecusável. Como é também irrecusável a existência do fato econômico — a nossa imensa dívida. Irrecusável mas surpreendente. Pois como pondera, forrado de bom senso, o chefe asteca Guaipuro Cuauhtemoc: "Todos os metais preciosos de que se apoderaram os europeus deverão estimar-se como empréstimos amigáveis, concedidos em prol do desenvolvimento da Europa. Afirmar o contrário", explica, "levaria à representação, perante autoridades competentes, de crimes de guerra, com abertura de processo e exigência de indenização por perdas e danos." E prossegue: "Consideradas as circunstâncias atenuantes da barbárie da época, pode-se pensar num empréstimo à Plano Marshall. Mas como os fundos foram dilapidados em conflitos, armas, exércitos, III Reich e mais formas de exterminação, e na impossibilidade de liquidação do débito, que ultrapassa, nos dias atuais, as reservas do Mercado Comum Europeu, só há uma solução: "A imediata privatização da Europa a fim de que nos seja entregue a título do primeiro pagamento de uma dívida histórica." Que se precavenham os países ricos! Se a nossa América se une... (Sobre Guaipuro Cuauhtemoc, leia-se a notícia publicada em *Le Figaro*, 10/11/2000).

Visto que as línguas têm, tanto como os animais, aguçado instinto de território, é natural que vivam em estado de alerta. Expondo-se a confrontos e banimentos intermitentes, evoluem, transformam-se, desaparecem.[125] Se Babel nos dividiu, Roma nos reuniu e dispersou. Do abandono, no século V, da ilha da Bretanha aos anglo-saxões da Frísia, resultariam a sua hegemonia política e econômica no arquipélago e, já no século XIX, a hegemonia lingüística do Império colonial britânico.

A pouco e pouco, por artes e manhas dessa mesma hegemonia, o pêndulo da história corrigiu e ampliou o domínio da língua inglesa ao fazer suceder os Estados Unidos à Inglaterra na liderança do Ocidente. Do fio de linha à agulha, uma bem-sucedida simplificação do sistema lingüístico mundial conduziria à sua conversão numa espécie de língua franca, volapük ou esperanto que conseguiu realizar o que nenhuma dessas invenções "práticas" realizou: uma unidade de falar.[126]

Aparentemente espontânea, a opção por uma língua não denota apenas gosto, fascinação auditiva, amor aos seus poetas e escritores: a adesão implícita a uma maneira de pensar e a uma *Erlebnis* é também vassalagem. Claude Hagège, grande

---

[125] A exemplo do que ocorreu na Grécia antiga, na Índia, na Bélgica, esses confrontos podem ser violentos. O regime soviético, já qualificado de "logocracia" por A. Besançon, apoiava o seu poder na língua russa. O lingüista D. Polianov, julgado hostil, por Stalin, aos dogmas de Marx, porque favorável às línguas turcas, foi executado em 1936 (V. de A. Besançon, *Présent soviétique et passé russe*. Livre de poche, Pluriel, 1980).

[126] Uma verdadeira *koyné*. Chegou-se até à oficialização, em 1947, pelo governo inglês, de um "inglês básico", com um vocabulário de 850 palavras, as mais empregadas do idioma. O professor da Universidade de Cambridge, C. K. Ogden, autor do sistema, e encarregado da redução dos 414.825 vocábulos do dicionário Oxford, recebeu 27 libras esterlinas, por palavra, do novo léxico. O *Daily Herald*, órgão do Partido Trabalhista, declarou, na ocasião, que o governo tencionava desenvolver o "inglês básico" como idioma internacional, porque de mais fácil assimilação que o esperanto. Cumpriu-se o voto dos trabalhistas: o inglês tornou-se a língua da tecnologia, do cinema, do automóvel, de todas as conquistas espaciais e interespaciais, a língua da literatura médica, da psiquiatria, da física e da química, da economia e da eletrônica. Como tudo se paga, a língua de Shakespeare sofreu, e continuará sofrendo, os ônus decorrentes da internacionalização e do seu uso predatório em inumeráveis idioletos, hoje praticados por especialistas em informática, em comunicação e jornalismo, economia, sociologia etc. etc.

lingüista, afirma que "a propriedade singular de uma língua é justamente a de ser um poder clandestino".[127]

O sonho tão acalentado de ver implantadas a fraternidade e a paz entre os homens, mercê de um idioma universal, não se realizou nem se realizará na subserviência ao poder e ao dinheiro. Por enquanto, é o que se vê no diálogo de surdos (embora em inglês) entre o Norte e o Sul.

Quem não deve não teme, reza o ditado. Mas devemos, no próprio e no figurado, e devemos muito, o que só faz aumentar o abismo que nos separa dos países do Norte. Não, nem sempre foi assim. No nosso século, as relações entre ricos e pobres ganharam nova feição ao sujeitar-se ao curso aleatório das ideologias e do poder e ao passarem ao controle de organismos internacionais de vigilância contábil.

O que antes ocorria dentro dos limites de um feudo, entre os membros de uma mesma confraria, seita ou religião, dentro dos muros da cidade e, mais tarde, dentro de um país, com fronteiras demarcadas, ganharia, após as duas grandes guerras, dimensão mundial.

Organizado o tabuleiro do dominó político, distribuídas as suas peças, procedeu-se à integração dos blocos entre os quais se dividiria o poder. E desde esse momento, postaram-se eles na defensiva, à espera de ocasião propícia a desafios, ataques, bravatas. Nesse estado de beligerância permanente e guerra não-declarada, guerra fria, cortina de ferro e muro de Berlim, de *esputnique*, Gagarin, "a terra é azul" e o passeio à lua de Armstrong, da primavera de Praga, do outubro polonês e da ocupação da Hungria, do setembro negro e da guerra dos 7 dias entre Nasser e Israel, de Lech Walesa e do *Solidarinosc,* da invasão da baía dos Porcos e dos mísseis de Krushev, do telefone vermelho e do olho de Moscou, da guerra das Malvinas com as bênçãos do Kremlin e os rosnados de Haig, de *glasnost*, Gorbachev e *perestroika*, da CIA, NKVD e mais siglas pe-

---

[127]*L'homme de paroles*. Paris, Fayard, 1985, p. 203. A aquisição de uma segunda alma, como queria Goethe, cria, muita vez, incompatibilidades íntimas. Ninguém utiliza impunemente um idioma estrangeiro. Leiam-se Nabokov, Brodsky, Canetti ou Conrad para comprová-lo.

numbrosas, ainda houve tempo, no grande teatro do mundo, para a encenação de peças picarescas de conteúdo exemplar e para o terror de 11 de setembro em Nova Iorque: a síndrome do pânico em imagem.

Movidos pela necessidade, o sexto sentido do homem, os pobres socorriam-se do desentendimento entre os ricos para matar a fome e tapar miséria. Endurecidos na luta pelo pão de cada dia e à míngua de certezas, por que não aproveitar em causa própria a fraqueza dos donos do mundo? Desde que no vale-tudo entre as grandes potências as boas graças do cesarismo desempenhavam papel político, por que não entreter o jogo do ideologismo e da sedução do estar ou não estar alinhado?[128]

Ao privá-los do trunfo oportunista do alinhamento à direita ou à esquerda, o desaparecimento do fantasma soviético expulsou da cena política a oportuna e sempre bem-vinda demonstração de poder, de força aglutinadora e, também, de repto moral.

Sem possibilidade de modificar a sua condição na rosa-dos-ventos, que recurso restará aos habitantes do Sul para incitar os ricos à prática da fraternidade?

Bernard Cassen, diretor de *Le Monde Diplomatique* (apenso a *Le Monde*, o diário francês de maior credibilidade no país), julga possível suscitar um movimento universal contra a busca desenfreada do lucro. Para isso, pôs em prática uma idéia de James Tobin, prêmio Nobel de Economia: criou a ATTAC (Associação por uma taxa sobre as transações financeiras para ajuda aos cidadãos). Segundo Tobin, seria de desejar-se que se criasse um imposto internacional para deses-

---

[128] Leia-se Nietzsche, o anti-Darwin por excelência do *Crepúsculo dos deuses*. Ainda que finja admitir a luta pela vida, "pois isso algumas vezes ocorre", diz com ironia, que tudo acabará em prejuízo dos mais fortes, dos privilegiados. Os débeis acabam por converter-se em senhores dos fortes, porque têm a seu favor a superioridade numérica e são, também, mais astutos. E explica que Darwin teria esquecido o engenho e os fracos têm mais engenho. *Se non è vero... È bene trovato*. Vejamos. O apoio de Moscou permitiria a Gamal Abdel Nasser levar a cabo suas reformas nacionalistas e, a Fidel Castro, a subsistência da sua ilha após o isolamento imposto pelos Estados Unidos. Numa medida profilática (contra a atração exercida pelo comunismo), Kennedy criaria frentes de combate à miséria na América Latina. E nós, brasileiros, que faremos do nosso engenho?

timular a especulação, causa principal da miséria no mundo. A coleta dos recursos provenientes desse imposto poderia constituir um fundo de combate a todas as formas de indigência.

Ante a indiferença dos organismos internacionais ao apelo do economista, Cassen tomou a si o compromisso de levantar a opinião pública contra a ciranda financeira do capital oportunista, responsável pela ruína dos países do hemisfério sul. Inspirado pelo desejo de mudança, a finalidade da sua campanha não é compreender o mundo: ele pretende transformá-lo.

Ao perguntar se é justo que 60% da população do mundo sobreviva com menos de dois dólares por dia, Cassen responde que são as dúvidas e as dívidas que movem as multidões. Na opinião do jornalista, a globalização é a principal causa das desigualdades sociais nos países endividados, que dependem do afluxo de moedas fortes para terem acesso ao mercado internacional. E é da dependência a essas intermitentes e breves transfusões que resultam a alienação da autonomia monetária, a evasão de divisas, a perda da credibilidade. Os bancos internacionais — FMI e o Banco Mundial — são então chamados a intervir, passando a gerentes da economia dos países cuja estabilidade econômica e social depende da cartilha ditada pelos credores. Para lutar contra esse *statu quo*, Cassen conclama a que se desperte a consciência nacional dos pobres e, paralelamente, a solidariedade dos ricos. Urge, no entanto, e antes de tudo, eliminar a subserviência aos grandes investidores que se prevalecem da aquisição a preço vil da produção e do comércio de bens e serviços.

Bernard Cassen veio ao Brasil, esteve em São Paulo, em Belo Horizonte e em Porto Alegre, promoveu encontros, defendeu suas idéias. Espera, ao que informou, obter êxito com a sua pregação. Como se dirige aos donos do ouro e do poder, que se forre de perseverança e coragem. Só nos resta ver para crer.[129]

---

[129] Ver, de Itamar de Oliveira, "Um ataque à especulação", *in O lutador*. Belo Horizonte, 28/3 - 03/04/1999, p. 9. À mudança de direção no FMI, em maio de 2000, esperava-se contar com o empenho do novo diretor-gerente, Horst Koehler, na tramitação de disposições com vista ao equilíbrio do fluxo livre de capitais. Numa entrevista à *Der Spiegel*, o sucessor de M. Candessus declarou que se "engajaria na busca de meios eficazes para desacelerar a intromissão intempestiva de capitais especulativos" ("FMI contra o capital especulativo", apud *O Globo*, "Economia", 03/04/2000, p. 21). Mas entre 2000 e 2005, o "perigo amarelo" viria ameaçar, por outras vias, a balan-

Depois de ler as entrevistas que concedeu, lembrei-me de uma reflexão de Montherlant, que figura, com pertinência, a relação do homem com o ouro e com o poder. Diz o Mestre de Santiago: "Amava-se o ouro porque ele dava o poder e com o poder faziam-se grandes coisas. Agora, ama-se o poder porque dá o ouro e com ele se fazem coisas fúteis."

Quem viver verá.

ça comercial. Acentuando os paradoxos da globalização, os produtos manufaturados chineses, exportados a preço vil, desestabilizaram o Mercado Comum Europeu. A pronta reação de decretação de embargo por parte da França, dos Países Baixos e da Alemanha fez que a China se rendesse, em maio de 2005, às exigências dos importadores. Resta ver se a América Latina, representada pela OEA e pelo Mercosul, conseguirá convencer a OMC a impor salvaguardas destinadas a controlar a avalanche de óculos, calçados, roupas, brinquedos, vasilhames e quinquilharias made *in China*, cuja mão-de-obra, aviltada pelo salário, inibe a indústria e o comércio locais, gerando a falência e o desemprego. A mais recente tentativa de opor "muralha contra têxteis chineses" (*JB*, 10/02/06) ocorreu no dia 10 de fevereiro mediante acordo firmado pelo Ministério do Desenvolvimento do Brasil. A cobertura do acordo brasileiro é de 60%. Convém esperar pela sua aplicação.

A PESTE, A DROGA, A VIOLÊNCIA, A DEGRADAÇÃO DO MEIO AMBIENTE. NORTE E SUL: ARIEL E CALIBÃ?

Se a proposta de Bernard Cassen não obtiver êxito, não é absurdo prever que só o horror à peste — que tanto poderá ser a AIDS como o Ebola, incontroláveis e incontrolados em meio à promiscuidade e à falta de planejamento sanitário — ou, então, à droga, a maior fonte de renda de alguns países da Ásia e da América Latina, despertará o Norte para o altruísmo. Se não o fizer, e Vives já alertava o governo de Bruges para esse risco, a abjeção se encarregará de restabelecer a eqüidade no mundo.

Moral da história? Não há. A moldura geopolítica para a formulação desse teorema alucinante aparece no romance *Disparando cocaína,* do catalão Pedro Casals.[130]

Bem ao gosto espanhol, de achincalhe e sátira grotesca, o autor dispara numa trama engenhosa seu projétil fatal: a droga. Lançando às favas e às urtigas todas as estatísticas da miséria, a renda *per capita* e a servidão, o Sul ainda terá ao seu dispor a arma mortífera do vício. Por que não habilitar-se a usá-la, *consciençudamente*, de modo científico e pragmático? Ao FMI, já se sabe, apenas interessa a expansão da economia ou "a economia em expansão", como aparece no economês. Nesse caso, nossas dívidas serão pagas com o ouro que os ricos trocam pelos paraísos artificiais do pó.

---

[130] Trad., Rio de Janeiro, Ed. Globo, 1987.

Aproximando o enredo de *Disparando cocaína* da realidade brasileira, Marcos Santarrita observa que os traficantes, endeusados e respeitados nas favelas, onde a desigualdade social concentra os excluídos pelo sistema econômico, descobriram, à revelia do Estado, "uma arma legítima de libertação pessoal e nacional".[131]

Autorizados pelo respeito e pelo temor que inspiram, os criminosos escudam-se na sua força e prestígio: ignoram a lei, enfrentam o poder, colocam-se acima do bem e do mal. No Rio de Janeiro, o tráfico tem, hoje, autoridade de Estado. E, valendo-se de suas prerrogativas, não permitiu, por exemplo, que o *campus* da UFRJ, no Fundão, abrisse um curso noturno nem que a polícia ali fizesse instalar uma guarita para sentinela. De igual para igual, desafiaria o governo do município, interditando as obras para a construção de um muro nos limites do palácio municipal com a favela Dona Marta. Ali, ditaram, só se admitia a presença de gente de confiança, recrutada na favela. A empreiteira, atemorizada, requereu, oficialmente, a anulação do contrato. Os seus operários corriam risco de vida. Que fez o prefeito da cidade, César Maia? Acatou e cumpriu. E... o combate cessou, à falta de combatentes.

A desigualdade social, as injustiças, o ressentimento recalcado excitam à revanche. "Quando populações inteiras, desprovidas do necessário, vivem numa dependência que lhes corta toda iniciativa e responsabilidade, e também toda possibilidade de formação cultural e de acesso à carreira social e política, é grande a tentação de repelir pela violência tais injúrias à dignidade humana."[132]

À polarização de relações nervosas, tensas e despropositadas, entre o escravo e o dono, o senhor e o servo, o patrão e o empregado, o credor e o devedor, repete-se o condicionamento vítima / algoz. O homem, lobo do homem, muda de hábitos, não de natureza.

---

[131] Marcos Santarrita, "Um tiro de cocaína", in *Jornal do Brasil*. Rio de Janeiro, 02/12/1987.
[132] Encíclica de Paulo VI, *Populorum Progressio*, 1967.

Atente-se na força bumerangue da droga. Se tomarmos a história por mestra, é um fato a lembrar. Em 27 de maio de 1922, divulgava-se na imprensa que a Liga das Nações decidira fazer controle rigoroso do comércio internacional de tóxicos — morfina, cocaína e mais psicotrópicos nocivos à saúde. Encarecia-se: "Os Estados Unidos são chamados a emprestar maior cooperação à campanha, *considerando ser a nação que mais tem exportado tóxicos*" (grifo meu).[133]

Meio século mais tarde, a mesma nação americana, a maior exportadora de tóxicos, passaria de exportadora a importadora. Só que o mercado exportador não limita sua atuação aos portos e aeroportos do Sul.[134] O antagonismo Ariel e Calibã não tem aí qualquer sentido. E se tomarmos a Rodó (1872-1917) por juiz,[135] veremos que o Sul tem mais de Ariel que de Calibã,

---

[133] "Registro Histórico de 27/05/1922", *in Minas Gerais*. Belo Horizonte, 30/05/1972.
[134] Sessenta por cento, talvez setenta, da heroína consumida nos Estados Unidos, na década de 70, chegava ao país, segundo declaração da Delegacia Distrital de Nova Iorque, via Europa. Marselha era a capital da droga. Hoje, muitos outros portos lhe fazem concorrência: na Itália e na Espanha, principalmente, ficando a África com o grosso das intermediações da cocaína, vinda da América do Sul e do Caribe. Já não se pode falar de "capital da droga". Nem no Sul nem no Norte. Buenos Aires, Rio de Janeiro, Cartagena, Caracas, Los Angeles, San Francisco, Chicago, Nova Iorque, Zurique, Amsterdã, Barcelona, Berlim, Frankfurt, Gênova, Hamburgo, Le Havre, San Sebastián são apontadas como centros de comércio, tanto das drogas leves (*soft*) como das drogas pesadas ou duras (*hard*). Ver, da A., *A literatura alucinada*. Rio de Janeiro, Atheneu Cultura, 1991.
[135] Leia-se, do escritor uruguaio José Enrique Rodó, *Ariel* (Buenos Aires, Ed. Sopena Argentina, S.A., 1949). Ariel é o gênio sutil, *the Airy Spirit*, que obedece às ordens de Próspero em *A tempestade*, de Shakespeare, enquanto Calibã (anagrama de canibal, invenção de Shakespeare) é o selvagem que entra em cena gritando *"I must eat my dinner!"* ("Preciso comer o meu jantar!"). Dirigindo-se à juventude americana, Rodó incita-a a renunciar ao utilitarismo de Calibã (para ele, o espírito do Norte) e seguir Ariel, o gênio do ar, da espiritualidade e da beleza. Ao passar em revista os ideais que regeram os melhores momentos da história da humanidade, detém-se entre os gregos e os primeiros cristãos, fala da Igreja primitiva, fundada por São Paulo na Grécia, em Tesalônica e Filipos. Helenismo e cristianismo opõem-se ao imediatismo materialista, ao culto do mais forte, à negação da caridade. Ariel desperta para a reflexão: que a juventude hispano-latina não se deixe atrair pelo utilitarismo dominador do Norte; uma vez que tem a guiá-la o ideal clássico e cristão, por que não optar pelos bens do espírito? (Ver, a propósito de Calibã, de Roberto Fernández Retamar, *Caliban cannibale*. Trad. J.-F. Bonaldi. Paris, François Maspero, 1973.) Caberia a Eduardo Prado, no Brasil, o alerta a quantos se deixavam atrair pelas maravilhas da civilização americana: "A civilização americana pode deslumbrar as naturezas inferiores que não passam da concepção materialística da vida [...] O verdadeiro termômetro da civilização de um povo é o respeito que ele tem pela vida humana e pela liberdade" (Ver *A ilusão americana*. 4ª ed. rev. São Paulo, Liv. e Of. Magalhães, 1917, p. 236).

pois enquanto responde pelo trabalho pesado, pelas contravenções, pelas penas todas de detenção e prisão, somados à injúria que lhe afeta o bom nome, mais o agravo da pusilanimidade, cabe ao Norte a parte do leão, todo o grosso do lucro. São as indústrias do Norte que fabricam e exportam os insumos necessários ao *refino*, o combustível que processa a coca em laboratórios clandestinos, além de aviões e barcos moderníssimos, usados no seu transporte, e de armas de última geração, utilizadas pelos traficantes. *Last but not least*, são os bancos do Norte que lavam o dinheiro sujo da droga (nos Estados Unidos, no Panamá, no Caribe e na Suíça).

Anotem-se, para bem grifar a desproporção entre vítimas e algozes, as cifras arroladas na última década do século XX por Héctor Béjar, político e politólogo peruano: dos vinte e cinco milhões de dólares do montante de vendas, por atacado, os narcotraficantes latino-americanos receberam, aproximadamente, entre três a seis mil dólares, dos quais cinqüenta por cento se destinaram aos produtores. Só que o lucro maior do mercado, depois da saída do centro produtor e transferência ao intermediário e, em seguida, ao exportador, se reserva para o comércio a granel, na ponta extrema da captação (quando a droga é adulterada e multiplica o seu volume). Isso ocorre no país consumidor, no Norte, portanto, onde os traficantes contabilizam entre oitenta e noventa por cento de ganho. Livre!

Numa economia liberada, como a americana, se o fisco ou a polícia não encontram meios de intervir, a venda não conhece maiores estorvos, sobrando para os vizinhos mais próximos, mexicanos ou caribenhos, os ônus do crime de contravenção.

Diante do descalabro agrícola, da pobreza endêmica, da guerrilha em expansão (indício da penúria generalizada) e do recesso econômico, como sobreviveriam os países andinos sem a indústria da coca? Não seria mais justo, e salutar, que se coibisse o consumo da cocaína?

O mercado tem suas leis: se não houvesse procura, a oferta desapareceria. No Peru e na Bolívia, ao que informa Héctor Béjar, a indústria da coca é o único setor que emprega e paga salário. Segundo dados oficiais, cerca de trezentas e cinqüenta mil pessoas viviam, na Bolívia, do seu cultivo, extração e sintetização. Somando-se a esse número os transportadores, comerciantes e intermediários, chega-se facilmente a seiscentas mil pessoas (numa população de sessenta milhões de habitantes).

No Peru, há cerca de duzentas e cinqüenta mil pessoas ocupadas no trabalho produtivo, além dos traficantes e os que se beneficiam da venda e compra de dólares na economia informal. A essa extensa cadeia de movimentação de divisas vem juntar-se, o que é óbvio, a representação oficial do povo. O dinheiro sujo do tráfico limpa-se das mãos da escória e entra em muito boa hora nos cofres da nação, onde o FMI, fiscal das contas públicas, delibera sobre o seu uso. E sua luta, na nossa América, tem sido, justamente, pela livre movimentação de capitais. Isso posto, não é difícil imaginar que o dinheiro da droga não lhe cause maiores escrúpulos. Afinal, ninguém ignora que só ela permite ao governo honrar os compromissos assumidos... Assim não fosse, quem pagaria os custos da dívida?

As notícias sobre a guerra à coca, movida na Bolívia pelo governo de Hugo Banzer, dão conta de resultados auspiciosos devidos, sobretudo, à pronta intervenção do exército e à promoção de programas de infra-estrutura para as plantações de abacaxi, banana e batata. Mais de setecentos milhões de dólares continuariam a investir-se na agricultura de base nos últimos anos. À véspera do milênio, o presidente Banzer fez visitar por diplomatas das três Américas a região *cocalera* de Chapare para dar-lhes *"vista de ojos"* da erradicação, concluída em meados de dezembro de 1998, de 11.601 hectares de cultura da coca. E comprometeu-se, solenemente, a extirpá-la do país até o final do seu governo, em 2002.

A morte antecipou-se ao termo do compromisso. E Sánchez Losada, seu sucessor, tampouco logrou fazê-lo. E, já neste século, abreviou-se sua permanência no poder, tal a insatisfação popular. Para um país que teve na presidência um traficante (o general García Meza, hoje na cadeia, condenado a trinta anos de detenção), não se espere, para epílogo, que o governo realize, a golpes de foice e com queimadas, expropriações e violência, o bem da comunidade. O que, de todos os modos, nenhum governo realizaria. Se até 2007 os antigos *cocaleros* conseguirem sobreviver sem se submeter ao trabalho escravo sob o controle do tráfico, será um bom começo.

Começo frustrado, e seguido de terrível terremoto, a mostrar a fúria da terra ante a incapacidade dos homens em se fazerem entender e respeitar, foi o da reconciliação nacional, promovido pelo presidente da Colômbia, Andrés Pastrana.

Num louvável esforço de aproximação das Forças Armadas Colombianas (Farc), o presidente Pastrana convidou o líder da guerrilha, Manuel Marulana, conhecido como *Tirofijo,* para um encontro no dia 7 de janeiro de 1999, numa pequena cidade ao pé dos Andes, no estado de Caquetá. Um acontecimento histórico.

Anunciada a data, expedidos convites oficiais a ministros, senadores, deputados, políticos, diplomatas de carreira, autoridades civis e religiosas, juristas, educadores, toda a mídia, ninguém faltou. Guerrilheiros das Farcs, soldados do exército, polícia, bombeiros, médicos, enfermeiros e ambulâncias faziam o cerco de defesa e socorro antiterror. Armado o estrado para os dois chefes supremos, microfones ligados, as câmaras da televisão em funcionamento, fotógrafos a postos, jornalistas, repórteres, a imprensa estrangeira, a Colômbia nos seus três poderes, "ao vivo", Andrés Pastrana toma o seu lugar.

Distribuídos os assentos, todos presentes. Exceto Marulana. *Noblesse oblige*, fez-se desculpar. Temia complô para matá-lo. Coisa inverossímil à vista de dois mil guerrilheiros das Farcs de plantão, guarda-costas, a polícia, o exército... Mandou representante, o comandante Joaquín Gómez, de codinome *Usuriaga*, encarregado de tornar públicas, num discurso escrito, as exigências do chefe.

Usuriaga é figura de prol. Comandante do Bloco Sul, um dos mais aguerridos no combate às forças do governo, conta, no seu currículo, com várias vitórias sobre o exército. Se a sua presença não expôs ao ridículo o chefe da nação, porque recém-empossado, não se pode dizer que não tenha sido prova insolente de petulância e de poder.

Mas o discurso do comandante, na sua inconsistência ideológica e na falta de atualidade, fez que tudo voltasse ao seu lugar. O pequeno universo que ali se comprimia para assistir ao parto da montanha nada mais viu que um ratinho...

Apesar do *bolo*, o presidente Pastrana procedeu com altivez e lhaneza. Prosseguiu as negociações, e passaram à discussão das condições para a cessação dos ataques da guerrilha e para a assinatura do compromisso de paz. Descobriu-se, no confronto final, que uns e outros convergiam no mesmo sentido: era unânime o desejo de acabar com a pobreza, com a corrupção e com o narcotráfico. As propostas para a reforma agrária, para uma justa redistribuição da riqueza, para o exercício pleno da democracia e o respeito dos direitos humanos mostram que os rebeldes e o governo poderiam ter firmado a concórdia. Nada os impedia.

Por que tudo terminou em palavras? Sequer a tragédia de Armenia e de Pereira, alguns dias depois, inspirou os dois partidos a lutar por uma forma de coexistência pacífica. Será que esses dois valores fundamentais — o bem do povo e a fraternidade — não lhes parecem intimamente ligados às ações humanas, às nossas ações?

A posse do novo presidente, Álvaro Uribe, embora eleito por sufrágio universal, realizou-se a portas fechadas, em estado de alerta, enquanto bombas explodiam a alguns metros do palácio. O que nada anunciava de novo nem de bom...

No Brasil, o MST vem conseguindo melhor êxito na sua luta pela posse da terra que os guerrilheiros de Tirofijo. Talvez por isso, compadecido, um ex-prefeito paulista, membro do PT e elevado a ministro do governo, haja apresentado moção pública de solidariedade aos bravos heróis das Farcs...

Não obstante invadam prédios da administração pública e acampem nos perímetros urbanos, os militantes do MST ainda não incluíram nas suas reivindicações o combate ao narcotráfico nem se confraternizaram, ao que se saiba, com os separatistas hispano-americanos. Parece lógico. Se a pobreza é, de uns e de outros, inimigo comum, não são porém os mesmos os seus antagonistas.

Campesinos, cocaleros e *guerrilleros* passam ao serviço do tráfico no combate às chamadas forças da ordem. Mas o que há, de fato, é que uns e outros se batem pelo domínio do território, o que não ocorre na imensidão brasileira, onde a disputa se fere entre o dono da terra (legítimo ou ilegítimo) e o invasor (tanto sem proteção legal como amparado pelas disposições da reforma agrária ou pelas pastorais do clero). E, a bem da verdade, a violência de além-fronteiras se situa muitos graus acima porque se enraíza na droga e encontra solo fértil na disputa pelo poder. É a guerra civil. Um Estado dentro do Estado (o que já acontece no Rio de Janeiro).

Temos a nosso favor a militância ainda recente desses grupos. Não é o caso dos países andinos. A luta armada aí vige há mais de meio século. Depois de curtir a pele e o espírito, o hábito da truculência fortalece a vontade e endurece o coração. Para chegar-se à violência gratuita, a distância não é grande. É o caso, entre nós, dos bandoleiros, cangaceiros e "iluminados". Entre eles, Lampião e Antônio Conselheiro. Perseguidos e acuados pela polícia, e até pelo exército, responderam do único modo que podiam e sabiam fazê-lo: barbaramente.

A face que a América Latina vem apresentando ao mundo não sofreu grandes mudanças. Num equilíbrio instável entre o caos e a tirania, continuamos a exercitar malabarismos entre a direita, o centro e a esquerda. Cecil Jane diria que aspiramos, alternadamente, ao máximo de eficiência e ao máximo de liberdade. Na impossibilidade de eleição de um governo capaz de equacionar tão difícil dilema, admite-se a instabilidade política com vista à realização (intermitente ou sucessiva) de um e de outro ideal. Mantido o fiel da balança entre o despotismo e a liberdade, ao governo forte, todo-poderoso, sucede o regime democrático, de franquias políticas. Sob o signo da instabilidade política e da insegurança econômica, resgatam-se do limbo as benesses do imperialismo, o fantasma da inflação, os empréstimos do FMI que exaurem, rapidamente, as defesas do organismo social. Os vírus oportunistas fazem irrupção. O tráfico, as guerrilhas, a prostituição, assaltos, seqüestros, esquadrões da morte, justiceiros, acompanhados pela febre da violência, tornam-se males endógenos. Nesse clímax, que surpresa poderá reservar-nos o fundo da caixa de Pandora?

Levando-se em conta o que já se fez, de grande ressonância histórica e política, como duas verdadeiras revoluções — a mexicana e a cubana —, e duas legítimas reformas agrárias — as do México e da Bolívia —, das quais pouco ou quase nada resta que não seja frustração, defrontamo-nos, neste novo milênio, com um quadro bem diferente daquele vivido pelas gerações do fim do século XIX que, mal saídas da independência, eram introduzidas no círculo da civilização ocidental.

Ao caos daqueles primeiros tempos seguiram-se o elã nativista de reconstrução nacional e os movimentos modernistas de exaltada afirmação patriótica.

Os versos de Whitman (1819-1892) logo encontraram resposta nos poemas triunfais e otimistas de Darío (1867-1916), no *Canto general*, de Pablo Neruda (1904-1973), nos versos de Menotti del Picchia (*Juca Mulato*), de Cassiano Ricardo (*Martim Cererê*), de Mário de Andrade (*Macunaíma*) etc. etc. Aquém do Rio Grande, respiravam-se com orgulho os ares da América onde "*mil cachorros sueltos del león español*" estavam preparados para aniquilar o "futuro invasor".[136]

E hoje? Não é que nos falte a esperança... Falta-nos a fé. E não falo de teologia. Refiro-me à fé civil, do cidadão humilde que sai de casa e não sabe que notícia alarmante o surpreenderá no trabalho, com o desemprego, ou à volta a casa, com os filhos à míngua, a mãe doente. Se chega em casa... Pois po-

---

[136] A melhor prova disso é que transformaram, faz alguns anos, uma cadela vira-lata, *Catita*, em símbolo emblemático da nacionalidade. *Catita* tornou-se atração em feira de filhotes e tinha a agenda completa nos meses que se seguiram à sua passagem pela televisão (Cf. "*Catita* vira atração em feira de filhotes", *Estado de Minas*. Belo Horizonte, 13/04/1999). Muitos houve que viram na sua defesa do dono, um menino-zinho de quatro anos, atacado por um feroz *pit bull*, o melhor espelho para os governantes, que deveriam usar de igual empenho na defesa do país contra os caninos do FMI, que nos dilaceram a carótida.

derá ser vítima de seqüestro-relâmpago. Basta olhar ao redor para convencer-nos de que o presente nada tem de auspicioso, mesmo longe do antraz maligno e dos ataques terroristas. No Atlântico, como no Pacífico, não divergem os sintomas da degradação moral, social e política da "nossa América". E também da outra. Mas a cada qual sua pena...
A cada qual sua pena...

Numa conta ao revés, vê-se que à intensa publicidade jubilatória do "Já ganhou!", à véspera das últimas eleições, a que se seguiu a euforia patriótica dos primeiros meses após a posse, haveria de suceder — é natural — a crise de desconfiança gerada pela expectativa grandiosa da mudança. A desconfiança dos começos, por ocasião do escândalo das loterias — o "Caso Valdomiro Diniz" —, haveria de converter-se em descrença e, contaminada pela decepção, atingiria o clímax à irrupção das denúncias do deputado Roberto Jefferson.

Nimbado da auréola de "homem sem pecados", que ele mesmo, o próprio presidente Lula, se outorgou, natural que durma "o sono dos justos" como seu cargo, pródigo em benefícios, lhe pareça, ao que disse, "igual ao do papa".

Aí está. Falta-lhe apenas, no exercício do mandato, o privilégio da infalibilidade...

Alegorias, improvisações, parolices e debilidades à parte, não se pode subestimar a gravidade da crise política de 2005. E que ninguém se engane: a acídia, mal de irremediável "consumição", voltará a roer a geração daqueles que julgavam possível legar aos filhos um país sério e mais justo: a pátria amada.

A crer num depoimento de Márcio Moreira Alves, poderíamos repetir que tudo teria origem no malogro do governo anterior, o de Fernando H. Cardoso, tanto pela formação do presidente, como pelo seu ministério de Phds e *scholars*, de cujo êxito ninguém duvidava.[137]

Aos sintomas iniciais de desalento cívico, os cronistas Villas Boas Corrêa, João Ubaldo Ribeiro, Affonso Romano

---

[137] "Triste geração", *O Globo*. Rio de Janeiro, 07/03/1999, p. 4.

de Sant'Anna, Arnaldo Jabor, Fernando Veríssimo, formadores de opinião, bateram, todos, na mesma tecla: decepção, depressão, indignação, fim de linha. Isto é, melancolia unânime. Lembrou-me, pelo contágio dos intelectuais, a desesperança da geração de 98, que carregava no peito a dor de ser espanhol: "*Me duele España*", diziam.

E tinham razão. Nada tão lastimável quanto a verificação de que se deva participar, por acidente alheio à vontade, do destino e da miséria de uma nação pobre, faminta, sem leme, sem rumo. Isso dói. O sentimento escorpiônico de inferioridade, diagnosticado na *gens hispanica*, de quem herdamos o "dolorido sentir", justifica-lhe a pungência e a força. Leia-se o jovem escritor Diogo Mainardi para bem compreendê-lo.[138]

Mas... e agora?

Elevado ao paroxismo, vive-se o desespero final, soturno, capaz de determinar reação inesperada — a violência da calma. Violência a que se refere Viviane Forrester em livro anterior a seu *bestseller* sobre o horror econômico.[139] Trata-se da ira do homem pacífico, ensimesmado, alheio à turba e ao tumulto. À força de calar-se e retrair-se, multiplica forças e energia para sublevar-se. Ai de quem o açule!!

Não surpreenda, portanto, que gente calada se ponha a blaterar e que os simples e os tímidos tomem a dianteira das manifestações. Não se reprime impunemente a natureza; ela ressurgirá a galope. Anos de opressão, silêncio e ressentimento levam, fatalmente, a reações extremas e contraditórias. No nosso caso, a crer em Cecil Jane, tanto se poderia optar pelo máximo de eficiência como cair no engodo da retórica demagógica, quando "tudo dá em nada..."

Escapamos aos extremos. À perda infausta da liberdade e dos direitos civis, socorreu-nos, a partir de 68, um energético

---

[138] Leia-se *Abaixo o Brasil*. São Paulo, Companhia das Letras, 1998. Igual sentimento insuflara a dolorosa afirmação de Murena: "Os americanos somos os párias do mundo, como fezes da terra, somos os mais miseráveis entre os miseráveis, somos despossuídos. Despossuídos porque deixamos tudo quando viemos da Europa e da Ásia, e deixamos tudo porque deixamos a história" (*El pecado original de América*. Buenos Aires, 1954 (Apud Leopoldo Zea, *América en la historia*. México, FCE, 1957, p. 22).

[139] *La violence du calme*. Paris, Le Seuil, 1980.

poderoso para o resgate da fé: a urgência. Primeiro subterrânea, a pouco e pouco visível, incandescente, a reivindicação de "DIRETAS JÁ" inflamou o país.

Exigia-se o sufrágio universal, "a virada": novos governadores, novo presidente, a posse de novas legislaturas. Governo novo, vida nova! Já!

À retomada da democracia, sofreríamos, é certo, reveses fatais: o desastre do Plano Cruzado, na era Sarney, o bloqueio da poupança, durante o tufão Collor *et caterva*, o desalento de 1992, quando bombardeados pelas revelações da CPI sobre PC Farias, nos víamos impedidos de sonhar.[140]

Mas os motivos eram outros, bem outros. Diferentes, muito diferentes daqueles que indignaram o país à apresentação, "ao vivo", dos protagonistas do assalto aos cofres públicos na era PT. É fato.

Houve, na era Collor, a alternativa do *impeachment*, a cassação dos mandatos. Banidos corruptores e corruptos, desinfetado o habitat, julgávamos ordenar-se o caos. E... pronto!

O sobressalto à penúria do real foi, também por isso, mais penoso. Muito mais. Traumático, diria. Como não?, tínhamos vivido a Idade de Ouro. E nada fracassa tanto como o êxito...

Isso posto, e transposto, vejamos: a alternativa para um governo de borla e capelo só poderia ser a opção por um regime de inspiração popular, "de experiências feito", em que o povo pudesse sentir-se representado, ator e cúmplice, agente da coisa pública.

Arraigado no inconsciente coletivo, tal sentimento explicaria, se bem que injustificável, e injustificado, a mítica da honradez e da pureza do homem simples, um tanto simplório e de poucas letras que, falto de diploma, sente-se apto a governar, porque "se governa com o coração" [*sic*].

A culpa, já se sabe, não é de Candide. Nem de Voltaire; é de Rousseau. Numa entrevista a Jô Soares (15/08/05), o jornalista Ancelmo Góis, enfatizava, apoiado pelo entrevistador, jamais ter existido, "no mundo", caso semelhante ao do presi-

---

[140] "Brasileiro não sonha mais seu país", *Jornal do Brasil*. Rio de Janeiro, 12/07/1992, p. 7.

dente brasileiro: o do retirante pobre, migrante, que assume o mais alto cargo do país, eleito pelo voto direto.

Não exageremos. Se se pensa em retirante da região da caatinga, do Nordeste oligárquico, nada mais verdadeiro. Mas se dirigirmos nossa luneta ao vasto mundo, descobriremos aqui mesmo, em San Juan, na nossa América, uma família *"rayana de la miseria"*, a família Sarmiento, e Dominguito, o menino pobre, autodidata, que mercê de esforço próprio se tornou mestre-escola e, mais tarde, autor celebrado de *Facundo o Civilización y barbarie* (1845) e presidente da República da Argentina (1868-1874). E que dizer de Abraham Lincoln, nascido numa cabana do Kentucky em 1809? Alfabetizado tardiamente, o jovem Lincoln aprendeu a ler sozinho, ganhou a vida no rude trabalho do campo e como maquinista de balsas até que o estudo das leis lhe permitisse advogar no *forum*, exercer um mandato no Congresso e eleger-se presidente dos Estados Unidos (1860-1865). E Lech Walesa, o operário guindado pelo *Solidarinosc* à presidência da Polônia?

Será portanto mais acertado explicar a exceção por outro ângulo: o da pobreza. Para Maquiavel, seus frutos são melhores que os da riqueza e, para Santa Tereza, é graças a ela que aquele que nada recebeu dos bens do mundo se apodera de todos eles. Exaltem-se a disciplina da vontade, a perseverança e a audácia de quem nada tem além da fé e do ideal.

O mais eficaz e mais drástico dos remédios, a pobreza, incute, nesse caso, o orgulho, a consciência do próprio valor. Por isso, e muito mais, nenhum desses vencedores se envaideceria da ignorância, pois a derrotara. Nenhum deles, tampouco, se deixaria cair, movido pelo ressentimento, na tentação da soberba, do *primus inter pares*, para justificar-se a si mesmo. O senso profundo da realidade impediu-os, a todos, de expor-se ao ridículo pomposo do elogio em boca própria e ao desprezo do conhecimento (o que não passaria de tentativa de justificação de insuficiência).

Como se vê, não há retórica normativa nesses juízos de valores. No entanto, quando um fraco desdenha e injuria a força, já não se trata de juízo. Trata-se de subversão de valores.

Para não incorrer noutros riscos, retomemos o fio do nosso tema.

Celebrada a vitória do PT nas eleições, encerrado o festim, generosamente custeado pela "unha farta" do "companheiro" Delúbio, soa a hora do acerto de contas, do livro-caixa, do faça-se a luz! (no próprio e no figurado). Só então, no tropel de "picaretas", crápulas e mais *experts* na arte de furtar, se buscam razões, contratam-se advogados, convocam-se CPIs, apontam-se culpados.

Foi o que se viu. É o que se vê. Será que nos farão ainda pagar pelo delito de ter nascido num país de sobremesa? Será que o "amálgama artificial chamado Brasil está desfeito, apesar de [a nossa geração ter chegado] a viver e morrer na ilusão do artifício?", poderiam perguntar-se tanto um Eduardo Prado como um Márcio Moreira Alves.

Quem nos salva do inferno ladrilhado de boas intenções? Que médico nos livrará, no futuro, de vírus oportunistas, se diante de bactérias resistentes a outros tratamentos nos prescrevem novamente a ablação da banda podre?

E agora?

É fazer das tripas coração. Não se concede ao brasileiro a vocação inata da esperança? A hora é grave, sim, mas não há que desesperar. O Brasil é grande. E Deus não é francês, como querem os franceses. Ele é brasileiro. Ainda há, entre nós, quem sonhe. E nos representa, com dignidade, no Senado Federal. Por que não sonhar o seu sonho?

> "Sonho que o Brasil será salvo, não por um salvador da pátria, mas pelo próprio povo, quando entregar o seu destino às mãos de governantes que o mereçam.
>
> Sonho com um Brasil em que os políticos deixem de ser pessoas inconfiáveis, que dizem o que não fazem e fazem o que não dizem.
>
> Sonho com um país em que os governos transformem os indigentes em cidadãos, e não em mendigos do Estado, vivendo de esmolas oficiais.
>
> Sonho com um Brasil em que a coisa pública seja administrada com austeridade, em favor de todos, e não tratada como *cosa nostra*, em benefício de amigos, parentes, correligionários e apaniguados.

Sonho com um Brasil em que os governantes sejam sóbrios e contidos, ao invés de parlapatões a fazer discursos ruins e vazios, que só enganam os tolos.

Sonho com um país em que a educação seja prioridade nº 1, nº 2 e nº 3.

Sonho com um país em que os governantes não se gabem de não terem estudado por terem vindo de baixo, mas que se orgulhem de sua origem humilde, que não os impediu de se tornarem, pelo estudo, mestres e doutores.

Sonho com um Brasil onde as cidades voltem a ser lugares civilizados e não tugúrios de facínoras, que acuam, intimidam e humilham cidadãos outrora livres.

Sonho com um Brasil em que os brasileiros deixem de sentir vergonha da maioria dos políticos que possui.

Finalmente, sonho que este sonho, aqui externado, de um Brasil renovado, não fique para um futuro remoto, que não seja para os meus filhos, mas que seja ao menos para os meus netos."

(Senador Jefferson Peres, "Meu Sonho").

Num ensaio polêmico, de tentativa de demopsicologia aplicada aos hispano-americanos — *Contribuição à psicologia dos povos hispano-americanos* — e, particularmente, ao povo boliviano, a quem chama *Povo enfermo*, Alcides Arguedas (1879-1946) expressa, com lucidez, a autotortura que a si mesmo impôs, e que se impunham os seus conterrâneos, ante a falência da nacionalidade. Embora alheio aos argumentos alinhavados em *Pueblo enfermo*, o psicólogo Oliver Brachfeld, cujo interesse é o estudo da *Völkerpsychologie* e do inconsciente coletivo, explica que "o que revela a fórmula 'povo enfermo' é um sentimento de inferioridade étnico que tem sempre complexíssimas raízes econômico-sociais".

Foi tamanha a repercussão do livro do escritor boliviano que *arguedismo* passou a empregar-se como sinônimo de derrotismo nacional. Repetem-se na *Historia general de Bolivia*, da sua autoria, os conceitos denegridores do ensaio anterior. Não nos deixemos contudo impressionar pela opinião pública que o condenou ao ostracismo. Tampouco nos faltariam razões para censurar o brasileiríssimo Lobato, que fez do infeliz Jeca Tatu o protótipo do nosso sertanejo, e, também, Macunaíma, por que não?, o herói sem caráter de Mário de Andrade, e, até mesmo, o "otimismo do médico" que corta a bisturi a carne podre, ao modo de Paulo Prado em *Retrato do Brasil*.

Apoiemo-nos, num e noutros casos, no juízo sereno do psicólogo já citado: "Só os maiores e mais profundos filhos de uma nação — pequena ou grande — chegam a desesperar a tal ponto da sua própria nacionalidade."[141]

E como o *golden complex* é privilégio de poucos, e de efeito perverso, não há, para nós, nos saldos da feira das vaidades, amor-próprio nem orgulho que nos compensem a falência da nacionalidade. O remédio? Esperar. Ou... desesperar.

Colombianos e argentinos fazem filas diante das representações consulares na esperança de recomeçar a vida em qualquer outra parte do mundo, tirante a nossa América. Na Nicarágua e em Honduras não é outro o empenho dos flagelados. Os cubanos tentam atravessar a nado, em pirogas, jangadas e, mesmo, carcaças de automóveis, as águas que os separam do paraíso do Norte.

Em Quito e em Lima, protesta-se contra a alta dos combustíveis, contra o confisco da poupança e contra as arbitrariedades da polícia na disputa por uma nesga de chão onde se vendem bugigangas para garantia da subsistência. Na Bolívia e no Paraguai, o povo exige nas ruas a destituição dos governantes.

Na Venezuela, depois de optar pelo populismo de Hugo Chávez, os excluídos viveram dias de euforia. Setenta mil soldados do exército desceram às ruas para uma faxina geral: lavaram, limparam, remendaram, pintaram, promoveram liquidação de víveres, construíram abrigos para os sem-teto, vacinaram, ouviram queixas dos pobres, cortaram barbas e cabelos. Ao que se conta, o novo presidente não pretendia parar aí. Prometera ir mais fundo no empenho de saneamento. Ia

---

[141] *Los sentimientos de inferioridad*. 3ª ed. Barcelona, Luis Miracle Ed., 1959, p. 524; p. 519 (para as duas citações).

acabar com a corrupção, com o caos político e administrativo, dar pão a quem tinha fome, emprego aos desempregados, escola às crianças, hospitais aos enfermos.

Militar de carreira, o "coronel Chávez" assumiu a presidência da República anunciando que solicitaria poderes ao Congresso para governar por decreto. E, para demonstrar que não ficaria na intenção de dar início a reformas de base, convocou a nação a plebiscito para a formação de uma assembléia constituinte. À imediata reação da Suprema Corte, ripostou com inusitado destemor: ameaçou conclamar a população a obedecer ao apelo da presidência. Num claro desafio à magistratura, nomeou cinqüenta militares para os postos de maior responsabilidade do governo e, não satisfeito com a provocação, desfilou de uniforme pelas ruas de Caracas, arrastando multidões que o ovacionavam e aclamavam com vivas ao "Comandante", ao "*Huracán* Hugo".[142]

E depois? Engalfinharam-se nas ruas, incendiaram, saquearam, mataram-se. Pobre país rico! Exaurido por greves gerais, dividido pela luta de classes, os cofres vazios, seus credores temem que tudo se degrade em guerra civil e moratória.

E o comandante? *En su laberinto...*

Mais dia menos dia, espera-se, *el Huracán* será deposto. E tal como Bolívar, descrito por García Márquez, não levará, na hora da partida, sequer o consolo de acreditarem nele.

Eis a nossa América.

Ao anúncio de uma zona de Mercado Comum que livraria o cone sul das "unhas agudas", das "unhas fartas" e das "unhas de fome", as "unhas temidas" —, "unhas de tigre assanhado, garras de leão rompente" —, puseram-se em alerta, aprestando-se a pôr cobro com temor ou a render as três Américas às benesses da Alca.

Enquanto o Mercosul engatinhava a custo, tropeçando em equívocos pueris, que fez o tio Sam? Antecipou-se ao cocorocó dos pobres, fagocitou o México e impôs ao Sul os es-

---

[142] Ver "Furacão Hugo conquista e assusta venezuelanos", *in O Globo,* Rio de Janeiro, 7/03/1999, p. 41. Hugo Chávez candidatou-se e saiu vencedor das últimas eleições. Segundo a imprensa, já não posa de *Furacão*.

tatutos para a criação de um gigantesco *megastore*, do Alasca à Patagônia: a Alca.

Assim foi, assim é... Até quando?

Depois do 11 de setembro e da invasão do Iraque, por que mais esperar?

Por quê?

Porque tudo quanto vimos, quanto ainda vemos e veremos, incluído o fanatismo apocalíptico, tem origem na pobreza.[143]

Se de nada valeram as lições do Antigo nem do Novo Testamento, se o *Socorro* de Vives sequer se praticou em Bruges, capital financeira e entreposto da Liga Hanseática do estuário do Zwyn, seria de bom proveito que se ouvissem, pelo menos, as palavras de Horácio, com as quais os autores das *Cartas chilenas* fecham o seu prólogo: "*Quid rides? Mutato nomine de te / Fabula narratur*" — "De que te ris? A história refere-se a ti, apenas o nome está mudado."

Fechadas as saídas ardilosas, à Lazarillo de Tormes ou à Pedro Malasartes, temos a atenção dirigida à flecha sinalizadora dos cofres internacionais, cuja abertura depende do aval do FMI: porta suntuosa, diante da qual Minos, o egrégio juiz das almas, haveria de insistir: "Ó tu, que vens das dores à morada; / Olha como entras e em quem stás fiando: / Não te engane do entrar tanta largueza!"[144]

Antes de transpor a soleira fatídica, conviria ouvir, desde o seu retiro em Harvard, a opinião ajuizada de John Kenneth Galbraith. Depois de afirmar que o FMI é, sobretudo, "um conselheiro à Jim Jones", justifica sabiamente a *humorada* nestas palavras: "A burocracia do FMI entra nas crises nacionais para

---

[143] Ver Norman Cohn, *opus cit*. Sobre as unhas que furtam, ler *Arte de furtar. Espelho de enganos, Teatro de verdades, Mostrador de horas minguadas, Gazua geral dos Reynos de Portugal*. 2ª ed. Introdução de Carlos Burlamaqui Kopke. São Paulo, Ed. Melhoramentos, 1951.

[144] "*O tu che vieni al doloroso ospizio, / Guarda com'entri, e di cui tu ti fide*": / *Non t'inganni l'ampiezza dell'entrare!*" (Dante, *A Divina Comédia*. Trad. Xavier Pinheiro. São Paulo, Atena Ed., s/d, canto V, vv.16-20).

punir os inocentes e salvar os culpados. No caso brasileiro, salvar os governos incompetentes e irresponsáveis e proteger instituições financeiras que se enriquecem com essa incompetência e irresponsabilidade."[145]

Os países pobres guardam agora, de per si, diferenças casuísticas, examinadas a dedo pelos auditores internacionais do FMI: semelhantes àquelas com que a sociedade medieval estimava e estigmatizava a classe abjeta, do *abjectus* ao *abjectissimus*. A essa luz, os povos do Sul poderão encontrar-se cadastrados nas condições do *subjectus,* do *oppressus,* do *humilis* e do *ignobilis.*

Se a classificação é velha de séculos, a situação dos sudistas é recente: data da queda do muro de Berlim (1989) e da independência dos Estados da Europa Central. O cinturão da pobreza, que agora os cinge, apartando-os do Norte, isola-os também desses Estados, de economia convalescente, ou mesmo indigente, que a Europa, ciosa do cordão sanitário à volta do euro, já não se apressa a socorrer.

Com os tratados de Maastricht (1992) e de Amsterdã (1997), que a decisão dos chefes de governo dos Estados europeus endossaria em 13 de dezembro de 1997, o projeto para a formação da Comunidade dos Estados Europeus ganhou forma legal, completa. A decisão sobre a moeda única, o euro, consolidou a economia do continente num patamar comercial e financeiro de 6,5 trilhões de dólares, a uma distância honrosa dos 8 trilhões que movimentam os Estados Unidos, libertando o mercado cambial da dolarização. Numa fase posterior, o ingresso paulatino dos países do Leste, com data prevista, resgataria o sonho de Napoleão, de Victor Hugo, de Adenauer e de Robert Schuman, de uma só Europa, não fosse a opção de Chirac pelo referendo...

Mas convenha-se: o sufrágio negativo de 29 de maio de 2005 com que os franceses rejeitaram a Constituição européia não incidiu sobre a adoção da moeda única, o euro, de nobre prestígio, e altamente valorizado, nem sobre a livre circulação dentro das fronteiras da Europa. E cabe lembrar: nesse

---
[145] Revista *Época*. Rio de Janeiro, 15/02/1999.

vasto mercado de produtos agrícolas subsidiados e de ferozes Bovés, não haverá lugar para os pobres do Sul. A manifesta má vontade de alguns países, que agora hesitam, depois da França, em participar da comunidade européia, tem origem no receio da concorrência, no horror ao desemprego, no medo da imigração selvagem.

E é bem possível que esse retraimento se agrave, acentuando a tendência discriminatória que o Não traz a furo. Nesse caso, as antigas populações da Europa Central, humílimas que sejam, não parecerão, aos vizinhos ricos, que as conhecem e com elas convivem, tão ignóbeis quanto os turcos.

Humano, demasiadamente humano...

Que falta aos povos do Sul, de fresca ou nenhuma instrução, além dos bons modos, da inclinação para o trabalho intelectual a que só os civilizados de remotas idades podem aspirar? Faltam-lhes as artes da mesa, mesa a que chegam legumes, hortaliças, frutas e frutos do mar, pães, queijos, vinhos, azeites, embutidos e o que mais haja, tudo produzido no Norte pantagruélico e vendido nos mercados e feiras muito antes dos quadros de Brueghel ou Arcimboldo.

Além do que, à míngua de bode expiatório, tão bem encarnado no comunismo ateu e na satanização da imensa e calamitosa União Soviética, o Sul se converterá no alvo ideal para os males todos do mundo. O melhor exemplo disso encontra-se na constante acusação de que cabe aos países pobres a responsabilidade pelas agressões ao meio ambiente e, sobretudo, pela destruição do pulmão da terra, a Amazônia. Novamente a oposição entre Calibã, o mau, e Ariel, o bom.

Mas... quem é quem?

Para desgraça da África, e dos povos que com ela compartem prejuízos e preconceitos, tanto pela sua origem como pela sua propagação, os vírus da AIDS e do Ebola procedem do Sul. O comércio da droga (a cocaína, na nossa América; a heroína, na Ásia); pela ação do terrorismo — palestino, muçulmano, latino-americano; pela presença e atuação da máfia, concentrada no sul da Itália (cujos habitantes recebem dos italianos do norte a apelação infamante "*i sudici*" — sudistas mas também sujos — e de que gostariam de livrar-se mediante criação de um Estado à parte, integrada a banda podre ao *gueto* mundial, o Sul).

À luz de um maniqueísmo tacanho, os bons, isto é, o Norte, procuram razões para a indigência e atraso dos maus, apontando-lhes as causas no seu próprio comportamento. Não se atenta, porém, que a pobreza endêmica acaba favorecendo, na América como na Europa, o equilíbrio do sistema continental: a abundância, o consumo excessivo do Norte tem contrapartida no subconsumo do Sul. O luxo não produz apenas toneladas de lixo; deturpa até mesmo os conceitos de propriedade e riqueza: o descartável ignora a solidez e a beleza da forma, os bens têm duração efêmera. Se os pobres degradassem o meio ambiente na mesma proporção e na mesma velocidade em que os ricos o fazem, a terra seria, há muito, inóspita.

Num estudo recente publicado pelas Nações Unidas, *Cuidando do Planeta Terra*, aprende-se que resultam do consumo comercial de energia *per capita* as mais danosas seqüências sobre o ecossistema. E o habitante dos países de alta tecnologia, que gasta dezoito vezes mais energia que o habitante de um país em desenvolvimento, produzirá o correspondente em poluição. Só a população dos Estados Unidos é responsável pela emissão de duas vezes mais de dióxido de carbono que os países pobres do Sul.

Para agravar a conjuntura atual, de aprofundamento das tensões sociais, no crescente antagonismo entre a cidade e a periferia, presente em todos os países mas de modo mais gritante nos Estados em que não se pratica, como o Brasil, uma justa distribuição da renda, verifica-se, *pari passu*, o aumento da pobreza e da criminalidade.

Advirta-se: a relação de causa e efeito não procede, nesse paralelo, da pobreza mas do desemprego, da falta absoluta de projetos de vida, de formação profissional, de engajamento social. E isso não se faz sem recursos, sobretudo internacionais, que tendem a desaparecer em tempo de terror, de guerra ou de alta do petróleo. Mary Robinson, comissária da ONU para os direitos humanos, revelou que desde 1950 nunca atingira tão baixo nível a ajuda dos vinte e um países mais ricos do mundo para o desenvolvimento dos mais pobres.

Efeito perverso da globalização? É possível. Vê-se, *grosso modo,* que o Norte cumpre, à maravilha, a receita divulgada no lema "A união faz a força e a força, o triunfo". Assiste-se, em série, a fusões e incorporações de grandes aglomerados: no setor bancário, no setor automotivo, nos eletrodomésticos (linha branca, portáteis e outras modalidades), na eletrônica, nas comunicações, na produção de alimentos etc.

Está provado: a mundialização avança, a passos céleres, na conquista de novos mercados. Integram-se as economias, instalam-se poderosas e extensas redes que deverão atingir os mais distantes antípodas. De Norte a Norte, o Atlântico estreitou suas finanças na incorporação do Banker's Trust pelo Deutsche Bank, alargou a indústria sobre rodas e asas nas megafusões Daimler-Benz e Chrysler, Air France-KLM, interligou a telefonia celular na aquisição da Air Touch pelos ingleses da Vodaphone, fundiu as duas poderosas indústrias do ar e da terra Aérospatiale e Matra. A consciência jurídica e ética, também em marcha, tem já organizado um formidável arsenal de defesa para os milhões de consumidores que serão contaminados pelo vírus da compra.

Haja dinheiro para a gastança!

Admito, sem sombra de dúvida, que seremos convidados para a inauguração desse fabuloso *show room* da fartura e da riqueza. Mas nele entraremos para aumentar o afluxo de capitais, não no movimento inverso, da retirada dos benefícios. Não se viu, até agora, que o Sul fosse convocado para participar de uma megassociedade num investimento direto, como sócio da Honda, por exemplo, que se mudou para Detroit, ou da Bluebird, que está na Grã-Bretanha, ou da IBM...

As tractações de altíssima rentabilidade se fazem entre os *big shots* do Norte, enquanto para os médios e pequenos empresários do Sul há de reservar-se o privilégio da intermediação e expansão do comércio às mais recuadas e distantes praias do mundo. Em suma, o que os estudiosos chamam "globalização canibal", com tudo o que carrega no seu bojo: a cretinização coletiva, o consumismo, a perda das características regionais e nacionais, o amoralismo e, mais extensamente, o imoralismo.

Nesse mercado total, em que a liberdade é soberana, é proibido proibir. Compra-se, vende-se, empresta-se, ensina-se e aprende-se de "um tudo": da pederastia à receita da clonagem, da fabricação de uma arbaleta ao uso inocente de um AR 15. Todos os convites são permitidos: para uma viagem a Macchu-Picchu ou para carona na cauda de um cometa.

Seja como seja, também estamos convidados para o banquete da civilização: não seremos excluídos nem da globalização nem da canibalização. As transações de bens, os pregões das bolsas, os investimentos e *commodities* operam-se em todos os sentidos da rosa-dos-ventos. E mais indústrias são arrastadas pela força centrífuga rumo aos pontos cardeais. Sabe-se que o comércio das drogas, mundializado, tem, na nossa América, a base de produção da cocaína. E os sindicatos que lhe dirigem a distribuição não podem prescindir das rotas que atravessam o continente no sentido sul-norte, sul-leste, rumo à América do Norte, África e Europa, principalmente. E que dizer da indústria da prostituição? Já se desmontou o comércio rendoso que provia de meretrizes a noite israelense. Mas a pornéia global dispõe de mais recursos e não abandonará tão facilmente as suas presas. Também o comércio de armas (já que nos referimos a Israel) estende de tal modo a teia clandestina, que se descobriu um ramo florescente que, além de municiar as guerrilhas andinas e zapatistas, o IRA, o ETA, os grupos armados que lutam na África, aparelha e instrui o terror na Indonésia, no Afeganistão e no Iraque.

Pelo que se vê, a mundialização propicia, por linhas tortas, a livre expressão dos marginalizados.

Enquanto isso, decantam-se na mídia as maravilhas desse mundo sem fronteiras. Para quem? Onde? Desde quando? O Sul compromete-se com a globalização abrindo o seu imenso herbário inexplorado e dando sinal verde para a sintetização de drogas medicinais. O Brasil concentra 22% das plantas do planeta, mas não aplica as leis de proteção da biodiversidade. Sabe-se que as coletas predatórias das florestas tropicais e subtropicais, além da Mata Atlântica, já exangue, continuam a realizar-se sem qualquer controle das autoridades (muitas delas coniventes com o assalto à nossa flora), descuidadas

das riquezas do país tanto quanto desatentas às cláusulas da Convenção da Biodiversidade das Nações Unidas.[146]

Será esse o único caminho para a mundialização das riquezas do Sul? Alexandre Kojève, que em plena revolução estudantil em Paris, em 1968, sonhava, de olhos abertos, com um Estado Universal (projeto de Napoleão, atualizado por Marx e afeiçoado às idéias socialistas), indagava pouco antes de morrer: "Uma vez instalado esse Estado universal e homogêneo, pois é certo que chegaremos lá, será que poderemos ultrapassá-lo?"[147]

Alegremo-nos, se isso pode alegrar-nos, diante da certeza de que o projeto inicial foi ultrapassado: a URSS desapareceu do mapa, a Rússia, os países todos do Báltico e da Europa oriental estarão brevemente integrados aos VIPs do Norte. Para os povos do Sul o que há são pequenos núcleos de contato, nas megalópoles da América Latina, da África do Sul, das cidades-Estados, como Hong Kong, Cingapura, Taiwan, os ricos emirados árabes. Será isso a mundialização?

Não, não pode ser. E Josef Thesing, da Fundação Adenauer, vai mais longe. "O global," explica, "não deve se concentrar apenas no econômico, no financeiro e no tecnológico; é preciso considerar, com o mesmo valor e a mesma prioridade, o meio ambiente, o ser humano, o religioso, o ético, em suma: as condições de vida e de existência humana."[148]

---

[146] Denúncia formal, e pública, de biopirataria foi feita em São Paulo pela advogada britânica Kerry Ten Kate, da Agência de Biodiversidade da Grã-Bretanha. Kerry Ten Kate é também funcionária do Jardim Botânico Real de Londres e veio ao Brasil para uma conferência sobre o "Acesso aos recursos biológicos — Aspectos técnicos, legais e éticos" (V. "Brasil precisa de leis contra a biopirataria, dizem especialistas", in *Folha de São Paulo*. 17/10/1998, p. 12). À míngua de fiscalização, cientistas estrangeiros exploram a boa-fé dos nossos índios, conhecedores da flora medicinal, e enviam para o exterior todo tipo de material genético das nossas florestas. Principalmente da Amazônia. Na Universidade Federal do Acre cabem a uma pesquisadora alemã toda a coleta e análise das sementes nativas, sem qualquer restrição nem vigilância locais (Ver "Biopirataria: ameaça deixa a Amazônia sem dono", e "Brasil concentra 22% das plantas do mundo mas não tem lei para protegê-las", in *O Globo*. Rio de Janeiro, 7/03/1999, p. 12-13).
[147] *Apud* Gilles Lapouge (que o entrevistou), "Utopie et mondialisation", *in* "Entre ordre et désordre", *La Quinzaine littéraire*. Numéro spécial, 629, 1-31 août, 1993, p. 40.
[148] "Globalização, Europa e o século 21", *in A globalização entre o imaginário e a realidade,* lugar cit., p. 7. Leiam-se: Entrevista de Amartya Sen, Prêmio Nobel de Economia (1998), a Carlos Eduardo Lins da Silva, "Amartya Sen critica injustiças da

Enfim... a utopia. Pois a primazia do econômico, aliada às determinações do FMI, só faz crescer a miséria. A "crise da dívida" leva os países do Sul à alienação de recursos naturais para cumprimento das metas estabelecidas pelos credores. Comprometem o futuro, tornam-se ainda mais pobres, extorquindo aos filhos o único bem comum, a riqueza que se transmite de geração a geração: o ar que se respira, a água que se bebe, a fauna e a flora. E isso não é tudo. Porque também se perde, com a avalanche consumista e cretinizadora que o dinheiro traz consigo, o que ainda resta da identidade cultural.

A inquietação dos países do Norte diante da deterioração do meio ambiente, promovida, nos países do Sul, por atividades extrativas de recursos não-renováveis, despertou os estudiosos para um fato novo: o impacto da economia sobre a ecologia. Visto que o produto da razia ambiental tem destinação certa, o pagamento do "serviço" das dívidas contraídas, já não se pode desvincular a pobreza do desflorestamento, da mineração, da caça e da pesca predatórias. E como suas conseqüências serão fatais a ricos e pobres, há motivo de alarme.

Na África, como no Brasil, na Colômbia como na Argentina e no Peru, as secas, os vendavais, as inundações, a voçoroca, os deslizamentos de terras, as nuvens de gafanhotos são mais nocivos e destruidores que a guerrilha, a guerra civil, a ditadura, o mau governo, a corrupção. Suas causas? Não há quem não as ignore. Mas... e a sobrevivência? E o FMI? E o Banco Mundial?

A primeira-ministra da Noruega, Sra. Gro Brundtland, abordou, no texto introdutório do Relatório Brundtland, apresentado à Earth Summit Rio 92, os riscos por que passa a vida na terra. E alertou, com extrema lucidez e pertinência, para os "fracassos do desenvolvimento e da gestão do meio ambiente", lembrando que "há, em termos absolutos, mais famintos no mundo do que nunca e seu número vem aumentando. O mesmo ocorre com o número de analfabetos, com o número dos que não dispõem de água e moradia de boa qualidade, nem

---

globalização" (*Valor*, 24/07/2000, p. A12); da Empresa de Consultoria A. T. Kearney, por Cristiano Romero, "Globalização aumentou distância entre ricos e pobres" (*idem, ibidem*, p. A9).

de lenha e carvão para cozinhar e se aquecer". Não é portanto de esperar que o terceiro milênio reserve alguma forma de progresso para a humanidade.

"A cada ano, lê-se no seu relatório, seis milhões de hectares de terras produtivas se transformam em desertos inúteis. Em trinta anos, isso representará uma área quase igual à da Arábia Saudita. Anualmente, são destruídos mais de onze milhões de hectares de florestas, o que, dentro de trinta anos, representará uma área do mundo do tamanho aproximado da Índia...". Fala, em seguida, da queima de combustíveis e do dióxido de carbono na atmosfera, da elevação do aquecimento do planeta, do efeito estufa e da chuva ácida, da diminuição da camada protetora de ozônio e da incidência do câncer...[149] O Leviatã. Sem discriminação de casta, de bens ou de hemisfério.

Como não há, na natureza, compartimentos estanques, os danos se propagarão em cadeia, repercutindo, indiscriminadamente, entre ricos e pobres (com maior prejuízo, é certo, para o Sul, não deixando contudo de fora o resto do globo).

A própria sobrevivência da humanidade, ou de um hemisfério, estará em causa se qualquer Estado fizer uso da bomba nuclear ou se, por exemplo, uma das numerosas usinas atômicas, ainda em uso, apresentar, como a de Tchernóbil, na Rússia, vazamentos irreparáveis, ou a de fabricação de plutônio, em La Hague, fissuras e vazamentos.

Para enfrentar esses desafios, buscam-se soluções internacionais, criam-se novos blocos de integração econômica e política, na Europa, na Ásia, na África, nas Américas do Norte e do Sul. No entanto, nenhum desses compromissos parece dotado de suficiente autoridade para socorrer as populações como tem acontecido à Liga das Nações, à ONU, à Aliança do Atlântico Norte e mais instituições supranacionais.

E que dizer da multidão de parceiros que freqüentam o mercado internacional, sem cadastro bancário e sem domicí-

---

[149] Ver "O desafio global", Rio 92 — "A vida em risco", *in Carta. Informe de distribuição restrita do senador Darcy Ribeiro*. Senado Federal, Brasília, 1991, nº 1, p. 55-56.

lio, extrapolando fronteiras ao abrigo de bandeiras "piratas", que são hoje as Bahamas e mais paraísos fiscais? Ao reduzir barreiras para as atividades econômicas entre os países, o GATT jamais poderia supor que estivesse propiciando a franquia para a lavagem do dinheiro da droga e da máfia...

POBREZA E CULTURA

Nenhum país se basta a si mesmo, é fato. Mas quem veja na eliminação de todas as barreiras econômicas, morais e culturais a panacéia para a crise econômica e a *conditio sine qua non* para o ingresso auspicioso no círculo dos países politicamente corretos e financeiramente equilibrados ignora os fundamentos do direito e das instituições nacionais. Não se trata de um problema meramente industrial, de progresso, *tout court*, nem da admissão no círculo fechado dos Estados Unidos da Igualdade e da Fraternidade. Ainda que se chegue ao império universal, os Estados que entrem na sua composição deverão preservar a própria identidade.

A diversidade dentro da unidade. Ou, mais explicitamente, segundo Werner Weindenfeld, "Nenhuma cultura poderá preservar a sua singularidade se ela não estiver se delimitando constantemente diante de outras culturas e se não puder apreender a sua especificidade a partir dessa diferenciação".[150]

Vives sabia disso. E distinguiu muito bem a existência de uma verdadeira escala de necessidades. Hoje, ao referir-se à carência de bens outros que os materiais, os especialistas falam de "pobreza política", dando a entender que, embora espoliada dos seus direitos políticos, a sociedade os ignora enquanto direitos. Sofre, nesse caso, dupla carência.

É difícil, senão impossível, determinar como se manifesta essa frustração. No entanto, sempre se podem colher aqui-ali indícios de que o povo ressente, não como pobreza política,

---

[150] "A transformação possível: um diagnóstico da cultura política da democracia", *in* "O futuro da democracia. Projetos para o século XXI", *Traduções*. São Paulo, Konrad-Adenauer-Stiftung, 1997, nº 11, p. 12.

mas como esbulho, afronta, o mau funcionamento da máquina do Estado.

Se bem que despreparada, no Brasil, para o exercício da cidadania plena, a população se indigna com o descaso das autoridades, verbera a burocracia, reclama da violência, da falta de segurança, das más estradas, da poluição, do péssimo atendimento hospitalar, da redução de vagas nas escolas, do descaso para com o ensino, do pagamento de matrículas na rede oficial...

Ainda não chegamos ao "*Si hay gobierno, soy contra*", que define, politicamente, o contestador do regime. Mas, por fas ou por nefas, as queixas denotam que, embora não se reconheçam como direitos políticos o que essas fraudes sonegam — a segurança, a ordem, o transporte, a educação, a saúde — e tampouco se declarem como sintomas da pobreza política, sabe-se, e bem, que não vivemos no melhor dos mundos...

Resta nomear o descalabro. "*Nomem atque omen*"...

Uma coisa, parece, dá inteira razão àqueles que hoje se ocupam do estudo da pobreza política: "o centro da pobreza está [na sua] manipulação política, permitindo entender a aparente contradição da carência como fonte de vantagem".[151]

Convertido o direito em prerrogativa especial, cria-se a dependência servil, de que o político desonesto se prevalece para ter, sob o seu comando, o homem, a família, o bairro, a escola, a paróquia, o município, o estado... E para quem se transforma em "capacho", haverá aspiração maior do que a de ser pisado? À alienação da vontade, destrói-se o amor-próprio, fabricam-se invertebrados. À vista da subserviência desses seres inermes e amorfos, o dono do poder pavoneia-se: é o *factotum*, o coronel, o pai do doutor e da doutora, dono da saúde e da farmácia, da água do carro-pipa e da merenda escolar. E é ele, também, que providencia (no verdadeiro sentido do termo) a escola para os meninos, o campo de futebol, o lazer, a rocinha para cultivo nos arredores, a conta no armazém da vila e até as alianças para o noivado a fim de que o casal de

---

[151] Pedro Demo, "Pobreza política", *Papers*. São Paulo, Konrad-Adenauer-Stiftung, Centro de Estudos, 1993, nº 5, p. 3.

arranche por ali mesmo. Não, não se pode arrancar o verme da terra do seu *habitat* geográfico e cultural. Se assim se procede, como não consolidar a pobreza?[152] Tudo deve seguir o seu bom trem de vida: de pai para filho, lavrador, peão, agregado, entre os pobres, e de coronel a prefeito, governador, senador, presidente, o que mais seja...

Quanto se ofereça ao pobre deve estar ao alcance de suas aspirações e de sua visão do mundo, "vasto e alheio", como está no romance de Ciro Alegría. *Per omnia saecula saeculorum*. Os pobres nos grotões do Jequitinhonha, nas caatingas do sertão nordestino (as "bases"), os seus padrinhos nas capitais e em Brasília, com a coorte de filhos e parentes.

A tirania dessa chantagem amordaça os fracos, ludibria a opinião pública e acaba por elaborar uma versão fraudulenta, *ad usum populi*, da história de regiões inteiras e até de uma nação. Com essa versão, forjada pelo poder político e econômico, aviltam-se a inteligência e a sensibilidade do povo. E à força de lavagens cerebrais, ministradas e canalizadas pela *mass media* com um tratamento intensivo de cretinização coletiva, é que se elabora o imaginário da pobreza (servilmente instruído pela elite que o manipula).[153]

---

[152] Já se faz, na Bíblia, referência ao rico desonesto, que explora o indigente e o escraviza por dinheiro ou qualquer benefício: "[...]... servimo-nos de balanças falsas, para nos fazermos senhores dos necessitados por dinheiro, e dos pobres por um par de sandálias, e para lhes vendermos até as cascas do nosso trigo." (Amós, 8, 6.)

[153] Não é difícil respigar, aqui-ali, nas entrevistas e reportagens, a sua marca na fala e nos juízos daqueles que se tornam porta-vozes do povo: vedetes do cinema e da televisão, artistas de teatro, cantores, astros dos esportes, deputados estaduais e federais. Alcione, a excelente cantora, ao reclamar do desprestígio do samba durante o governo Collor, explicou que isso acontecia porque o presidente perseguia a cultura. Isso mesmo. E não se trata de conceito seu, pessoal. É fato. No imaginário popular nem as ciências, nem a filosofia nem a música (que chamam clássica ou erudita, justamente para bani-la da intimidade da gente comum) nem a literatura pertencem ao mundo da cultura. Fazem bando à parte, inacessível. Recorde-se a nomeação frustrada de Fernanda Montenegro para o Ministério da Cultura do governo Sarney. Bom conhecedor do imaginário popular, visto que tem contribuído para a sua formação com uma rede de radiofonia no Nordeste, o presidente encontraria perseguia um nome "ministeriável": o do grande artista do teatro e do cinema, que teve a virtude e o bom senso de não aceitar o cargo. O chefe da nação não se deu por vencido: voltou a repetir o mesmo convite a Maria Clara Machado. E ela, num gesto próprio dos Machados, declinaria humildemente: *Eo num sum digna*... Mais feliz foi o general Figueiredo. Determinado a atrair uma colaboradora de peso, buscou, na Universidade de São Paulo, uma professora titular, de reconhecida competência, para a pasta da

Pelo que se vê, a pobreza não é endógena, mas exógena. Sua cultura, fatalmente, procede do meio. Não por contágio; por indução. Vertical. De cima para baixo. Para manter a inércia, oculta-se a ciência, desmentem-se as pesquisas de laboratório, as verdades elementares.

Não, não se nasce pobre nem rico. Nem a biologia, nem a frenologia, nem o genoma distinguem classes. A seleção é capricho da natureza, dentro de cada espécie. Ainda que se manifestem debilidades físicas congênitas, não havendo patogenia, o organismo dispõe de recursos para recuperar o equilíbrio funcional. O homem, o bambu de Pascal, o mais frágil da natureza, é bambu pensante. Esse, o privilégio que o distingue e que o habilita a direitos, deveres e conquistas. Mercê desse privilégio é que nos elevamos; não do lugar onde nascemos, nem do tempo em que vivemos, pois nunca poderemos ocupá-los totalmente. Por que não começar a pensar? E pensar bem? Esse é o princípio da moral. Nunca se formulou, desde o século XVII, mais perfeita síntese sobre o pensamento.[154]

Pedro Demo, doutor em sociologia pela Universidade de Saarbrücken, vem em nosso socorro com uma excelente introdução à pobreza política. Explica: não se trata da "pobreza culturalmente autocultivada, conformista, fechada em si, mas a pobreza mantida pela elite como traço básico da população". Entre as políticas clientelistas seculares, que atam o pobre ao manipulador, eis as que ressalta no seu estudo:

> "a) a denegação da educação básica de qualidade, para manter a ignorância e a inconsciência dos direitos fundamentais;

Educação. A Dra. Maria Esther de Figueiredo Ferraz foi presença feminina solitária nos Ministérios da República (à exceção do meteórico Ministério do governo Collor), até que o presidente Luís Inácio Lula da Silva indicasse três mulheres para compor o seu ministério. Apesar dos pesares...

[154] Permiti-me dar à tradução o tom e a medida próprios para esta discussão sobre a pobreza (Ver Pascal, "Papiers classés", *Pensées* (200-347 H. 3). *Oeuvres complètes*. Préface d'Henri Gouhier. Présentation et notes de Louis Lafume. Paris, Ed. du Seuil, 1963, p. 528).

b) captura dos movimentos sociais, sobretudo de associações populares, através de assistencialismos, que os mantêm dependentes dos políticos, dos ricos e do Estado;
c) abuso dos partidos e sindicatos para fins de manobra eleitoreira, no sentido de conservar as mesmas lideranças;
d) reserva de políticas sociais pobres para os pobres, para que continuem pobres, consubstanciadas no acesso totalmente discriminatório à justiça, à segurança pública, à saúde e ao saneamento, à habitação;
e) apropriação, por parte da burocracia estatal e das elites locais, dos recursos sociais destinados a programas de combate à pobreza;
f) apropriação sistemática do Estado por parte dos governantes e da elite econômica para fins privados de manipulação vantajosa".[155]

Arrastado na voragem desse remoinho, como prever, para o brasileiro, prosperidade e liberdade? Para justificar o descaso impiedoso dos prefeitos do interior e secretários de educação que deixavam fora da escola os filhos de famílias miseráveis, chegou-se a criar o mito do "desnutrido", da "sub-raça", incapaz de alfabetizar-se. E hoje se sabe que "basta o Brasil empregar de 30% a 40% do seu orçamento em educação e saúde, e dentro de dez, vinte anos vamos ver este país explodir como aconteceu com vários outros", declarou o professor Yaro Gandra, da Faculdade de Nutrição da Universidade de São Paulo.[156]

Não se propalou que o melhor chamariz para a freqüência às aulas é a merenda? O que falta, sim, mais do que comida, é motivação para atrair as crianças e agarrá-las ao alfabeto, aos números, à língua pátria, ao estudo do português (que hoje se chama sei lá o quê, talvez Comunicação e Expressão).

É óbvio que a merenda tem a sua hora. Mas o que prende deveras o aluno à carteira é a professora, o quadro-negro, o

---

[155] Lugar cit., p. 8.
[156] "A difícil tarefa de sobreviver" e "Pesquisador diz que desnutrição não produz sub-raça", in *Jornal do Brasil*, Rio de Janeiro, 8/10/1988, p. 7.

giz, o apagador, o caderno, o lápis preto e a esferográfica, os lápis de cor, a borracha, a régua, o mundo vasto mundo que o livro abre à sua curiosidade. Só que há professora e professora. E muitas delas jamais tiveram ocasião de ler um livro. Um livro, um apenas, em toda a vida!

É isso a "oferta pobre para os pobres". Tal como o confinamento de centenas de crianças das favelas e dos bairros da periferia em imensos Cieps, uma idéia de Darcy Ribeiro, patrocinada pelo governo Brizola. Quando se pensa que esse projeto (de condicionamento coletivo à Mao, para ficar com o último dos "grandes", e mais não digo...) saiu da mesa do arquiteto no momento mesmo em que os pedagogos se batiam, no mundo inteiro, pela criação de pequenas escolas, onde os docentes e os pais dos alunos se conhecessem pelo nome, se vissem e se falassem, num ambiente propício à competição sadia, devemos convencer-nos de que é com boas intenções que se ladrilha o inferno. Esses megaeducandários fazem as vezes de casernas, e ninguém ignora que só se mandam para as casernas os jovens de mais de dezoito anos![157]

---

[157] O projeto de um conjunto educacional (com salas de aula, auditório, cantina, praça de esportes), assinado por Oscar Niemeyer e construído em Belo Horizonte para abrigar o antigo Ginásio Mineiro, prefigurava, na década de 50, o padrão caserna dos futuros Cieps. Tetos rebaixados, corredores longos e estreitos, sem iluminação (mais penitenciária que caserna), rampas íngremes, sem corrimãos, revestimento das paredes com fundos de copos (que os estudantes se empenham em quebrar), eis alguns dos problemas que o reitor, Prof. Heli Menegale, enfrentaria para inaugurar e pôr o Colégio Estadual em funcionamento, convertendo-o, durante a sua gestão, na mais respeitada e respeitável instituição escolar do Estado. Mas o pior teria acontecido não fosse a sua firme determinação: ao soar da sirene para o recreio, os alunos, alvoroçados, se precipitariam num vão de cerca de três metros! Inquieto, o Prof. Menegale insiste em que se tomem providências imediatas para evitar o risco de acidentes. O arquiteto obstina-se. E nega-se a liberar o prédio caso lhe desfigurem o projeto. Dou testemunho do que se passou, porque era, na ocasião, professora e regente de classe do colégio. Epílogo da história? Venceu o reitor, porque a Secretaria de Educação chamou a si a responsabilidade da instalação dos corrimãos. Eduardo Frieiro, fundador e primeiro diretor da Biblioteca Pública do Estado, não teria o mesmo êxito. Foi obrigado a mudar a biblioteca para o novo prédio, um projeto do mesmo arquiteto, apesar de as paredes serem decoradas com orifícios!?! Paredes que deveriam preservar os livros da umidade, da poeira e da poluição! Cultura da pobreza? Não. Desconhecimento absoluto das finalidades das obras a que se destinam os projetos. No entanto, se a incompetência e a burrice dos profissionais do Norte podem servir-nos de consolo, consolemo-nos: a nova Biblioteca da França, templo do saber, acumula enganos e equívocos maiores que os cometidos pelos nossos projetistas. Errar é humano... Só que persistir no erro é diabólico. Sobre as queixas dos leitores da

Como promover a emulação sem rivalidade? Habituadas à violência, as crianças resolverão no recreio a concorrência da sala de aula. Como contê-las? Instituindo disciplina de caserna? Como ajudá-las? Se são quinhentas, quinhentas e cinqüenta, setecentas...

Oriundas do mesmo meio, falam todas a mesma linguagem, usam as mesmas gírias e continuarão na sua mesmice cotidiana, com a barriga cheia de arroz e feijão, mas com a cabeça vazia de vocábulos e de conhecimentos. Convivência ideal é a da boa escola pública que acolhe, indiferentemente, todos os mestiços do país, o filho do pedreiro e o do motorista de caminhão, do médico, do deputado e do engenheiro, moradores de favela ou de bairro de classe alta. Para que isso aconteça, o ensino não poderá ser de segunda... Deve-se nivelar pelo alto, ao sabor das mais nobres aspirações. Quem leu as memórias de Paulo Pinheiro Chagas e de Pedro Nava sabe o que era a escola pública, com internato, a que tinham acesso os órfãos de famílias pobres, nas três primeiras décadas do século: o Pedro II, no Rio, e o Colégio Militar de Barbacena.[158]

Ressalvada a consideração de que basta ter acesso à escola, não importa como nem onde — a trouxe-mouxe, em galpões, salões paroquiais, igrejas, telheiros, cabanas ou sob lonas de circo, sem carteiras, sem quadro-negro, sem lavatórios, sem livros e sem professores, em regiões de alta periculosidade, sujeitas a assaltos, estupros e convite à droga —, é, já, prerrogativa extraordinária, que outras surpresas nos reserva o culto cada vez mais próspero da pobreza?

BNF e sobre o Relatório de Albert Poirot, inspetor geral das bibliotecas, acerca dos "disfuncionamentos da BNF", ver, de Annick Cojean, "Kafka à la BNF", *Le Monde*, 16/03/1999, p. 12; E. de R., "Le rapport Poirot analyse les disfonctionnements de la BNF", *Le Monde*, 17/03/1999, p. 12).

[158] Ler, de Pedro Nava, *Chão de ferro. Memórias / 3* (Rio de Janeiro, Livraria José Olympio Ed., 1976, p. 3 segs.); de Paulo Pinheiro Chagas, *Esse velho vento da aventura*, (Rio de Janeiro, Livraria José Olympio Ed., 1977, p. 67 segs.). Como se pode ver, não era do interesse da nação oferecer escola pobre para pobres. Pelo contrário. Era o que propiciava a multiplicação dos talentos. Não se trata de utopia. Fui professora no Colégio Estadual de Minas Gerais (1956-1972) e tive, nas minhas aulas, todas as classes sociais de Belo Horizonte: desde os filhos da lavadeira e do faxineiro aos herdeiros de famílias ricas ou descendentes de nomes ilustres da magistratura, do magistério superior, da política. A emulação era grande. Os alunos do Estadual não faziam cursinho e eram os primeiros colocados nos exames do vestibular. Sem exceção.

A proliferação de áreas de esporte e lazer, responsáveis, segundo denúncia de ambientalistas, pela destruição de grande parte do que resta da mata atlântica no Estado do Rio, comparece em primeiro lugar. A idéia, louvável, sem dúvida, é tirar os meninos da rua. A mesma que inspira, Brasil adentro, a criação de escolinhas de capoeira, de dança, de instrumentos de percussão, de berimbau etc. etc.

Muito bonito. Continuaremos a motivar a prática do futebol, porque precisamos de outros Pelés e Ronaldos e Ronaldinhos... E o carnaval? Se Roma não se fez em três dias, muito menos o carnaval. Mina sempre renovada de oferta de empregos, de dezembro a fevereiro sobretudo, recruta, todos os anos, um enorme contingente de costureiras, desenhistas, carpinteiros, eletricistas, decoradores, além, é certo, de carnavalescos, sambistas e cantores. Mas... será esse o futuro promissor que vislumbramos para os nossos filhos, sem distinção de origem e de cor?[159] Seremos, eternamente, o país do futebol, do samba no pé, da capoeira? E a cabeça?

Por que não tornar pública a frustração de milhares de jovens que sonhavam ganhar dinheiro e fama nos campos de futebol? Os cadastros da CBF não dão qualquer alento aos so-

---

[159] Foi o que entenderam, com inteligência e vontade de reagir ao *statu quo*, os responsáveis pelo projeto social da Estação Primeira de Mangueira. Compreenderam que nem só de carnaval vive a favela. Numa entrevista coletiva, na emissão "Roda Viva", transmitida pela TVE, o presidente da agremiação, Elmo José dos Santos, falou, longamente, do trabalho que vem realizando. Numa população de quatro mil crianças, nenhuma está fora da escola. Têm atendimento médico e dentário, num posto médico com farmácia, instalado na própria favela; praticam esportes, e já deram prova de que "não estão ali para brincar": são pentacampeões de atletismo. A ordem e limpeza da Vila Olímpica ficam aos cuidados dos usuários. E o presidente não tem o de que se queixar. Os benefícios oferecidos aos filhos estendem-se também aos pais (a fim de motivá-los a manter a meninada na escola). O Juizado de Menores do Rio de Janeiro, pelo juiz responsável, Dr. Siro Darlan, outorgou-lhes um certificado de honra pelo alto índice de escolaridade. A redução do recrutamento dos menores pelo tráfico, usados como "aviões" no comércio das drogas, resultou da assiduidade às aulas. Todo esse esforço seria compensado, festivamente, à visita do presidente Clinton à Estação Primeira. Uma glória. E a sua passagem seria coroada, algum tempo depois, por um prêmio da Unesco pela excelência do trabalho social ali praticado. "O caminho é esse", disse Elmo José dos Santos. "Se cada comunidade se organizasse, chegaria ao que chegamos. Com trabalho e muita garra. Até a escola pública mostra resultados: no Ciep que serve o complexo não há greve e os professores estão sempre presentes. Ainda há muito a fazer. Mas o caminho é esse", repetiu o presidente. Creio não existir melhor prova do que é, ou deve ser, a política da riqueza.

nhadores, futuros "pobres da bola": o índice salarial de 1998 mostra que, num universo de 16.344 indivíduos, 8.638 ganharam o equivalente a um salário mínimo e apenas 701 chegaram a mais de vinte salários por mês![160] Por que não contar aos jogadores de amanhã que um Pelé, um Garrincha, um Romário ou um Ronaldinho constituem exceção, tão rara e venturosa quanto a de um cientista como César Lattes, de um arquiteto como Niemeyer, de cirurgiões como o doutores Zerbini ou Pitanguy, de uma cantora lírica tão famosa quanto Bidu Sayão, de uma pianista tão aplaudida quanto Madalena Tagliaferro ou de uma bailarina tão celebrada quanto Márcia Haydée? Se nem todos os caminhos são para todos os caminhantes, por que não os abrir em todas as direções? Se as dificuldades são as mesmas quando se quer alcançar o *nec plus ultra*, por que não sugerir aos futuros sambistas, timbaleiros, jogadores e passistas mirins novos e diferentes desafios? Hoje mesmo, alguns dos nossos virtuoses fazem casa cheia nos maiores teatros do mundo. Terão os nossos meninos jamais ouvido falar de Yara Bernetti, Maria da Penha, Roberto Szidon, Arnaldo Cohen, Marco Antônio Menezes, Guedes Barbosa, Nélson Freire?

Não, não ouviram. E urge preparar a geração que deverá suceder a esses astros. Matéria-prima não nos falta. Povo musical é o brasileiro. Os nordestinos fabricam e tocam pífano e rabeca à maravilha. No interior de Minas e do Rio, não há noite sem seresta. Por que não dirigir todas essas vocações rumo à música? à luteria? Por que não retirar da rua, definitivamente, todos os pivetes encaminhando-os para uma profissão menos efêmera e menos sujeita ao acaso que o futebol, as artes do rebolado e da capoeira? No entanto... de que atrativos dispomos para despertar nos jovens o gosto pela música de Beethoven ou de Mozart?, como aguçar-lhes a curiosidade para as experiências de química e de física, para a herborização e para a botânica, para a oceanografia, para a zootecnia ou para as ciências exatas, para a filologia e o estudo do português e das línguas e letras estrangeiras?, como? se o latim desapareceu

---

[160] Ver "Pobres da bola aumentam em 1998", *in Folha de São Paulo*. Esporte, 14/02/1999, p. 1.

de todos os currículos (o que não aconteceu nem na Alemanha nem nos países da Europa Central e Oriental), se a opção por uma língua estrangeira é coisa rara no currículo escolar, se já não se pratica o canto orfeônico, se não temos laboratórios convenientemente equipados, se a TVE, "televisão educativa", se empenha em popularizar o que é popular, com carradas de samba, batuque e até noitadas de debate esportivo, em concorrência com canais privados, como "o canal dos esportes" — a Band, ou Bandeirantes. Mais ainda: numa emissão para adolescentes, "Caderno *Teen*", a mesma TVE fazia anunciar por um rapazola, mal iniciado no uso da língua, o que constituía "o barato" do seu "telhado": "irritação, muita pauleira, muita zonzeira, gatinhas". Não, não é por aí, diríamos com a entonação "*teen*".

No entanto, é força convir: como despertar nas crianças o amor aos livros, à natureza, às belezas do mundo, se as mães são obrigadas a deixá-las durante sete, oito horas, ou diante da programação educativa, "com muita zonzeira", ou sob a guarda de vedetes do cinema pornô, modelos da *Playboy*, *Senhor* e revistas afins, que atendem pelos nomes, nacionalmente celebrados, de *Xuxa*, *Gugu*, Angélica, Carla Peres, *Tiazinha*, *Faustão*, *Ratinho* e *Leão*, ao embalo de danças da bundinha, do cuzinho, da garrafinha e mais obscenidades mímicas, sintáticas e gramaticais, que só visam ao consumo?[161] Onde estão pedagogos e pedagogas? Em subempregos, certamente. E as creches? a que todos os pais que trabalham têm direito?

---

[161] Sabe-se, por exemplo, que a Rede Globo mantém, à disposição dos telespectadores, um telefone para informações sobre suas emissões: as novelas, preponderantemente, porque líderes de audiência. O público, curioso, obstina-se em tudo saber sobre os atores, as personagens que encarnam, a veracidade do enredo, o epílogo. Mas também indagam, com minúcia, sobre o que vestem os protagonistas, o que comem, o que bebem e sobre os móveis e a decoração do ambiente em que transcorrem as cenas. Informam-se sobre nomes de produtos, endereços de lojas e *griffes*, pois querem copiar, no cotidiano, o *way of life* dos seus heróis. Consumismo delirante! Pergunto: por que não vem em nosso socorro essa ocasião única de divulgar o livro, a ciência, as artes? Por que não fazer o convite ao conhecimento por meio desses formadores de gosto e de opinião? Seria tão difícil assim pôr um livro na mão de uma personagem, fazê-la visitar um museu, consultar as obras de Gilberto Freyre numa biblioteca pública, contemplar um quadro de Portinari, ouvir uma valsa de esquina de Mignone? Por que não se abandona o imaginário da pobreza e do supérfluo e não se tenta inculcar o imaginário da cultura, hóspede permanente da biblioteca, do livro? Por quê??? *Quousque tandem?*

As raras e aplaudidas encenações, pela TV Globo, de textos de grandes autores — *Auto da compadecida*, *Aleijadinho* e, mais recentemente, a primorosa adaptação, por Adelaide Amaral, de *Os Maias* — mostram que há público para essas emissões. Sob condição, é claro, de serem apresentados entre 8 e 10 da noite, ou em horário compatível com as atividades dos espectadores que trabalham ou estudam...

E por falar de grandes autores... Que faz a Rádio MEC?

"Emissora singular no país, todo o seu tempo [deveria] estar dedicado à obra educativa e civilizadora dos brasileiros: arte, literatura, conhecimento científico, informação geral, diversão amena ali [deveriam reunir-se e dali se espalharem] pelo Brasil, sem que essa mistura jamais se [tornasse] monótona."

Foi o que escreveu Carlos Drummond de Andrade em 1961, por ocasião da comemoração dos vinte e cinco anos da Rádio Roquette Pinto.

O tempo passou... A atual Rádio MEC, herdeira da antiga Roquette Pinto, já não é, na celebração dos seus setenta anos, o que dali se reunia nem o que dali se espalhava Brasil afora. O monumental e generoso legado de Roquette Pinto ao Brasil[162] é ali, ainda hoje, sem embargo o convênio firmado com France Inter, inabilmente empregado em emissões que não fazem senão repetir o óbvio (sobre música), quando não ignoram o ouvinte sobrepondo gravações, anunciando equivocadamente o nome das peças e dos compositores, interrompendo concertos com a superposição de "prefixos" e avisos de interesse público, retransmitindo, *ad nauseam*, gravações para datas anteriores, com anúncios de programação natalina quando os tamborins convidam para o Carnaval...

À falta de modelos, por que não buscar exemplo na France Culture e na France Musique, cujo compromisso oficial com a ciência, a literatura, as tradições e as artes do país não as exonera da responsabilidade de divulgar música e cultura, na sua mais vasta acepção?

---

[162] Que digo? Generosíssimo. Pois privou a filha, embora com a sua anuência, da herança que lhe era destinada (Cf. *Revista especial dos 60 anos da Rádio MEC*. ed. Roberto Muggiati, s/ lugar, s/ editora, s/data).

Estamos longe, muito longe desses princípios. A cultura da pobreza, cuja autoridade é incontornável, veicula imaginário próprio. Se impõe ritos, também instrui normas de comportamento. O que desmoraliza e leva a descaminho os mais ardentes defensores da brasilidade. Num matraquear diário, massacrante, consegue transferir para a idolatria do sexo, para o erotismo e para a pornografia, o vigor saudável, a energia e a natural sensibilidade das novas gerações. Se isso não ocorre, a paixão da velocidade, a ânsia da "adrenalina" (de que se fala com *frisson*), o gosto da competição derivam para a Fórmula 1, para o vôlei e para o beisebol, para o futebol — de campo, de praia ou de salão —, para o tênis e para o surfe ou para não importa que rinha de galo ou *pit bull*. Onde quer que se consagre um campeão, emergem, à flor da pele, o preito à virtude ou ao instinto, o sentimento da pátria e a nacionalidade.[163]

---

[163] Vota-se, é certo, preito à virtude (no verdadeiro sentido do termo —*virtus* — a qualidade própria do varão). E isso dá a pensar. Se um Strachey ou um Belloc se debruçassem, passados séculos, sobre a história do nosso tempo, haveriam certamente de defrontar-se, como mostra das alturas a que conduz a depuração da massa humana, com os nomes de alguns heróis brasileiros: Garrincha, Pelé, Ayrton Senna, Ronaldinho, Guga, Fernanda Montenegro, Roberto Carlos, Sílvio Santos... Claro que cairíamos em ridículo se pretendêssemos demonstrar que esses heróis fabricaram a "nossa história". No entanto, bem consideradas as circunstâncias, vê-se que o condicionamento econômico, a própria evolução do povo tanto quanto a sua dependência dramática a tudo que o rodeia desempenharam parte importante nessa seleção. Além do mais, não se pode negar o óbvio: a carência absoluta de um ponto de referência nacional. É o que manipula a *mass media*. Atendidos o impacto, a repercussão e a duração do evento de que deve proceder a figura carismática, "a bola da vez", afeiçoada ao "perfil" e à "expectativa" do público visado, cabe à mídia vincar a grandeza daquilo que emerge do inconsciente coletivo. A opção, chegada a hora, tanto poderá ser pelos campeões das copas de futebol, de tênis, Fórmula 1, como de qualquer outro concurso ou competição, contanto que de "cobertura global" (ou, pelo menos, nacional). É força convir: se o peso da intervenção, no curso da história, dos feitos de líderes políticos, estadistas ou militares nunca se estabelece *a priori* nas avaliações das ciências do homem, tampouco se pode discutir da conveniência ou honorabilidade dessa ou daquela representação. Descobre-se, passado o tempo, que todas elas tiveram um papel a representar. E nem sempre menor. Tomem-se, por exemplo, o caso de Owens, nas Olimpíadas de 36, superiormente consagrador na luta contra o nazismo, ou o de um Nureyev, que infringia, dançando, a tirania soviética, ou, ainda há pouco, o do filme *Central do Brasil*, que teve o poder de fazer-nos esquecer a crise do real e o horror econômico. Investiu-se naquilo que se julgava representativo do "Brasil profundo", portador do imaginário da nossa cultura, capaz de, por si só, impor-se num face a face com o *top of the crop*. Seria, aos olhos do mundo, a revanche do Sul contra o Norte. A reação de todos à concessão do Oscar a *A vida é bela* mostra, à maravilha, que Max Scheller estava certo...

Quando isso não acontece, deriva-se para a exaltação religiosa das seitas que acenam com emprego, com a cura do câncer e da AIDS, com a sorte grande na loteria e no amor...

Até quando? Até quando abusarão da nossa paciência? Até quando o seu furor nos iludirá?

A cultura não é berloque nem ornamento para noite de gala. Tampouco é motivo de orgulho nem de soberba; não exalta, não envilece nem escraviza, mas liberta, infunde complacência, predispõe à modéstia. A cultura é liberdade. O termo investe-se de múltiplas conotações porque abrange, num largo espectro, tradição, hábitos, costumes, todo o patrimônio que se transmite de pai a filho, de geração a geração. "Uma cultura," afirma Bottomore na sua *Introdução à sociologia* (Bs. As., 1967), "é a configuração da conduta aprendida e dos seus resultados, compartilhados e transmitidos pelos membros de uma sociedade." Incluída nessa configuração, a "cultura material" compreende o que se faz, o que se inventa e o que se manipula integrando o universo infinito dos objetos que nos cercam e com os quais nos identificamos porque produtos do meio em que nascemos ou no qual vivemos.

Rendendo-se ao espírito, a matéria se presta à concretização do gesto criador convertendo-se em arte. Operada a metamorfose, "as obras da cultura material expressam uma 'espiritualização da matéria', uma sujeição do elemento material às forças espirituais do homem", dizia João Paulo II, num discurso pronunciado na Unesco.

A "cultura espiritual", cujos resultados se podem ver, ler, ouvir, entender, resolve-se na "materialização do espírito", com vida perene: literatura (livros), música (partituras), pintura (quadros), gravura, arquitetura (monumentos) etc. etc.

Mas cultura são também modos de ser e de pensar, de falar e de perorar, de economizar, de cozinhar, de agir, de cantar, de chorar, de amar, criar os filhos e até defecar, abarcando todo o círculo doméstico, social, econômico e político, bem como o sistema de relações do homem com a natureza e dos homens entre si.

Uma sociedade não sobrevive sem cultura. E à falta desse complexo sistema interativo, cuja seiva circula, vivifica e fortalece os seus elementos, num constante ir e vir entre a matéria e o espírito, a inteligência e as habilidades manuais, o talento e a capacidade inventiva, a vontade, ociosa, apega-se ao que encontra. E, atendendo à lei do menor esforço, busca a facilidade do rasteiro, do epidérmico, de tudo que brilha e desperta cobiça, o lixo que vem de fora e aquele que também se produz *intra muros*. O resultado está aí, espampanante, aos nossos olhos.

Dispensam-se explicações. Abra-se um jornal, ouça-se o noticiário do rádio e da televisão, escute-se um *rap*. As novelas, que fazem as delícias de milhões de espectadores (as classes todas confundidas), oferecem-nos o modelo escarrado do que é a colcha de retalhos da "cultura nacional". Depois disso, veja-se um programa de auditório. E basta.

Resta a fé. Onde situá-la? No documento elaborado pela Conferência de Puebla, em 28 de agosto de 1979, encontra-se a melhor definição para o que não é e o que é a fé: "A fé não faz parte da cultura. Não pertence a nenhuma cultura. Mas não pode expressar-se senão dentro de uma cultura, por uma inserção que significa a constante renovação e transformação evangélica da cultura" (Puebla, 395).

Donde se infere...

A POBREZA: DO VERBO À IMAGEM. JOÃO ANTÔNIO. A FOTOGRAFIA

> *"Os miseráveis, os rotos
> são as flores dos esgotos."*
> (Cruz e Sousa, "Litania dos pobres")

À míngua de mudança, passemos da cultura da pobreza à pobreza que se expressa em palavras e imagens, na ficção literária e na fotografia: a pobreza captada pelo olhar do escritor e do fotógrafo — a pobreza na cultura.

Haverá, entre nós, uma literatura que bem a expresse e represente? Não penso em memórias, testemunhos, diários ou documentos, à maneira de *Quarto de despejo*, o *bestseller* da década de 60, de Carolina Maria de Jesus, mas de texto com estilo próprio, da autoria de quem tem o saber de ciência e experiências feito.

Salvo melhor juízo, difícil será apontar um autor contemporâneo, de prosa requintada, se bem que popular, que melhor se alinhe neste acervo da pobreza que João Antônio, o autor do clássico *Malagueta, perus e bacanaço*. Não podemos aproximar-nos do cotidiano de ternura, aspereza e sofrimento das suas personagens sem um descortino da literatura proletária — escrita por operários, e da literatura popular — de autores cultos. Porque tudo está aí, nesse clássico. Todos os percalços e todas as conquistas do gênero, que se mimetiza com o meio, que sorve e absorve o ambiente para transmiti-lo no sentimento, nas emoções, nos gestos e no boleio das frases num tom tão afinado que torna o autor parente, senão pai, do mendigo, da prostituta, do jogador de sinuca, do malandro, do ladrão, do meninão do caixote.

Mas tal mestria não se alcança no taco, nem no tapete verde. O *mester de juglaría*, tanto como na Idade Média, exige, de quem o pratica, zelo, conhecimento e domínio da língua. Aqueles mesmos que fazem literatura popular, e cantam e decantam as maravilhas da "língua certa do povo, da língua errada do povo", elogiando-lhe as limitações, têm, da língua, conhecimento amplo e exato. A exemplo do escritor argentino Roberto Arlt (1900-1942), não conversam sobre literatura, mas escrevem, em orgulhosa solidão, livros que encerram a violência de um direto na mandíbula.

Porque falar do povo, sentir com o povo, solidarizar-se com a miséria do povo e conseguir transmitir o que se sente na solidão do verbo, longe dos comícios e concentrações, é golpe de mestre. E leva a *nocaute* o leitor desprevenido, acostumado às blandícias da literatura de salão.

Malagueta, perus e bacanaço realizou, na literatura brasileira, esse *nocaute*. Classificam-no, por isso, um clássico: clássico do conto brasileiro.[164] Mais de trinta anos após o seu lançamento, o livro mantém o viço da criação: no estilo verde, no ritmo inimitável, na verossimilhança dos tipos — com que ainda nos deparamos, nas esquinas da Lapa, em São Paulo, no Largo da Carioca, no Rio, na rua dos Guaicurus ou entre Santos Dumont e Paraná, em Belo Horizonte. É o mundo da picardia e da insolência — da literatura picaresca, em que a fome pontifica —, da crueldade, do roubo e da prostituição — da literatura proletária e da má vida —, mas, também, da ternura — à *Lazarillo de Tormes*, à Charles-Louis Philippe — em *Bubu de Montparnasse*, à Roberto Arlt — em *Los monstruos*.

Num guisado seu, característico, de léxico e de ritmo, João Antônio juntou um pouco dos condimentos que se encontram aqui-ali, nos becos das pornéias, nos botecos pé-sujo, nos *rendez-vous* ou casas de encontro. E o resultado foi esse. Singular.

---

[164] Isto é, obra de autor clássico, o que João Antônio não é. Mas clássico significa, também, para ler em classe, ou ser adotado em classe. Aí, sim, o adjetivo lhe cai como luva: os anos passados nas mãos dos estudantes, de escola em escola, vêm provando que se tornou, de fato, um clássico. Guardadas as peculiaridades de gênero e de época, o seu livro seria também clássico na acepção de obra de arte que alcança a posteridade como modelo, exemplo para as futuras gerações.

À imitação da literatura picaresca, o pão marca presença na boca e na pele de suas personagens. A luta pelo dinheiro é a luta pelo pão. Sempre o pão. Até na fome que se procura enganar quando falta o pão. As alegrias, raras, bem depressa desaparecem. Precocemente amadurecidos, os meninos e adolescentes do mundo-cão, escancarado à nossa vista pelo escritor, não têm infância nem adolescência. Vivendo entre adultos, suas virtudes e vícios não destoam do meio. A paixão do jogo, o risco, o tudo ou nada, o eterno recomeçar projetam-lhes nos olhos e na alma a insatisfação e a gana que nem idade têm: é sofreguidão animal, instinto apenas, milenar. Só a ternura, escondida, latente, denuncia-lhes a ingenuidade, a inocência intacta. Coisa de segundos.

A história dessas vidas de tão pouco preço põe à mostra a ignorância, a inconseqüência e a inconsciência da sociedade que os marginaliza. Àqueles que os descrevem como invasores, saídos do lixo e dos esgotos, em bandos que arrastam, atropelam e assaltam, os meninos de *Malagueta, perus e bacanaço* ensinam humanidade. João Antônio desvela-nos, ao modo do pintor Antonio Veronese, que trabalha com pequenos delinqüentes, a sua face humana, a face do medo, a face do pobre que desconhecemos e não aprendemos a amar.[165]

Tanto pelo que insinua quanto pelo que diz, nos retratos que pinta, sem retoques e sem alegorias, João Antônio praticou, com habilidade de mestre, literatura de tema e intenção populares. Com astúcias de estilista e conhecedor da língua, dedicou-se, desde o seu primeiro livro, à pintura de um grande afresco — rigoroso e exato, da classe dos excluídos.[166] Não fez

---

[165] O pintor Antonio Veronese vem dando o melhor de si num trabalho excepcional em favor da dignidade e do amor-próprio das crianças abandonadas e meninos de rua no Rio de Janeiro. A exemplo do que também faz, há algum tempo, a artista plástica Yvonne Bezerra de Mello, é da arte que Veronese se socorre para motivar os jovens indigentes. Já realizou trinta e duas exposições sobre o tema do medo no Brasil e no exterior: seiscentos rostos sobre papel — "As faces do medo" (a última exposição, cuja abertura ocorreu em 3 de dezembro de 1998, foi feita no Museu Nacional de Belas Artes, RJ).

[166] Ao ler João Antônio, o primeiro autor que me vem à lembrança é Restif de la Bretonne (1734-1806). Saído do povo, julgava-se o único a conhecê-lo porque se misturara com ele. Taine considerava-o "o grande escritor das ruas e o maior conhecedor do *petit peuple* " — o *zé-povinho*. Aqueles que se interessam pela literatura popular encontrarão nas suas *Nuits de Paris* um quadro vivaz do lumpesinato do Setecentos:

cultura da pobreza; fez cultura, *tout court*. Que seria de muito especial socorro aos ricos, indigentes de espírito.

Como espero que dêem motivo para reflexão os versos do senegalês Ibrahima-Konaté, conhecido como *Ibé*, de onze anos, morador de rua em Dakar.

> *"Vou contar minha história, dizer como me tornei menino de rua. Vou fazer isso*
> *mas não quero que ninguém zombe de mim*
> *nem que tenha pena de mim.*
> *Não se pode mentir.*
> *Um menino não tem nada a fazer na rua*
> *sofrer o que sofre*
> *fazer tantas besteiras como faz.*
> *Se a gente está aqui e fica aqui*
> *é porque os outros fazem tudo para não*
> *estar no nosso lugar.*
> *Eu aprendi que a solidariedade*
> *não existe, e aceito isso.*
> *A cada qual, a sua merda, de acordo.*
> *Mas também não precisa exagerar.*
> *Quem não me olha*
> *eu não o vejo e assim ficamos quites*
> *mas quem ri de mim*
> *é um filho-da-puta e se eu o vejo eu o insulto.*
> *E quem chora sobre mim*
> *esse então eu detesto.*
> *Se eu posso, se tenho ocasião,*
> *arrebento-lhe o crânio com uma pedra.*
> *Porque eu, eu assumo o meu destino, eu sobrevivo. Não é fácil.*
> *Mas estou aqui.*
> *Eu vivo, eu penso, dou meu jeito, eu me mexo*
> *sozinho.*
> *Me orgulho disso.*
> *Quem vive no bem-bom*

---

pequenos malfeitores, garis, comerciantes de roupas usadas, agiotas, lavadeiras, marceneiros, o pequeno mundo que vegeta à sombra dos ricos e que se alimenta das migalhas da sociedade.

e não sabe o que é suar todos os dias que Deus dá
para descobrir uma maneira de comer
de dormir,
de defender o seu cu
de esconder os sapatos
escapar da polícia, dos tiras
e o que fazer para não morrer se cair doente,
esse aí
eu não quero que ele se engrace chorando no meu ombro
ele, que tem duas camas
duas calças,
dois pares de sapatos
duas colheres
dois peixes
dois mil francos,
se ele quiser chorar que chore sobre ele mesmo
porque eu, eu queria mesmo é
que me conhecessem
e que dissessem
esse menino é gente."[167]

Depois de tão candente confidência, nada mais resta a dizer. Só a retratar. Porque a imagem, dizem, vale por mil palavras.

Senão, vejamos.

Entre novembro e dezembro de 1997, quatro publicações de editoras francesas e duas exposições de fotografia realizadas em Paris abordaram, cada qual com a sua perspectiva e sua visão do tema, a questão dos "sem-teto" (SDF, ou sem-domicílio fixo, como são chamados na França). O interesse pelos pobres (que culminaria com a pesquisa de Bourdieu, já mencionada, e com a encenação da *Miséria do mundo*) ganharia as salas de aula, os debates públicos e as discussões do parlamento, e daí passando à rua, nas objetivas dos fotógrafos, no início da década de 90. Diante da omissão do

---

[167] O poema de Ibrahima-Konaté, *Ibé*, foi incluído numa exposição organizada por um grupo de jovens franceses que se ocupam da educação e reinserção social de crianças de rua em Dakar (exposição realizada na galeria de Pintura "Alain Oudin", 47, rua Quincampoix, 4ème, em outubro de 1998. Tradução da A.).

poder público, que buscam fotógrafos, artistas e professores? Denunciar o escândalo da exclusão com vista a modificar o *statu quo*. A história da fotografia tem farta precedência no gênero: o formidável arquivo de Jacob Riis sobre a miséria em Nova Iorque, na volta do século passado; o olhar de Marc Pataut, dirigido à criação de uma forma de vida pelos excluídos; o livro-testemunho de René Taesch, antigo sem-teto.

Na década de 80, só os jornais adquiriam esses trabalhos para ilustração de reportagens. Depois, com muito tato, os fotógrafos começaram a incorporar aos seus *flashes* o que constituía, desde a Idade Média, tema comum à pintura, à gravura, à escultura: a pobreza, os pobres, a mendicância, os mendigos. Diante da indignação que passou a contagiar novos segmentos da sociedade, além daqueles tradicionalmente dedicados à benemerência e às obras pias, os fotógrafos sentiram que era chegada a hora da fotografia engajada: pegaram as câmeras e saíram em campo. O mais curioso é que nenhum deles (cujas fotografias foram expostas em Paris) transferiu à tecnologia a responsabilidade do ofício.

Quer dizer, assumem o comando do clique e não se omitem: reproduzem o real, mas reproduzem-no opinando. Como? De alcatéia, em ângulo propício, põem-se à espera. E só captam a imagem quando a luz, o sujeito, a cena se ajustam à idéia que se fazem da pobreza, do desamparo, do intolerável. Não há, portanto, olhar ingênuo. Nada é gratuito.

A magnífica reprodução em edição de arte da série *Terra*, de Sebastião Salgado, incutiu-se de expressão política após exposição no Brasil. Sabiamente explorado pelo Movimento dos Sem-Terra, cujo padrinho era nada menos que um Nobel de Literatura, o escritor José Saramago, o documento fotográfico de Salgado correria o mundo, transformando a imagem em problema de consciência.

No caso dos excluídos, nota-se que a primeira intenção é a da denúncia. A fotografia institui o olhar comprometido. Acusa-se a sociedade, o Estado, de não oferecer a todos os cidadãos o *habitat* a que um certo número de pessoas, no Ocidente, tem acesso. O que implica, também, um juízo: existe uma forma política e socialmente correta de morar (e que não é a que se vê na mostra). Num momento posterior, muda-se a perspectiva: foca-se o indivíduo no seu casulo, ninho, toca, covil. Que é que se descobre? Que o homem reencontra, sempre, a posição fetal. E que somos, quando em desabrigo, seres muito mais geográficos, situados no espaço, que seres históricos, dominados pela ansiedade de situar-nos no tempo, que nos foge, irremediavelmente.

Em arrepio à evidência constatada pelo fotógrafo, e congelada pela câmera, o que vi ali, isto é, o inintencional (sempre expresso à revelia do autor), acabou por convencer-me de que, domiciliado ou sem-domicílio, ninguém é livre. Nômade ou andarilho, o homem busca estado, instala-se; se gregário, junta a essa dependência a servidão ao tempo (pouco ou raramente padecida pelo SDF ou ST).[168]

Embora se fuja à exemplaridade, nota-se que os fotógrafos não se comprazem na caricatura, na falta de respeito ao Outro. Entre todos esses gritos visuais de alerta, chama a atenção a descoberta de um *modus vivendi* que prenuncia criação aleatória, alheia ao conceito generalizado de *habitat* mas que representa, de fato, a opção por um "estado", uma ubicação, mais exatamente.

A coleção do dinamarquês Jacob Riis (1849-1914), que emigrou para os Estados Unidos, é das que ferem os nervos da repulsa e obrigam o contemplador a dizer "Isso não pode continuar!" Sua denúncia não se limita à iconografia individualizada dos sem-teto. Riis documenta a miséria que se abriga sob a proteção oficial do Estado ou à expensa de sociedades particulares destinadas aos pobres — cantinas, asilos, escolas; detém-se diante do trabalho infantil, visita oficinas clandestinas, onde se acotovela a mão-de-obra escrava (imigrantes sem visto de permanência). Abarca todo o espaço urbano ...

E não se contentou, ao longo de suas andanças, em registrar e divulgar dados estatísticos e projetos de urbanização

---

[168] Nossa tragédia reside nessa contradição, a procura do Ser no Estar, no desejo frustrado de instalar-nos definitivamente, nesse ou naquele estado, mas o ontem, sempre, no relógio do tempo... Então, a liberdade também é um mito. E dos mais caros ao homem. Que fazer, se é o escravo quem mais suspira por ela? "Talvez nenhuma liberdade aguarde / ao ser que nasce da vida escravo. / Servidão do homem e da besta, / do vento solto e do feixe de lenha" (Juana de Ibarbourou). A poetisa tinha razão.

em conferências e exposições; também escreveu prolixamente sobre o que julgava ser a chaga do capitalismo americano: o abandono dos miseráveis à própria sorte.

Publicado em 1890, o seu livro, *How the other half lives*, despertaria especial interesse no candidato à Casa Branca, Theodore Roosevelt. Sensibilizado, declarou-lhe: "Li o seu livro e irei em auxílio dessa gente." E inspirou-se nas suas ilustrações, para planejar a plataforma das reformas sociais da sua campanha, que consistiria, à vista da amostragem de Riis, na demolição de quarteirões inteiros a fim de iniciar, sob nova política, a implantação do "modelo americano de desenvolvimento".

A série de René Taesch, *Retrato de grupo antes de demolição*, acompanha-se de um texto do escritor Robert Desnos. Consta de fotografias sem retoque e sem pieguismo, providas de informações sobre a rotina dos SDF: uma espécie de antijornalismo, tamanho o sentido da realidade que Taesch imprime ao cotidiano dos seus antigos companheiros de rua.

Sébastien Godefroy, que trabalhou e residiu durante algum tempo numa comunidade dos Irmãos de Emaus, buscou distanciar-se do tema para não comprometer a colagem dos vários quadros da vida dos hóspedes do lar de Près-Saint-Gervais: drogados, viciados, moradores de rua e mendigos, recuperados pelas obras de assistência social do Abbé Pierre. Não obstante, suas fotografias revelam mais, muito mais do que escondem.

O alvo de Marc Pataut, tanto como o resultado da sua experiência da pobreza, pouco tem a ver com os dos demais expositores. Durante dois anos, o fotógrafo conviveu com os ocupantes de uma grande área de Saint-Denis, destinada à construção do futuro estádio da Copa do Mundo de 98. A série em preto e branco, apresentada à Documenta de Kassel (1997), divulga um documento excepcional acerca da opção de domicílio. O resultado da fineza do seu olhar — *Não dobrar, Le Cornillon* — mostra que os miseráveis cumprem os ritos sociais e são capazes de criar uma forma de vida solidária, civilizada, num pequeno universo de onde nem o riso nem os momentos de felicidade são banidos. Não se trata, é certo, de modelo a imitar, mas ensina.

Visão política, antes que social, patenteia a existência de uma ordenação da cidade, ao gosto do cidadão e à revelia do controle administrativo e policial do uso do solo. Traz, em corolário, desmentido espontâneo às teorias sobre habitação e planejamento urbano. Alheios a qualquer ditame político, ignoram, todos, a tirania do tempo. Como os lírios do campo e as avezinhas do céu, ninguém se preocupa com o amanhã, embora cientes da interinidade da ocupação do espaço. O que vem corroborar o que já me chamava a atenção: o homem não se furta a tomar residência. Ordena o caos, se necessário, desmata e incendeia a Amazônia, desmonta monumentos e catedrais, subtraindo-lhes as pedras, cava covis nas montanhas e nos socavões, aterra lagoas, drena pântanos, constrói a sua morada e, no sétimo dia, descansa. Ainda que, entre sol e lua, se deite e durma. Até num banco de parada de ônibus (a evitar, absolutamente, quando em território bárbaro, destinado a atividades lúdicas de jovens entediados).

Nota bene: Documentos fotográficos

Além da primorosa, e premiada, série brasileira *Terra*, de Sebastião Salgado, consultar:

Bachelet, Bruno, *Dehors, un visage pour les sans-abri*. Préface de Michel Tournier. Paris, Musées, 1997.

Jacob Riis, Préface de Leslie Nolan. Paris, Nathan, Photo Poche nº 72, 1997.

Pataut, Marc, *Ne pas plier, Le Cornillon*. Textes de Ghislaine Dunan et Jean-François Chevrier. Ivry-sur-Seine, Association Ne pas plier, 1997.

Taesch, René et Robert, Desnos, *Portrait de groupe avant démolition*. Paris, Stock, 1997.

A IGREJA. "DAI E VOS SERÁ DADO." A ECONOMIA DE COMUNHÃO. A COMUNIDADE SOLIDÁRIA. O "FOME ZERO". A ECONOMIA FEMININA

Concluído, a vôo de corvo, o périplo da pobreza, não é necessário insistir na relevância do papel desempenhado pela Igreja Católica na luta pela justiça social. Embora se reconheça que nem tudo foi trigo, e que o joio muita vez tentasse sufocá-lo, a messe foi copiosa. Desde o Papa Benedito XIV, no século XVIII, o Vaticano se opõe às doutrinas econômicas que favorecem a produção, o dinheiro, em detrimento da ética do trabalho e dos direitos do trabalhador. Ao deparar, no século XIX, com a figura de Leão XIII, que exige do Estado a defesa dos operários e pronuncia-se pelo seu direito associativo, entendemos por que Ferdinand Brunetière (1849-1906), professor da Sorbonne e da Escola Normal Superior, agnóstico, darwinista, todo ferro e todo fogo, se converte da noite para o dia em soldado do Papa e passa a replicar a quantos o interpelam: "Aquilo em que eu acredito, ide perguntá-lo a Roma!"[169]

Sucessor de Pio IX, Leão XIII (1810-1903) imprimiria ao seu pontificado caráter eminentemente social. Dando seqüência às duras considerações expressas pelo seu antecessor na encíclica *Syllabus* (1864), sobre o mundo moderno, publica

---

[169] Livre-pensador, suas convicções seriam abaladas depois de uma visita ao Vaticano. Explica a sua evolução até o catolicismo num artigo que causaria polêmica, *Après une visite au Vatican* (1895). A propósito dessa nova orientação religiosa, leiam-se: *Sur les chemins de la croyance* (1904), *Lettres de combat* e *Discours de combat* (póstumos).

várias encíclicas acerca dos desvios éticos da sociedade; a de maior ressonância, e cujos princípios continuariam a inspirar os movimentos cristãos de renovação social no século XX, foi a *Rerum Novarum* (1891), a "Magna Carta da Doutrina Católica", como costumam chamá-la.

Deve-se a Leão XIII o *insight* econômico das relações entre o homem e o trabalho e que levaria, muito curiosamente, a uma lúcida reflexão sobre o passado da cristandade. Ao mesmo tempo em que reflete sobre a condição operária, a sua Carta Magna conclama à instauração de uma ordem social cristã, "muito antiga e muito moderna, audaz, cosmopolita", poderíamos dizer, repetindo Darío, o poeta.

Um olho no tempo perdido, e outro no futuro, a *Rerum Novarum* sugere a criação de um seguro contra a pobreza e contra a doença (os nossos atuais, e sempre precários, embora bem-intencionados, seguro-desemprego, seguro-invalidez, pensão, aposentadoria e mais benefícios previstos pelos estatutos da Previdência Social). Leão XIII pede aos Estados "que se precavenham, de modo muito especial, para que nunca falte trabalho ao operário e que ele tenha um fundo de reserva destinado a enfrentar não apenas acidentes súbitos e fortuitos, inseparáveis do trabalho industrial, mas, também, a doença, a velhice e os golpes da sorte".

Admitindo a responsabilidade social do proprietário e do patrão, a encíclica fala diretamente "aos ricos e aos patrões". Sentencia: "Não podem tratar o operário como escravo; nele se deve respeitar a dignidade do homem, acrescida da dignidade do cristão. Longe de ser motivo de vergonha, o trabalho braçal [...] honra o homem."

Para escândalo dos donos do mundo, e também dos intelectuais conservadores, manifestou-se a favor do direito de associação dos operários com vista à defesa de suas justas reivindicações. Contra o pensamento liberal, patrocinou a tese da intervenção econômica e social do Estado sempre que se atentasse contra os direitos dos cidadãos. Tudo muito antigo, é fato, se pensarmos em Santo Ambrósio, em São Basílio, mesmo em Vives, mas tudo muito moderno e alarmante, até aos olhos da economia industrial de fim de século, de servidão à máquina e exploração da mão-de-obra. Os reclamos de Leão XIII ganhariam dimensões de inexcedível audácia.

À luz de suas lições, e à vista das reações suscitadas, os pensadores e teólogos do século XX descobriram que as injustiças sociais, fossem as da idade feudal ou as do mercantilismo, fossem as da era industrial, vinham sempre à cola da economia, sujeitando-se a todos os avatares da evolução do pensamento econômico, alienado a doutrinas abstratas, inteiramente alheias ao destino do homem, aos seus direitos e necessidades. Desmitificou-se, mercê de suas palavras, o antagonismo entre a riqueza e a pobreza, meros conceitos que os economistas manipulam a seu prazer no benefício da política social vigente. Evidenciou-se a má-fé do liberalismo capitalista, que via na intromissão do Estado um entrave aos contratos de trabalho.

"A autoridade pública deve tomar medidas necessárias para defender e salvaguardar a classe operária. Se falta a essa obrigação, viola a estrita justiça que quer que a cada um seja dado o que lhe é devido", dita a encíclica.

Fortalecidas pela sua autoridade, algumas lideranças sociais da Igreja passaram à ação, encarecendo a urgência do resgate das mensagens dos Evangelhos e do apostolado dos primeiros tempos, no combate sem quartel ao poder econômico, ao dinheiro e aos que dele faziam meio de vida.

Pouco mais de um século nos separa da *Rerum Novarum*. Em que pese sua força intrínseca, de verdadeiro *turning point* na história das doutrinas sociais da Igreja, a encíclica vigorosa de Leão XIII não conseguiu mudar a face do mundo. A batalha continua. E trava-se, ainda hoje, no mesmo campo. Com os mesmos soldados. E os mesmos agressores. Em 1931, por ocasião da comemoração dos quarenta anos da sua promulgação, Pio XI publicaria a *Quadragesimo Anno*, de crítica severa aos vícios do capitalismo. Como o socialismo deixara de ser ideologia para converter-se em base de um sistema de dimensão monolítica e fronteiras em constante movimento, o Ocidente assistia ao formidável entrechoque do fascismo e do nazismo, forças míticas, ambas, e desintegradoras. Por outro lado, a opção pela democracia liberal significava endosso às injustiças do capitalismo (o diabo que já se conhecia). Regido pela economia individualista, o Estado favorecia os detentores do capital em detrimento do operariado, condenado à perpétua pobreza e a uma vida miserável.

Que faz Pio XI? Esquiva-se ao paternalismo *buona gente* do *duce* Mussolini. Denuncia-lhe a falácia apontando a intromissão burocrática e política do Estado, inibidora e opressora, na vida do cidadão.

Deixou-nos Pio XI uma das primeiras, senão a primeira e mais percuciente análise dos riscos da dominação do mundo pelo poder econômico, herança cruel dos princípios liberais de Manchester. Denuncia: "É coisa manifesta que em nossos tempos não só se amontoam riquezas, mas se acumulam um poder imenso e um verdadeiro despotismo econômico nas mãos de poucos, que as mais das vezes não são senhores, mas simples depositários e administradores de capitais alheios, com que negociam a seu talante."[170]

Enquanto rechaça as pressões totalitárias, empenha-se na busca de um modelo independente, o corporatismo cristão, imune aos equívocos do individualismo liberal e à tirania do Estado soviético.[171] Responde aos ataques do fascismo italiano com a encíclica *Non abbiamo bisogno* (29/06/1931) e ao nazismo e ao comunismo com *Mit Brennender Sorge* (14/03/1937) e *Divini Redemptoris* (19/03/1937).

Sucessor de Pio XI, com quem se identificava, e muito próximo das idéias sociais de Leão XIII, João XXIII redigiu duas das mais belas encíclicas do século XX: *Mater et Magistra* (15/05/1961) e *Pacem in terris* (11/04/1963). Foi o Papa da paz e da concórdia. Pastor santo, humilde e bonachão, amou e foi amado pelo seu rebanho. Rompendo com a tradição da clausura pontifical, viajou de trem, visitou paróquias, penitenciárias e hospitais, convocou os mendigos da cidade para o Lava-pés da Semana da Paixão, incumbindo-se ele próprio do

---

[170] *Quadragesimo Anno* (*Apud* Fernando Bastos de Ávila, SJ, *Pequena Enciclopédia de Doutrina Social da Igreja*. São Paulo, Ed. Loyola, 1991, p. 376- 378).

[171] Se bem que inspirado na liberdade e na livre associação dos seus membros, o corporatismo cristão de Pio XI foi confundido, em virtude da coincidência circunstancial, de tempo e lugar, com o corporatismo fascista, o que o condenou, e com infâmia, ao inferno das boas intenções.

ritual litúrgico. Depois de liberar o chefe da Igreja da limitação geográfica do seu minúsculo Estado, lançou as bases para a mais profunda reforma, desde o Concílio de Trento à convocação de um concílio ecumênico, o Vaticano II, reunido em Roma em 11 de outubro de 1962. Hannah Arendt, judia e agnóstica, deu-lhe prova de especial estima num ensaio consagrador.

Comemorativa do septuagésimo aniversário da *Rerum Novarum*, a *Mater et Magistra* aborda pela primeira vez, num tratado oficial, o tema do subdesenvolvimento. Nada é esquecido. Da produção de bens e sua repartição equânime à ganância dos ricos que exploram em seu proveito a debilidade dos pobres, instaurando, sob capa filantrópica, uma nova forma de colonialismo. Não restringe a censura à ética individual, ao ricaço inescrupuloso, que se prevalece da ignorância do pobre; admoesta as nações ricas, despertando-as para a necessidade de fazer avançar, "simultaneamente, o desenvolvimento econômico e o progresso social". Não se descura, porém, da justa ordenação dos benefícios. Ao atribuir a primazia aos bens do espírito, desprestigiados nos países desenvolvidos que sobrestimam o bem-estar material, denuncia a visão equivocada de falsas necessidades, difundidas, tendenciosamente, pela publicidade ostensiva e sedutora.

Homem do campo, de modesta família do interior, João XXIII mostra que, abandonados à própria sorte, os camponeses são os marginais da sociedade industrial. O êxodo para a periferia urbana nada mais reflete que a depressão do setor, "tanto no que respeita ao índice de produtividade do trabalho como ao nível de vida das populações rurais".

A *Pacem in terris*, vista como o testamento do Papa, falecido pouco tempo após a sua promulgação, apresenta-se como tentativa evangélica de abrangência universal dos direitos humanos. Ao vincular direitos a deveres, evidencia-se a estreita dependência desses compromissos na esfera social e política. Fugindo à alienação do liberalismo clássico, que pregava a individualização dos direitos das gentes, João XXIII interessa-se pelas associações, pelas comunidades nacionais e internacionais, defende a solidariedade, sob as mais variadas manifestações fraternas.

Decidido a ampliar o domínio dos direitos do homem, assimila à sua carta os direitos sociais e as liberdades públicas: "o direito à existência, à integridade corporal, aos meios necessários para um nível decoroso de vida, que são, principalmente, a roupa, a moradia, o descanso, a assistência médica e, finalmente, os serviços indispensáveis que cada qual deve prestar ao Estado. Do que se depreende que o homem possui também o direito ao seguro pessoal em caso de doença, invalidez, viuvez, velhice, licença e, por último, qualquer outra eventualidade que o prive, involuntariamente, dos meios necessários para o seu sustento". Além de referir-se ao direito à reputação, à liberdade como um todo, "desde que dentro dos limites da ordem moral e do bem comum", estende o conceito de liberdade ao direito de expressar-se e ao "de receber informação objetiva sobre os atos públicos", de ir e vir a seu gosto, e de conservar ou mudar de residência, de tomar parte ativa na vida da nação. Nem o direito ao trabalho nem o de associação e reunião como o da prática da fé são esquecidos. Na família, sublinha-se a igualdade de direitos entre o homem e a mulher.

Se há quem deplore algum lapso da parte do autor da *Pacem in terris*, não há o de que desesperar: Paulo VI compensaria, temerariamente, qualquer esquecimento. Se a *Populorum Progressio*, de 26 de março de 1967, foi redigida com o intuito de surpreender, podemos divulgá-la sem receio: o Papa cumpriu o seu propósito. A sua publicação no *Osservatore Romano* suscitou reações contundentes e inesperadas: enquanto o *Wall Street Journal* lhe recriminava a vocação marxista, a Agência Tass, avisada, julgava de bom-tom permitir à imprensa soviética a reprodução de alguns dos seus trechos.

Inquieta-se o capitalismo. Suas sentinelas e patrulhas ideológicas debruçam-se com lupas e caprichos de ourivesaria sobre cada uma das linhas e entrelinhas da *Populorum Progressio*. Sentindo-se ameaçados por revoluções, guerrilhas e mais conspiratas do "povo de Deus", a imprensa do então chamado "mundo livre" passa ao ataque. Por pouco não pespegam ao autor da encíclica o título de Papa vermelho.[172]

---

[172] Tal como procederam na França ao apelidar Simone Weil, ardente defensora dos operários, "A virgem vermelha do Puy" (Puy é o nome da cidade onde lecionava).

Justamente porque se decidira a tomar posição ante o problema do subdesenvolvimento, o gesto destemido de Paulo VI foi interpretado como adesão ao socialismo. E isso durante a guerra fria... Acontece que o Papa pontificava. Alheio à repercussão "desastrosa", "desastrosa e dolosa", de suas palavras que, imaginava-se, seriam manipuladas pela URSS contra todo o Ocidente, não só parte em defesa dos seus pontos de vista como se solidariza com os povos marginalizados pela economia capitalista.

Arrimado no uso e gozo dos seus poderes, o chefe da cristandade houve por bem "obedecer à mensagem evangélica que obriga a Igreja a colocar-se a serviço dos homens para ajudá-los a captar todas as dimensões deste grave problema |do pleno desenvolvimento| e convencê-los da urgência de uma ação solidária nesta mudança decisiva da história da humanidade".[173]

Nada mais natural. Determinado a assumir, como cristão, a causa da pobreza, exorta e "interpela a consciência das nações prósperas". À luz do Evangelho, toma a sua cruz e aponta o caminho. Por que a murmuração? Quem não está com ele está contra ele, poderíamos dizer.

A par das queixas dos países subdesenvolvidos aos contratos leoninos firmados com o FMI (criado em julho de 1944, durante a Conferência de Bretton Woods, em New Hampshire), Paulo VI propõe, na *Populorum Progressio*, a instituição de um novo fundo mundial, destinado ao combate à miséria. Sugere que o seu capital se constitua mediante contribuição de 1% dos gastos armamentistas das grandes nações. Sua proposta, é fácil supor, não despertaria qualquer interesse nos meios financeiros nem, tampouco, nas entidades filantrópicas.[174]

Numa inconfessável má vontade para com o Papa e contra os seus argumentos, deflagra-se contra a encíclica uma verdadeira campanha de contestação da parte de gente cheia de

---
[173] *Populorum Progressio* (*apud* Apenso, lugar cit., s/p).
[174] João Paulo II refrescaria a memória dos países membros da ONU, num discurso ali pronunciado em 25 de agosto de 1980, insistindo na necessidade de um banco que se ocupasse, sem fins lucrativos, da ajuda à pobreza. Mas suas palavras também caíram em ouvidos moucos.

brios, a quem incomodavam as reflexões do texto pontifício. Compete, por isso, reiterar a propriedade com que aí se destaca cada uma das áreas de atrito entre o capital e o trabalho, numa bem-caracterizada amostragem da condição dos pobres e dos ricos. Não há como negar: estamos diante de um documento atual, e de atualíssima conveniência. Atento, já em 1967, à mundialização dos problemas que afligem os povos, o Papa não se detém na consideração das disputas sociais ou sindicais, de caráter regional ou nacional:[175] descortina a paisagem que foi, deveras, a dominante do século, sinaliza disparidades entre as nações e os continentes, fala da explosão demográfica e dos riscos da contaminação universal da desgraça.

Numa reserva prudente, exorta: "Ainda que fossem consideráveis, seriam ilusórios os esforços feitos para ajudar, no plano financeiro e técnico, os países em via de desenvolvimento, se os resultados fossem parcialmente anulados pelo jogo das relações comerciais entre países ricos e países pobres. A confiança destes últimos ficaria abalada se tivessem a impressão de que uma das mãos tira o que a outra lhe dá."

Rastilho de pólvora que levará, fatalmente, à violência, à insurreição, ao totalitarismo, a miséria comparece como a anunciadora de males maiores e como sinal de alerta: "Dignem-se ouvir-nos os responsáveis, antes que se torne demasiado tarde."[176]

Para o octogésimo aniversário da *Rerum Novarum*, Paulo VI escreveria a Carta Apostólica ao Cardeal Mauricio Roy, presidente do Conselho de Leigos e da Comissão Pontifícia Justiça e Paz: a *Octogesima Adveniens* (1971). Numa sábia e humilde proposição, o Pontífice renuncia à imposição de modelos de comportamento em questões locais, transferindo às comunidades cristãs a responsabilidade da opção: "A essas comunidades cristãs incumbe discernir com a ajuda do Espírito Santo, em comunhão com os bispos responsáveis e em diálogo com outros

---

[175] Embora ainda envolvessem todas as classes. Não se pode esquecer que os Estados Unidos enfrentavam a oposição à guerra no Vietnam e que a Universidade de Berkeley já iniciara as manifestações que culmirariam, em 68, com a revolução estudantil na França, importada do *campus* universitário onde Marcuse ditava suas aulas de rebeldia.
[176] *Populorum Progressio* (*apud* Apenso, lugar cit. , s/p, as duas últimas citações).

irmãos cristãos e com os homens de boa vontade, as opções e compromissos que convenha tomar para que se efetivem as transformações sociais, políticas e econômicas que se mostrem necessárias, com urgência, em não poucas coisas."

Para aprender a agir e a dirigir a própria vida, compete a esses cristãos o aprendizado da escolha. Vale dizer, o mais saudável exercício da vontade. Árduo, talvez, mas de experiência imprescindível. Trata-se da concessão da liberdade para estimular e amadurecer o discernimento. O apelo de Paulo VI recebe pronta acolhida nas mais distantes comunidades de base. Nenhuma delas se furta a dar continuidade ao processo de opção de vida e de trabalho. Na América Latina, essas comunidades representaram, e ainda representam, papel fundamental na formação e instrução do povo de Deus (embora se exponham à sanha das oligarquias locais).

A *Octogesima Adveniens* comporta ainda uma novidade: a da defesa do meio ambiente. Paulo VI acusa a violência predatória da cultura de consumo, tão nociva à qualidade da vida. Diz a carta: "Por causa da exploração irracional da natureza, [o homem] corre o risco de destruí-la e de passar a ser, também ele, vítima dessa degradação."

Não se pode esquecer que a iniciativa de Paulo VI, de ampliar e internacionalizar o Colégio Cardinalício, foi causa determinante da eleição, em 1978, de Karol Wojtyla, o que não ocorria há 450 anos. O aumento da representação estrangeira, constituída de cardeais oriundos de todos os continentes, permitiu que se sufragasse o nome de um candidato não-italiano. A escolha recairia sobre um polonês.

A encíclica *Laborem Exercens*, promulgada por João Paulo II, em 14 de setembro de 1981, atendia a dupla celebração: a festa da Exaltação da Santa Cruz e o nonagésimo aniversário da *Rerum Novarum*. Entretanto, o atentado sofrido pelo Papa impediu-o de rever o texto, e a encíclica não se divulgou com as palavras iniciais — *Quoniam die* —, como é de praxe. A revisão definitiva ocorreria mais tarde, com o acréscimo, *a posteriori*, de um posfácio do autor.

Numa evidente homenagem a Leão XIII, a quem chama o "Sumo Pontífice da Questão Social", João Paulo II toma para tema de sua primeira encíclica social o trabalho. Louvando-se na dignidade da pessoa humana, vê no trabalho sua melhor expressão: o trabalho não é "maldição, mas bênção de Deus".

Situado na sua circunstância, o homem realiza-se no trabalho e pelo trabalho, estendendo essa realização às suas relações com a natureza e com a família, no âmbito cultural e nacional. Mas o Papa encarece que não se podem adotar, num novo ciclo civilizatório, formas arcaicas de administração nem de divisão do trabalho nem de emprego do tempo nem de remuneração. Cabe portanto aos patrões se compenetrarem da necessidade de implantação de "sistemas ou modelos que submetam o trabalho ao homem e não o homem ao trabalho", dentro do espírito do nosso tempo, atendidas as necessidades atuais.

Ao longo do seu pontificado, de manifesto interesse pelo social, João Paulo II teve ocasião de demonstrar o sentido integrador da ação da Igreja.

Mal desembarca na República Dominicana, numa primeira viagem à América Latina, João Paulo II evidencia, de modo espontâneo, a importância que atribui ao continente: "Traz-me a estas terras um acontecimento de grandíssima importância eclesial", adianta. Na homilia da missa, celebrada na Praça da Independência, fundamenta essa importância na mensagem social de solidariedade a um povo pobre, marginalizado pela penúria.

Da indigência à miséria, dedilha, uma a uma, todas as carências padecidas pelos dominicanos: "Que não haja crianças sem nutrição, sem educação, sem instrução, que não haja jovens sem preparação conveniente, que não haja camponeses sem terra para viver e desenvolver-se dignamente, que não haja trabalhadores maltratados nem diminuídos nos seus direitos, que não haja sistemas que permitam a exploração do homem pelo Estado, que não haja corrupção, que não haja alguém a quem sobre muito enquanto que a outros, por sua culpa, lhes falte tudo, que não haja família mal constituída, desunida, insuficientemente atendida, que não haja injustiça e desigualdade na prática da justiça, que ninguém fique sem amparo da lei e que a lei a todos ampare igualmente, e que o direito sempre prevaleça sobre a força e que nunca nem o econômico nem o político prevaleçam sobre o humano."

Subindo ao México, onde deveria fazer o discurso inaugural da Conferência de Puebla, recorda aos bispos ali presentes que sua primeira responsabilidade era "a de mensageiro da verdade sobre Cristo, sobre a Igreja e sobre o homem". Lança então as bases de sua encíclica *Redemptor Hominis* e representa aos religiosos, à luz dos fundamentos assinalados, o sentido da missão a desempenhar: "de defensores e promotores da dignidade humana".

Num olhar compassivo à América Latina, reconhece a espoliação sofrida pelos índios e mestiços, desde a Conquista e a Colonização: "Os povos da América Latina exigem com razão que lhes devolvam sua justa responsabilidade sobre os bens que a natureza lhes confiou e as condições gerais que lhes permitam conduzir o desenvolvimento em conformidade com o seu espírito, com a participação de todos os grupos humanos que o compõem."

Essa foi a tônica da sua pregação e do seu ministério. E insiste que é preciso oferecer ao homem instrumentos e condições necessários à luta pela vida, pois não se vive plenamente sem dignidade.

Na visita ao Brasil, em julho de 1980, o Papa voltaria a deparar-se com os problemas mais agudos da nossa América. Atentatórios, todos, à dignidade humana — desigualdade social, desemprego, más condições de trabalho, aviltamento dos salários, miséria —, obrigaram-no a repetir-se a cada novo encontro, a cada novo discurso e homilia. Ao reiterar, uma vez mais, a absoluta necessidade de respeito aos direitos humanos, conclui com este voto: "Peço a Deus que cada brasileiro, de nascimento ou por adoção, respeite e seja sempre respeitado no que tange aos direitos fundamentais de toda pessoa humana."

Alijado o recurso ao auto-de-fé, defrontam-se os cristãos, na América Latina, com um desafio: "Como viver nossa fé em Jesus Cristo e nossa fraternidade evangélica num país pobre, injusto e mal governado?"

A resposta, salvo melhor juízo, está no livro *Fe cristiana y compromiso social*, publicado pela Comissão Episcopal do Departamento de Ação Social da Celam (Lima, 1981). De forma sucinta, e peremptória, nada mais claro.

Em comunhão com a Igreja, que se interroga e reflete sobre o caráter divino das realidades sociais e temporais, o cristão deve viver, à luz da fé, a mensagem evangélica da fraternidade. E disso deve dar testemunho. Se o país é pobre, injusto e mal governado, por que não se bater, política e socialmente, contra a pobreza, a injustiça e o mau governo? Somos, todos, responsáveis. Não só perante Deus mas perante nossos vizinhos, parentes, amigos, conterrâneos e contemporâneos (dentro e fora do país). Vergonha nacional, injúria ao ser humano, a pobreza é escândalo.

Só que não se pode reduzir, no afã de socorro aos pobres, o conceito teológico da libertação à imediatez ideológica. Cumpre endereçar-lhes os passos no caminho que leve à superação da precariedade material e das carências espirituais.[177]

Embora liberação ideológica e teológica se interpenetrem na sua complexidade histórica, a Igreja procura estimá-las de per si, tanto por seus fins como por seus frutos. E é Paulo VI quem adverte numa exortação apostólica: "A Igreja considera certamente importante e urgente a edificação de estruturas mais humanas e mais justas, mais respeitosas dos direitos da pessoa, menos opressiva e avassaladora; mas está consciente de que as melhores estruturas, os sistemas mais idealizados logo se tornam desumanos se as inclinações desumanas do homem não são saneadas, se não há conversão de coração e de mente por parte daqueles que vivem essas estruturas ou que as dirigem" (*Evangelii Nuntiandi*).

São os riscos, cada vez mais presentes, por obra e graça do consumismo, da conversão ao material.

---

[177] Como vejo que "espiritual" se toma, entre nós, no sentido religioso, teológico, assinalaria a absoluta urgência de liberar o pobre da ignorância, *tout court*. Glosando a monja mexicana Juana Inés de la Cruz, para quem "uma cabeça desguarnecida de idéias não merecia cobrir-se de cabelos", diria, de mim para mim, que uma cabeça guarnecida de idéias vale mais que qualquer barriga cheia de comida. E creio mesmo que se começássemos por aí, pela cabeça, tudo mais viria por acréscimo. Mas temo cometer heresia. Excluo o "tudo mais". Comecemos por instruir. Um livro na mão faz milagres. De que até Tomás de Aquino duvida. É fato. Ouvi do Sr. Besserman, presidente do IBGE, numa entrevista na TVE ("Brasil em debate", 15/03/1999) que a prole de mães com alguma educação atinge mais alto índice de sobrevivência. Isso se comprova no Nordeste, onde os óbitos dos nascituros nem sempre se prendem à miséria, mas à ignorância! (Entenda-se: ignorância no sentido lato, de desconhecimento de preceitos alimentares e hábitos de higiene.) Diante do que tenho lido, visto e ouvido, acho de bom aviso que o livro se acompanhe do sabão. Juntos, serão imbatíveis.

Em 1968, reunida em Medellín, a Segunda Conferência Geral do Episcopado Latino-Americano analisaria a aplicação, nas suas jurisdições, das diretrizes do Concílio Vaticano II. O interesse dominante das discussões foram o desenvolvimento e a libertação cristã. À raiz da tomada de consciência de que "só quem é livre, liberta", parte da Colômbia a febril reestruturação da Igreja. Faz-se em Medellín a sementeira que daria origem ao movimento das Comunidades de base. Rechaçadas as soluções fáceis e demagógicas do liberalismo capitalista e da práxis marxista, a mensagem de libertação divulgada pelo episcopado do continente determinaria profundas e conseqüentes mudanças na atuação do clero em favor do povo de Deus. Delimitam-se, no documento de Medellín, os principais sistemas geradores de injustiças sociais: o colonialismo interno e externo.

Defensor do *statu quo* legado pela colônia, o colonialismo interno responde pela injusta distribuição de bens e pela estratificação de classes; o externo, polarizador dos desvios do protecionismo, da especulação e da fuga de capitais, da dolarização das economias subdesenvolvidas intermedeia, com eficácia, créditos a longo prazo, mediante juros escorchantes, penalizando as economias já depauperadas no benefício do capital internacional.

A terceira reunião, em Puebla (1979), inaugurada com um discurso de João Paulo II, confirma e reafirma as decisões de Medellín. A novidade, segundo Pe. Ávila, foi "a decisão da Igreja de continuar a fazer tudo *pelos* pobres, mas, principalmente, de começar a fazer tudo *com* os pobres, a partir deles, junto a eles". Explica: "O texto de Puebla certamente infundiu novo alento à Igreja na América Latina, a ponto de atrair a atenção da Igreja universal que ia descobrir em nosso continente a Igreja-esperança, na qual, até o fim do milênio estarão concentrados mais de 50% dos católicos do mundo."[178]

---

[178] Para introduzir e ilustrar, à luz da doutrina social da Igreja, esse breve roteiro da pobreza, balizado por encíclicas papais, exortações e documentos episcopais, servi-me, mercê da solicitude do Padre Fernando Bastos de Ávila, S.J., dos seus livros (alguns raros e esgotados): *Solidarismo* . 3ª ed. revista e ampliada. Rio de Janeiro, Liv. Agir Ed., 1965; *Introdução à sociologia*. 8ª ed. revista. Rio de Janeiro, Agir, 1996;

A Campanha da Fraternidade de 1999 coincidiu com a preparação da Igreja para a celebração do terceiro milênio do nascimento de Cristo. Ainda sob o lema da opção preferencial pelos pobres e marginalizados e da promoção dos direitos econômicos, focou-se a situação do desemprego, reclamando, como em 1891 e em 1978, trabalho e justiça para todos, e, a exemplo de 1991, solidariedade na dignidade do trabalho.

Em 1999, a ênfase apareceria numa frase interrogativa: "Sem trabalho... por quê?", para demonstrar a inquietação que tomara conta da nossa sociedade. A campanha do ano 2000, sob o tema "A fraternidade e a paz", ampliaria o alvo de 1995, "A fraternidade e os excluídos sociais", com a proposta: "Por uma sociedade sem exclusão."

A primeira intenção de 1999 foi a de contribuir "para que a comunidade eclesial e a sociedade se sensibilizassem com a grave situação dos desempregados, conhecessem as causas e as articulações que a geraram e as conseqüências que dela decorreram" como pretendia também "denunciar modelos sociopolítico-econômicos, especialmente o neoliberalismo, sem freios éticos, que causam desemprego quer estrutural quer não-estrutural e, igualmente, estimulam padrões de consumo insaciável e exacerbam a competição e o individualismo".

Pelo que se vê, os pobres e a pobreza constituem, ainda e sempre, problema sem solução ou ao qual se vêm dando, ao longo dos anos, soluções meramente paliativas. Se assim não fora, não estaríamos, ainda hoje, a repetir a Bíblia, os Evangelhos, os Padres da Igreja e as formas de apostolado e benemerência que se têm sucedido na procura de alívio para os males da indigência.

Surpreende, por isso, que um presidente da República, professor universitário, declarasse, *ex cathedra,* que "a Igreja não deve falar de economia".[179] Ante a impossibilidade de es-

---

Pequena Enciclopédia de Doutrina Social da Igreja. São Paulo, Ed. Loyola, 1991. Sobre a Igreja na América Latina: *Fe cristiana y compromiso social. Elementos para una reflexión sobre la América Latina a la luz de la Doctrina social de la Iglesia.* Dirección y Supervisión de los Señores Obispos del Departamento de Acción Social del CELAM. Redacción de los Padres Pierre Bigó, S.J., y Fernando Bastos de Ávila, S. J., Lima, 1981.
[179] Ver "Igreja não deve falar de economia, diz FHC", *in Folha de São Paulo*, 17/04/199. "Brasil", p. 8. Ver, também, "Críticas são comparadas às de Médici" (*idem, ibidem*).

tar ao lado dos pobres sem ficar contra a pobreza, os seus sacerdotes e representantes não têm outro recurso senão pensar e agir econômica e politicamente. E visto que à luz dos ensinamentos de Cristo já não basta fazer-se pobre com os pobres pois cumpre interferir nos processos de produção, consumo e partilha, urge resgatar a dignidade dos miseráveis numa disputa ferrenha contra a pobreza.

Esse é, sem dúvida alguma, o sentido da pregação da Igreja, da qual discordava o presidente Fernando H. Cardoso. Habituadas talvez a verem o clero submisso às regras monásticas, esquecem-se as autoridades de que sequer o *Poverello* legou aos seus monges um código de leis. Embora a pobreza possa considerar-se uma ascese, ela não se reduz a uma ascese. Compete ao cristão trabalhar por um mundo mais justo, adverso à desigualdade social. Quem tem fome e sede de justiça não se omite: exige, por palavras e atos, que se faça justiça.

"A graça de Deus," declara Mario von Galli, "atua não só na Igreja mas em cada homem individualmente e todos têm parte no Reino de Deus [...] E a mensagem de Cristo," continua o mesmo von Galli, "não consiste apenas numa promessa. É também uma presença: já começou o Reino de Deus!"[180]

Por que não o tornar permanente?

Para isso, não basta orar. Cumpre obedecer à regra de São Bento, "*Ora et labora*" ("Reza e trabalha"). É o que se apreende da leitura do *Compêndio da doutrina social da Igreja*, publicado em 2005 sob a direção do cardeal Renato Rafaelle Martino e, no Brasil, sob os cuidados do teólogo Francisco Cacau.

Nessa retrospectiva da luta da Igreja em favor de uma ordem social mais justa e equânime, torna-se evidente que as transformações operadas não se fizeram com vista a tomadas de posição ideológicas, seja de direita ou de esquerda. Observa-se, segundo Francisco Cacau, desde a publicação da *Rerum Novarum*, uma decidida posição legalista: foca-se a natureza humana à luz da lei moral.

Esse padrão, padrão da doutrina social da Igreja, seria alterado pelo Concílio: preservada a base antropológica, o que

---

[180] Ler, de Mario von Galli, *Francisco de Assis, o santo que viveu o futuro*. Trad., São Paulo, Ed. Loyola, 1973, p. 104, p. 123.

é óbvio, haveria de suceder ao primado da lei o primado da consciência e da liberdade do ser humano.

Tal mudança, efetivada por João Paulo II (cujo assessor no domínio das doutrinas da Igreja era o atual pontífice, ex-cardeal Ratzinger), deverá consolidar-se, na opinião do teólogo citado, com Bento XVI, homem próximo da realidade.

Vejamos ainda o que fez e o que tentou fazer João Paulo II, no real cotidiano. Dizia o Texto-base da Campanha da Fraternidade de 1999: "A Igreja reconhece que, como seres humanos, necessitamos da economia e que os progressos nos sistemas de produção e na troca de bens e serviços tornaram a economia um instrumento apto para se poder prover melhor as necessidades ampliadas da família humana. Contudo, a situação de gritante injustiça que foi se avolumando, principalmente neste último século, levou a Igreja a concluir que há motivos de sobra para uma forte inquietação e indignação ética e profética e para propostas muito precisas."[181]

Como o trabalho assalariado é a fonte principal de sobrevivência e não se criaram, ao alcance dos menos habilitados, em concomitância com a revolução tecnológica que os expulsou do emprego, novas formas de ganhar o pão de cada dia, "o desafio consiste na construção de um modelo de sociedade que não tenha como objetivo a produção de mercadorias, mas que seja capaz de converter os ganhos de produtividade em benefício qualitativo de todos. Em outras palavras, uma sociedade que não tenha como prioridade a produção de valores de troca para um mercado segmentado e excludente, mas seja capaz de criar um consenso sobre a prioridade da produção de valores de uso socialmente necessários".[182]

Claro, e bem travado, o Texto-base alonga-se na avaliação do mercado de trabalho, analisa a mudança de opções, com exclusão daqueles que não se prepararam para a corrida

---
[181] *A fraternidade e os desempregados. Sem trabalho... Por quê?* Texto-base. São Paulo, Conferência Nacional dos Bispos do Brasil, Ed. Salesiana Dom Bosco, 1999, "Introdução", p. 7; "Dai-lhes vós mesmos de comer!", "A doutrina social da Igreja". p. 89.
[182] "A saída: redistribuir o trabalho e a riqueza", *opus cit.* p. 37.

tecnológica do milênio, e propõe soluções. Entre elas, a da criação, ou expansão, em alguns casos, do Terceiro Setor, também conhecido como Setor Quaternário (para não confundir com o setor de serviços) ou de economia solidária. Sob essa apelação, congregam-se atividades que não correspondem às que se incluem nos registros oficiais de profissões, com carteira assinada e direitos garantidos pelo sistema previdenciário. "São atividades que não visam à produção de bens, mas de laços. Por exemplo: interferem, favoravelmente, no bem-estar da comunidade, preservam o meio ambiente, colaboram para o bom funcionamento das atividades escolares, de educação ou formação etc. O Terceiro Setor preenche uma lacuna, pois ocupa-se de setores abandonados ou subestimados pela economia de mercado."[183]

À véspera do milênio, o Papa lançaria o Grande Projeto da Nova Evangelização — a *Tertio Millenio Adveniente* (o Advento do Terceiro Milênio): ao recordar "que Jesus veio evangelizar os pobres" (Mt., 11, 5; Lc., 7, 22), reitera a opção preferencial da Igreja pelos pobres e marginalizados. Mas não pára nisso. A fim de conferir à celebração caráter planetário, lança aos países ricos um desafio de solidariedade cristã: à constatação de que a miséria é patrimônio comum de uma parte do mundo, João Paulo II pede o perdão das dívidas e a restauração de um projeto de recuperação para os países que sofrem inflação, recessão, fome endêmica, peste e miséria.

Justifica-se: "O pagamento de uma dívida que não pára de crescer tira recursos que os países pobres poderiam empregar para a melhoria da saúde, para a água potável, para a educação e para uma produção que traga renovação para as comunidades locais."

---

[183] "Terceiro setor", *opus cit.*, p. 119-120. O governo socialista da França, que também enfrenta altos índices de *chômage*, principalmente entre os jovens, cuidou de multiplicar a oferta de emprego nesse setor, assimilando-o ao setor da prestação de serviços. No caso, essa prestação se faz a instituições oficiais. Por exemplo: porteiros ou bedéis, que se encarregam da vigilância à porta das escolas, para solucionar um problema de disciplina: a assiduidade às aulas. Não permitem que os alunos fiquem na rua jogando bola ou brincando. Outros jovens foram contratados como "repetidores" das lições, i. é, encarregam-se, terminado o turno escolar, de rever as matérias mais difíceis ou que não tenham sido suficientemente explicadas durante o período normal. Ainda: vigias de jardins, parques, reservas florestais, zôos, e... assim por diante.

No espírito do livro do Levítico (25, 8-12), em que os cristãos se fazem a voz de todos os pobres do mundo, a Igreja de Roma uniu-se à Igreja Evangélica da Alemanha, à Conferência Episcopal Alemã, num empenho conjunto, mundial, "propondo o Jubileu como um tempo oportuno para pensar [...] numa consistente redução, se não mesmo no perdão total da dívida internacional, que pesa sobre o destino de muitas nações".[184]

Num artigo reproduzido no Brasil, "Acabem com a dívida mundial", o escritor Salman Rushdie arrisca-se a afirmar que "até nos meios mais conservadores do ponto de vista fiscal há um consenso crescente de que a dívida deve ser apagada, a menos que se deseje um terceiro milênio marcado por ressentimentos, violência, fanatismo e despotismo, conseqüências inevitáveis dessa injustiça global".[185]

A exemplo do que se fez quando da gravação de *We are the world*, os cantores David Bowie, Annie Lennox e Sting, além de outras vedetes de fama internacional, empenharam-se numa campanha de ajuda aos países do Sul que terminou com um grande *show* cujo objetivo era despertar os ricos para o escândalo da pobreza. Juntando suas vozes à súplica do povo de Deus, pediram, em coro, o perdão da dívida.

No entretanto ... ou a voz do coro se perdeu, sem eco, ou o espocar do champanhe e os votos de *Happy New Year* impediram que chegassem aos ouvidos dos donos do mundo o mais belo dos augúrios — "Glória a Deus nas alturas e paz na terra aos homens de boa vontade!"

Enquanto se discutia o perdão total da dívida, os líderes do G-8 (grupo dos sete países mais industrializados do mundo e a Rússia), haviam discutido e homologado um pacote de Metas de Desenvolvimento do Milênio, com ênfase na redução substancial da pobreza até 2015, ao longo de dez anos.

---
[184] "O critério da "opção preferencial pelos pobres", "Jubileu Ano 2000", *opus cit.*, p. 91; p. 96.
[185] *Apud* "Mais!", *Folha de São Paulo,* 14/02/1999.

Embora sujeito a ratificação em 2005, o acordo para o milênio previa distinguir a África com a primazia da ajuda, o que logo pôs em prática empenho extraordinário por parte dos governantes do continente.

Daí, as fantasias e sonhos acumulados desde as primeiras luzes do novo século. Esperava-se muito. Esperava-se tudo. Mas houve, antes, a invasão do Iraque, sua ocupação *sine die* e a paranóia da disputa entre o Bem e o Mal, que acabou por atropelar a partilha Norte/Sul, já de si odiosa.

O G-8 passou então pelo que se convencionou chamar "teste crítico". E teve de optar entre o fornecimento de recursos para o combate de endemias ou para o combate à fome, mercê de ajuda à agricultura mediante implantação de técnicas de irrigação, enriquecimento do solo, zootecnia etc. etc. etc. Aguardavam-se ações incisivas, de caráter permanente, para instaurar a paz entre países e etnias beligerantes, consolidar a política e fortalecer a economia, responsáveis pela instabilidade social na maioria dos Estados africanos.

O milênio chegou. Reunidos na Inglaterra em julho de 2005, os líderes do G-8 decidiram dobrar a ajuda em dinheiro para o combate à pobreza na África (2005-2010). À redução de cinco anos do prazo anterior, que alcançaria 2015, os US$ 25 bilhões anuais elevaram-se apenas a US$50 bilhões.

"Mas isso é pouco, muito pouco!", lamentou Caroline Sande Mukulira, diretora da ONG internacional Action Aid em Uganda. Solidário à colega, Jo Leadbeater, diretor da ONG britânica Oxfam, explicou que o aumento da ajuda poderia salvar a vida de 5 milhões de crianças até 2010, mas outros 50 milhões estariam condenados à morte, pois o G-8 não fora tão longe quanto deveria ter ido.

"Do saco, a embira", resmungaria um mineiro, admitindo, talvez, contrair novas dívidas para enterrar os famintos. Mas aos pés dos insepultos ainda havia quem apostasse na ratificação das Metas do Milênio: os festejos do sexagésimo aniversário das Nações Unidas, entre 14 e 16 de setembro de 2005, haveriam de inspirar prodigalidade aos cresos do mundo...

Doce ilusão!

Incumbido pelo governo Bush da revisão do documento, John Bolton devolveu o texto oficial, e confidencial, com 750 emendas da sua lavra. À véspera da reunião em Nova Iorque, em lugar da meta de "redução substancial da pobreza até 2015", que "propuseram" os anfitriões norte-americanos aos 173 signatários do documento? A adoção, metálica e sonante, de práticas de livre mercado.

Inspiradas no neoliberalismo do Consenso de Monterey (2002), as proposições de Bolton já haviam passado, antes da sanção do presidente, pelas mesas do Departamento de Estado, da Defesa, do Tesouro e do Conselho de Segurança Nacional...

Ao referendar a nova redação do texto, o porta-voz da Casa Branca, Rick Grenell, alegou que os Estados Unidos, na condição de maior contribuinte das Nações Unidas, condicionariam o combate à miséria à pauta de sua política interna. Vale dizer, "a do desenvolvimento".

As alterações não agradaram aos negociadores. Entre eles, os Estados mais pobres da África, fiéis à Agenda do Milênio e empenhados na defesa das metas. Na expectativa de uma contribuição de 0,7% do PIB dos mais ricos do mundo, temiam, e temem, com razão, que a comunidade internacional esqueça os compromissos firmados e se alie aos Estados Unidos. Até o Japão, parceiro de Bush, prevê que, a prevalecerem as medidas desenvolvimentistas, a ajuda à pobreza chegará tarde demais...

Por quê?, e como?, pensar na África, à vista da indigência dos negros de Nova Orleans, vítimas do Katrina e, sobretudo, ao anúncio de novos tufões? Como contar com os dólares se é a solidariedade generosa dos cinco continentes — incluída a do país mais pobre do globo, a Coréia do Sul, e a dos representantes do Mal, Fidel, Chávez e o Aiatolá do Irã —, que move a doar aos ricos o que falta aos miseráveis?!

O binômio rentabilidade-solidariedade sempre pareceu de equação impossível. Consolidada pela ambição, a analogia entre ganho e individualismo adquiriu tamanha importância no mercado, já avesso a tudo que se refere ao social, que qualquer insinuação de socorro ou filantropia provoca rejeição imediata.

Como se aponta na globalização a origem da dicotomia Norte/Sul, logo se distinguiu, no Norte, o comportamento independente, associal e racional do habitante, cioso dos interesses individuais e apto a superar as vicissitudes do meio. Enquanto isso, no Sul, à sombra de comunidades tradicionais, o indivíduo se conformaria às normas do grupo, mostrando-se muita vez incapaz de vencer, sozinho, as asperezas do meio.

De per si, esse arremedo de análise psicossocial, para uso do FMI e entidades afins, explicaria, de um lado, o desenvolvimento amparado pela auto-afirmação e pela lógica do lucro, alheia aos compromissos com o social, e, em oposição, o primado do coletivo e a prática da solidariedade. O que nem sempre é verdadeiro. Paciência...

Enfim, o que disso se infere é que qualquer tentativa de ruptura, no Sul, com os esquemas tradicionais da benemerência, do assistencialismo altruísta, para passar a uma forma de solidariedade baseada no compromisso individual, exigirá um novo ideário e recursos inéditos. Sobretudo se se pretende criar uma relação de permanente rentabilidade. Primeiro, porque o contrato consagra a reciprocidade e, no caso de empréstimo, deve-se eliminar, *a priori*, o vínculo assistencial. Pergunta-se: Será possível adotar esse tipo de contrato com quem nada tem e manter equilíbrio financeiro?

Sim, isso é possível. A experiência do professor Yunus, de Bangladesh, com os camponeses sem terra, confirmaria esse "absurdo metafísico" aos olhos dos banqueiros. E o êxito da empresa foi tamanho que o presidente Clinton sugeriu que concedessem ao professor Yunus o Prêmio Nobel de Economia.

Antes de qualquer aproximação ou demanda, como distinguir o joio do trigo, a carência da indigência, o pobre do miserável?

Quem é, afinal, o pobre?

Porque é preciso definir o que significa ser pobre, e o que é a dívida — instrumento de salvação?, ou de perdição?

Tome-se por princípio que o pobre não é necessariamente aquele a quem tudo falta mas aquele que vive o imediato e do imediato, na absoluta incerteza do amanhã, à mercê de Deus e do diabo, sujeito a tudo perder, de uma hora para outra. É um doente que se desconhece, o funâmbulo que se equilibra no arame, em cima do precipício, sem nunca ter aprendido a fazê-lo, é a carga em potencial para a família e para o Estado em qualquer sociedade, organizada ou não.

No entretanto, vislumbra-se luz ao fundo do túnel.

Pare, olhe, veja, pondere. Nem os marginais nem os excluídos têm dívidas. Como contraí-las? A ausência de dívida é o fosso da existência social, pois a dívida pode ser um meio de sobrevivência. Talvez, mesmo, o derradeiro. Mas tal como a moeda ou a cédula que se recebe, tem duas faces a considerar, o verso e o reverso.

Ao mesmo tempo em que se apresenta como fator de empobrecimento, a dívida, legitimada no empréstimo, torna-se, nesse rito de mudança e transformação social, fator de defesa numa cumplicidade solidária, embora possa também favorecer como destruir (cara e coroa) os vínculos firmados.[186]

Eleito o beneficiário, feita a advertência, passemos à fase inicial deste esboço sumário do projeto de Bangladesh.

Impunha-se, como condição *sine qua non*, numa relação de causa a efeito, a adoção do dispositivo solidariedade-rentabilidade, para que se pudesse praticá-lo, em seguida, nos convênios com instituições financeiras e organismos de proximidade.

Nesses casos, solidariedade e rentabilidade são e devem ser compatíveis. Os pobres se convertem em agentes do seu próprio desenvolvimento. Os recursos procedem do exterior,

---

[186] Não é o que se vê, em se tratando dos pobres. Em recente pesquisa nacional da consultoria Target Marketing acerca do consumo das classes C, D, E, patenteou-se verdadeira transfusão de capital de giro às redes de varejo e às indústrias do país, mediante abertura de crédito aos consumidores de baixa renda. Graças à pulverização do crédito, praticado pelo comércio, os pobres têm acesso a bens duráveis sem grande rombo no orçamento: mediante cartão, cheque pré-datado ou empréstimo direto, a dívida se estende por 12/ 16/ 24 meses. Não interessa saber a quanto montam os juros; importa poder quitá-la, pontualmente, em parcelas "suaves", ao fim do mês. Isso, sim, é sagrado (V. "Consumo popular girou US$137 bilhões em 2005", *in O Globo*, 05/02/2006, p. 1; "Por que redes de varejo, indústrias e bancos disputam o cliente de baixa renda", *Idem, ibidem*, p. 29 e 30).

quer dizer, de fora, e os empréstimos são liberados sem garantias materiais nem pecuniárias. Se a lei é inovar, a primeira regra é a da poupança zero. Só depois é que se procura, no grupo a que pertence o beneficiário, a caução solidária. Será esse o primeiro passo para a sua autonomia financeira. Se desempregado, ele deixará de ser um peso morto, indesejável, tanto para a família como para o Estado-Providência. Se marginal, um projeto de vida irá reintegrá-lo ao meio, reativando a solidariedade financeira e reinserindo-o no mundo da relação. Não só o grupo se responsabiliza pelos seus membros, instaurando medidas para ampará-los, como se livra da infâmia da ovelha negra. A pobreza e o cortejo de vergonha que a acompanha serão combatidos pelos próprios pobres, interessados em arrimar-se, arrimando todos os que, coesos, sustentam o grupo.

Ninguém melhor que Chiara Lubich, fundadora do Movimento dos Focolares, para iniciar-nos, no Brasil, numa proposta inovadora de economia cristã a serviço dos pobres. Não só pela importância que começa a assumir entre nós, como porque já se divulga e "faz escola". Trata-se da economia de comunhão. Lançada no Brasil em maio de 1991, o projeto de Chiara Lubich inspira-se na partilha, a mesma idéia que deu vida e propagou pelo mundo as lições dos Focolares. São numerosas e variadas as experiências vividas pelo movimento: ao longo dos anos, a solidariedade para com os necessitados, na Itália, no próprio bairro em que viviam os seus membros e, mais tarde, no trabalho com populações indigentes de terras longínquas. A proposta de Chiara Lubich transpõe os limites do individual, de exemplar eficiência e eficácia apostólicas, para fazer aceitar, pela sociedade civil, nos planos social, econômico e financeiro, o compromisso assumido em âmbito restrito, por uma associação religiosa, humilde, fraterna, atuante.

A economia de comunhão surgiu com o objetivo de atribuir um novo papel às empresas, obedientes a esse princípio ou reestruturadas com vista à sua aplicação. Os lucros de umas e de outras são divididos em três partes: a primeira, a capitalizar-se para o seu próprio desenvolvimento; a segunda, para a formação de novos grupos integrados à economia da partilha; a terceira, para ajuda aos necessitados e desempregados e criação de postos de trabalho.

Ao explicar o seu projeto, Chiara Lubich declarou que "ao contrário da economia consumista, baseada numa cultura do ter, a cultura de comunhão é a economia do ser. Isso, obviamente, pode parecer difícil, árduo, heróico. Mas é possível." O que se confirma e fortalece diante do exemplo de cerca de setecentas empresas que adotaram a economia de comunhão, oitenta delas no Brasil.

Na Alemanha, desde que se tomou conhecimento da economia de comunhão, empresários e diretores de vinte e três empresas da região de Solingen aderiram ao Movimento dos Focolares e procuraram Chiara Lubich em 1994 para expor-lhe suas idéias e pedir-lhe conselhos. Da Alemanha, a sociedade fundada por Franz Joseph Rademaker se irradiaria à Europa Oriental, pondo à disposição dos antigos países da URSS empréstimos a baixo custo e oferecendo ajuda para a criação de novas empresas, motivadas para a experiência do programa de partilha. Coube a Walter Schmidt, sócio de uma indústria de Solingen, produtora de sistemas de segurança para o transporte de cargas, os primeiros trâmites para o nascimento da Trans Técnica de Brno, na República Tcheca, já em pleno desenvolvimento.

Animado pelo êxito da Trans Técnica, Schmidt afirma que "dessa mesma forma poderão surgir empresas livres dos laços tradicionais, ou seja, modelos nos quais poderemos nos basear para estudar os resultados de aplicação deste novo espírito que norteia a economia de comunhão".[187]

No Brasil, tudo teve início em 1991, à implantação, em Vargem Grande Paulista, do projeto Araceli, com um pólo industrial ao lado da vila comunitária, Mariápolis. Por ocasião da fundação do Pólo Industrial Spartaco, criaram-se três empresas: La Túnica, indústria de confecções, Rotogine, de manufaturados plásticos, Eco-ar, de produtos de limpeza, e

---

[187] "A escolha dos empresários de Solingen". Entrevista de Franz Rademaker e Walter Schmidt, *in* "Economia de comunhão", Suplemento da revista *Cidade Nova*. Vargem Grande Paulista, março / 95, ano I, nº 2, p. 8-9.

Prodiet, distribuidora de produtos farmacêuticos. Entre 31 de maio e 1º de junho de 1997, realizou-se em Araceli uma assembléia de empresários que praticam, na Europa e na América, a economia de comunhão. A Espri, sociedade que congrega os empresários, tem um capital subscrito que ultrapassa US$ 900.000,00 e conta com três mil sócios brasileiros. Para a expansão do pólo industrial de Araceli, adquiriram, em maio de 1997, mais um terreno para novas instalações comerciais.

O interesse da sociedade civil pela "economia de comunhão" levaria os professores universitários a discuti-la em aula e a propor aos alunos o seu estudo em teses e monografias. Uma das primeiras teses a serem publicadas foi a de Susanne Thevissen, de Solingen. Há trinta e oito teses defendidas sobre o tema, uma delas da autoria de uma pesquisadora brasileira, Maria Auxiliadora Vidal, de Pernambuco, "A vida trinitária, modelo inspirador da solidariedade humana — um tema emergente na Doutrina social da Igreja".[187]

Qual o segredo da aceitação dessa economia que tem na generosidade a principal característica? A difusão da cultura do dar. O desejo de fazer cumprir a promessa de Cristo, tornando possível o projeto do Reino de Deus.[188]

---

[187] [Internet file DV960617.EXE] Vejam-se ainda: de Mino D'Antonio, "Efeitos sociais de uma economia de comunhão" [Internet file MD971204.EXE]; Manuela Polo, "A economia de comunhão: aspectos sócio-organizacionais" [Internet file MP980115.EXE]; Andrew Giménez Recepción, "A economia de comunhão na experiência do Grupo Ancilla, Giacomino's Pizza and Pasta, Bangko Kabayan, Ibaan Rural Bank: um paradigma cristão para um desenvolvimento alternativo" [Internet file AR980223.EXE] etc. Ponto de referência para as teses sobre a economia de comunhão: Antonella Ferrucci. PROMETHEUS SpA. Piazza Borgo Pila, 40, 1629, Genova, Italia. Email: prometheus@interbusiness. it. Consulte-se "Um livro sobre a economia de comunhão". Entrevista com Susanne Thevissen, in "Economia de Comunhão. Uma nova cultura". Suplemento da revista *Cidade Nova*. Vargem Grande Paulista. março / 95, ano I, nº 2, p. 9; *idem, ibidem,* agosto / 98, ano III, nº 2.

[188] Não se deve tampouco subestimar o ganho real da partilha num país de tão grandes desigualdades sociais como o Brasil. O bom patrão conta com a boa vontade e a simpatia dos menos favorecidos, sejam eles operários ou vizinhos. A fama da generosidade preserva-o tanto de pequenos furtos, na própria empresa, como de assaltos, seqüestros e extorsões, praticados pelos habitantes das adjacências. Além disso, o Fisco permite, em muitos casos, a dedução, na declaração de rendimentos, dos benefícios concedidos aos empregados. A caridade redunda, portanto, em vantagem contábil. Para saber mais sobre solidariedade e rentabilidade, dívida e empréstimos sociais, leia-se, sob a direção de Michel Servet, *Exclusion et liens financiers. Rapport du Centre Walras 1999-2000*. Préface Daniel Lebègue. Paris, Economica, 1999.

Os focolares são unânimes em repetir as lições dos veneráveis Padres da Igreja — Gregório, bispo de Nisa, João Crisóstomo, de Constantinopla, Ambrósio, de Milão, da especial estima de Vives. Pois foi nos escritos desses apóstolos da pobreza que o autor de *Socorro aos pobres* buscou argumentos para convencer as autoridades de Bruges da necessidade de ajuda aos indigentes. Entre esses argumentos, já mencionados, encontra-se o de que se valem os focolares na iniciação do empresariado nos benefícios da partilha. Lembram, muito particularmente, que nenhum bem é dado ao homem para desfrute individual, pois tudo pertence a Deus. Levando mais longe o raciocínio, por que não entender que a posse precária de qualquer bem não cria direitos, mas deveres, e, isso posto, dar nada mais é que restituir?

Chiara Lubich resgata do esquecimento razões históricas para crer na verdade da mensagem cristã, transmitida pelos Evangelhos e pelo testemunho dos Padres e Doutores da Igreja, que vale por si mesma e agora adquire maior importância diante do desvalimento do operariado e dos pobres. É hora de apostar, como queria Pascal, na existência de Deus, mesmo fora de toda prova efetiva. Essa aposta, é bom lembrar, impõe acatamento da doutrina da ajuda mútua, da solidariedade e do amor.

É o de que o Brasil, em crise, mais precisa.

À depreciação do inestimável benefício das indulgências e mais remissões eclesiásticas, o desafio da pobreza obteria do Estado e da sociedade civil, mercê da determinação de D. Ruth Cardoso, presidente do Conselho de Comunidade Solidária, recursos públicos e privados para criar e pôr em prática no Brasil, sem burocracia e sem paternalismo, novos modelos de parceria.

Compunham o Conselho trinta e dois representantes da sociedade civil e do governo. Entre eles, o presidente da Fiesp, o presidente da ONG Ondazul, a presidente da Fundação Ayrton Senna e os ministros da Educação e da Saúde.

Criado em 1995, o Programa Comunidade Solidária tinha por principal objeto a melhoria da qualidade de vida da população marginalizada pelos males da pobreza. Buscavam-se soluções para problemas sérios e urgentes, incompatíveis com a agenda do Estado, nos domínios da saúde pública e da educação doméstica, na alfabetização, na capacitação profissional, na expansão e aplicação adequada do microcrédito, na coordenação do desenvolvimento integrado da prestação de serviços nas áreas carentes de assistência médica e odontológica.

Sob a presidência de D. Ruth Cardoso, o programa não só aprofundou seus interesses como realizou, com êxito, iniciativas pioneiras de descentralização de atividades indispensáveis ao fortalecimento da cidadania. E isso se fez notar em todas as regiões do país.

Numa entrevista a *Cícero*, órgão de divulgação da Abigraf, D. Ruth Cardoso declarava: "A experiência do Comunidade Solidária supõe uma renovação da forma de atuação do Estado [...] um reconhecimento pelo Estado de que esta colaboração com a sociedade civil é fundamental para o seu próprio desenvolvimento. Esta é a grande novidade [...]."

À avaliação dos resultados de cinco anos de trabalho e dedicação dos seus membros efetivos, voluntários e participantes, a palavra final da presidente do Programa soava então alentadora: "De modo que eu acho que mostramos que este modo de trabalhar, estas formas de organização são hoje muito positivas. Nosso objetivo é continuar tentando acertar ainda mais" (*Cícero*, janeiro / março, 2000).

Como sucesso e sucessão procedem da mesma raiz, esperava-se que, dois anos após sua criação, o Conselho de Desenvolvimento Econômico e Social, composto de oitenta e dois notáveis, e o programa "Fome Zero", prioridade do governo petista, obtivessem o resultado previsto por ocasião da investidura do presidente Luiz Inácio Lula da Silva.

Não foi o que aconteceu.

Sintetizado no *slogan* "Comer três vezes por dia", o PT incluíra em sua plataforma de campanha a luta contra a fome: o "Fome Zero". Ainda "na fase do isto ou aquilo", ao que declamou Gilberto Gil, ministro da Cultura, o programa tem sido alvo das mais diversas e desencontradas críticas. E não falecem argumentos, sobretudo aos seus detratores.

Seu primeiro e grande equívoco foi o de converter-se em mais um programa assistencial, de mera benemerência, sem usufruto vitalício: o pão nosso de cada dia, à maneira dos *Restaurants du coeur*, criados por Coluche, na França. E anote-se: incumbem-se os assistidos não só da compra do sortimento mensal como da preparação diária das três refeições. Melhor assim, dirão alguns. Aprenderão a gerir a despesa, fazer orçamento, pesquisar e regatear. Com uma única vendinha ou birosca no arraial? E se não tiverem fogão nem fogareiro, nem trempe nem lenha nem graveto nem qualquer outro combustível? E os utensílios?, e a higiene?, perguntará a dona de casa e a mãe solícita. E se os magros cinqüenta reais forem gastos na farmácia? Ou para ajudar na perfuração do poço, mais necessário a toda a comunidade, segundo um dos beneficiários do Fome Zero? Sem falar nos credores, que só esperavam esse dinheirinho para resgatar dívidas passadas...

Que se deixem esses problemas a cargo dos burocratas, que de nada entendem: nem de cozinha nem de guisados nem de nutrição, ou que se convoquem, com urgência, especialistas em educação doméstica e culinária, nutricionistas e médicos, para que a coisa se faça com o necessário respeito pelos assistidos. E, nessa hora, será de bom conselho reler Josué de Castro. Não se ocupando apenas do estudo teórico da fome no mundo, foi ele o primeiro brasileiro a dedicar-se à sua erradicação no plano político e na direção de numerosos organismos internacionais.

Para pôr uma pitada de sal em tudo isso, leiam-se as palavras de Jacques Diouf, representante da FAO, no momento em que, risonho, socava o feijão na cozinha do Chapéu Mangueira, travestido de mestre-cuca. Depois de elogiar a decisão do presidente Luiz Inácio Lula da Silva de dar prioridade, no seu governo, ao combate à fome, observou: "A liderança política do presidente Lula nos abre uma oportunidade de ter esse programa Fome Zero em dimensão internacional."

Enfim, se o que importa, na vida real, e Jean Cocteau já o ensinava, é "Achar primeiro. Procurar depois", aguardávamos a descoberta. E então? Não dizia o mesmo Cocteau — "Etonnez-moi!"?

Era o que esperávamos, após o discurso do presidente Lula, tão aplaudido em Paris, em junho de 2003, durante a reunião do clube dos países ricos: a reforma do mundo.

Não se ouviu, ainda não, o tão esperado *Eureca*! Muito pelo contrário.

À publicação, em junho de 2005, do *Radar Social* do Ipea, haveria de confirmar-se o que já se previa: a existência de 53,9 milhões de brasileiros pobres, número superior ao mencionado pelo atual governo como alvo privilegiado do seu programa social: o Bolsa-Família.

Caso se contemplasse a promessa de palanque do presidente Luiz Inácio Lula da Silva, o programa favoreceria 11,2 milhões de famílias pobres. Mas isso não é tudo. Eleita, como padrão, uma família de quatro pessoas, o programa cobriria, em 2006, num universo de 53,9 milhões de pobres (Registro de 2003, do Ipea, à luz da Pesquisa Nacional por Amostra de Domicílios, PNAD), apenas 44,8 milhões de pessoas...

E por quê? Qual o alvo do governo? A família, *lato sensu*, da qual se ignora o número de membros! E o mais alarmante: o Ministro do Planejamento Paulo Bernardo, responsável pela implementação do Bolsa-Família, confessou não haver notado "a diferença no número de pobres". Explica-se. A pesquisa encomendada, por ato do presidente, no primeiro dia de governo, ainda não fora concluída...

Mercê da coleta de dados de 2001, o *Radar* pôde verificar, *de visu*, que nosso país exibe uma das piores distribuições de renda do mundo: menos de 1% dos brasileiros mais ricos detêm o mesmo montante da renda auferida pela metade dos brasileiros mais pobres.

Por onde começar o acerto de contas? Pela criação de empregos, dizem os *experts*.Visto que dentre as regiões do mundo, vítimas da miséria, o Brasil só perde em taxa de desemprego para o Oriente Médio, Norte da África e África Subsaariana, importa, antes de tudo, interromper o fluxo do

desemprego (de 6,2% em 1995 para 10% em 2003). O governo pretendia recorrer, entre outras iniciativas, até hoje frustradas, ao Programa Primeiro Emprego, que, segundo Paulo Bernardo, "não deslanchou". Nem na França...
Passemos.

No que respeita à alfabetização e à educação, imprescindíveis em qualquer lista de prioridades, os programas Brasil Alfabetizado e Educação de Jovens e Adultos, brandidos com orgulho como metas de combate ao analfabetismo, não chegaram senão a 0,16% dos 11,6% da população (jamais alfabetizada, i. é, totalmente iletrada). O resto é fogo de artifício.

É o que se conclui à leitura da mais recente publicação do Ipea, *Brasil: O Estado de uma nação*, análise ampla e abrangente, encomendada a sessenta pesquisadores e organizada por Fernando Rezende e Paulo Tafner. Consulte-se, especialmente, o tema cuja coordenação esteve a cargo de Hamilton Carvalho: "Pobreza e exclusão social."

Em que pese a existência de certos aprimoramentos sociais, registrados a partir de 1985, cabe reavaliar, à vista desse minucioso espectro da realidade nacional, as flutuações do desenvolvimento, cujos princípios atendem, sobretudo, a conveniências políticas e a interesses criados.

É impossível negar, ainda que a vôo de pássaro, o caráter precário da política social do governo. Hoje, e sempre, dirão... Mas o matraquear louvaminheiro em torno de programas de assistência paternalista, a exemplo do Fome Zero, não só aumentou a distância entre o que se propala e o que se faz como logrou ressaltar a absoluta falência do Estado no combate à pobreza.

A riqueza, o progresso, a qualidade de vida ignoram os não-incluídos na *res publica*. Não se convertem em necessidades primárias, mercê de política pública efetiva, pontual e focalizada, ali onde vigem a indigência e a ignorância, os projetos de saúde, saneamento básico, educação. Tudo isso sem paternalismo e sem a intromissão do "socialismo limitado", a que se referia Alberto Torres, já identificado, por ele, na supremacia de um grupo, de uma classe.

Recaímos, no caso, numa distorsão histórica, longe da realização da transferência de renda: os pobres estão cada vez mais pobres; os ricos, cada vez mais ricos, aquinhoados pela ciranda da especulação que envolve os bancos e o mercado de capitais. Desenvolvimento significa geração de empregos, aumento do consumo (sem inflação). Mas... como criar empregos, remunerar dignamente os assalariados, se nos confrontamos com uma legistação trabalhista alheia à globalização? Como lidar com a carga tributária, cruel e absurda? E que fazer se o Banco Central, todo-poderoso, teima em abortar a inflação com elevadas taxas de juros, impondo aos cidadãos o pagamento da dívida pública?

Enganam-se os que se fiam no crescimento do acesso à renda. Tal acréscimo não reduz a concentração do capital, sempre em *crescendo*. País vário e de contrastes, o Brasil exibe, paralelamente, segmentos desenvolvidos e em desenvolvimento. Para Carlos Lopes, *expert* da ONU, reproduzem-se aqui, *mutatis mutandis*, os bolsões de miséria da África e a penúria degradante do Haiti. Tanto como se apresentam, de diferente ponto de vista, a organização e o progresso das coisas públicas no Marrocos, em Uganda e, mesmo, na Alemanha, em vias de integração econômica, social e política da antiga RDA.

E figure-se ainda: numa recente pesquisa da Fundação Getulio Vargas (SP) sobre a governabilidade e as funções do Estado, divulgada em setembro de 2005, ressalta-se, no quadro representativo dos agrupamentos sociais, das leis e convenções de alcance público e privado, o quanto estamos longe, nós, os brasileiros, e nossos governantes, de um padrão, mesmo medíocre, de vida coletiva. Na nossa América, o México e a Argentina nos precedem, tanto na organização do Estado como na resposta aos interesses dos cidadãos, na administração da *res publica*. Bem ou mal, ou mais mal que bem, o Brasil se posta ao lado da Venezuela, numa notória afinidade com o neopopulismo, na mesma esfera em que se confrontam a corrupção e as deficiências do sistema escolar e educacional.

Lá e cá, más fadas há.

Em conclusão: os bolsões de miséria concorrem com a abastança em regiões de grande desenvolvimento, seja em Berlim e na antiga Alemanha do Leste, seja na África do

Norte e do Sul, como no Rio, em São Paulo, em Caracas e, agora, em Nova Orleans, nos *guetos* onde viviam os excluídos da Louisiana, devassados pela mídia à passagem do tufão Katrina.

Aos efeitos mais grosseiros da pobreza acrescem outros fatores de desequilíbrio. O primeiro deles é, sem dúvida, a deterioração do núcleo familiar. Ali, onde faltam o pão, a escola e a saúde, as responsabilidades da manutenção da casa passam à mulher. A verdade é que lhe compete, hoje, um papel mais complexo na formação e educação dos filhos que nas primeiras décadas do século passado. Entre ela e a sociedade se interpõe uma multidão de forças ativas, opostas umas às outras, desde a matrícula dos filhos numa creche ou numa escola até o encaminhamento profissional. Tirante os problemas de ordem social e moral, no que tange à moradia, à vizinhança, ao consumo e ao consumismo, aos vícios, à violência e às drogas, que absorvem e trituram qualquer indivíduo, a insuficiência das instituições esmorece e abate quem não está preparado para vencer desencontros e conflitos inapeláveis.

Num livro sobre as conseqüências econômicas dos valores judaico-cristãos no trato com a pobreza, *Champions of the poor*, Barend A. de Vries ressalta o desinteresse das autoridades e dos especialistas em economia no estudo da condição feminina nas comunidades carentes. Esquecidos (ou alheios ao tema) de que sempre cabem à mãe, à falta do chefe de família, os encargos do sustento e educação da prole, não vêem que o mercado de trabalho não está preparado para recebê-la. E o que é pior: se a recebe, destina-lhe as ocupações desertadas pelos homens e de salário vil. A qualquer ameaça de demissão, quando não são as mulheres as primeiras a partir, compete-lhes, com ônus, a substituição da mão-de-obra masculina (o que permite ao empregador a divisão da remuneração entre duas novas contratadas).

Só nos últimos anos, após o surto do feminismo na Europa e nos Estados Unidos, os economistas começaram a analisar o acervo estatístico em que se destaca, assustadora, a discriminação contra a mulher em todos os segmentos da sociedade.[190] Esse trabalho ganharia maior ressonância na década de 80, a "Década da Mulher", patrocinada pela ONU, quando se organizaram conferências internacionais focando o pleito dessa nova "minoria". Quinze anos mais tarde, por ocasião da Quarta Conferência Mundial das Nações Unidas sobre as Mulheres, em Beijing (1995), o mundo já admitia discutir, graças à mídia, a gritante disparidade de tratamento entre homens e mulheres, nas atividades remuneradas, na escolha dos chefes, nas oportunidades de promoção, na divisão do poder.

Ao ensejo de novas pesquisas, evidenciaram-se a extensão e conseqüências da pobreza das mulheres, cada vez mais danosa ao conjunto das sociedades nas quais transitam, sem emprego fixo e sem a proteção do Estado. Na África, e também na América Latina, onde os homens deixam o campo, a caatinga, o sertão, a savana, em busca de emprego nas cidades e capitais, a mulher dificilmente encontrará trabalho, à exceção de tarefas agrícolas, sujeitas a duração interina (no Brasil, o contrato dos chamados "bóias-frias" na época da colheita).

Se a lavoura se mecaniza, recorre-se ao braço masculino: competem ao homem o manejo de serrotes elétricos, a condução de tratores e colheitadeiras, e também de planadores, empregados na pulverização de inseticidas. E atente-se: as funções que requerem habilidade e adestramento especial retribuem-se com bons salários, cama, comida e pagamento de horas extras.

No livro *A cor púrpura*, Alice Walker, a autora, lembra que mais degradante que ser negro na sociedade americana é ser negra e ser pobre. Ser feia é então o *sumum* da desgraça. Como não nos situamos na sociedade americana, a cor não acentua o *handicap*. Baste-nos, então, ser mulher e ser pobre. A desgraça da miséria na nossa América cumula todos os males, independen-

---

[190] Interessada no estudo do tema, escrevi, em 1977, um ensaio sobre "A mulher e o espaço urbano" (*in Revista Brasileira de Estudos Políticos*. Belo Horizonte, UFMG, 1977, nº 44, Separata, p. 1-71). E... nada mudou. Ou muito pouco...

temente de cor ou beleza. Nas periferias das grandes cidades, no centro e no sul do continente, negros e brancos confundem-se numa indigência promíscua, sem facticidade. É a ascensão social que os aparta. O que se torna manifesto no depoimento de Carolina Maria de Jesus, favelada do Canindé, cujo diário, *Quarto de despejo*, se tornou *bestseller*.

Se alguém "sobe na vida", logo sofre com as alfinetadas de despeito e ciúme dos que não conseguem "vencer na vida", eis o que aprenderia Carolina Maria de Jesus, por experiência, depois que começaram a falar do seu talento de escritora.

De qualquer modo, para onde quer voltemos o olhar, "as mulheres são mais pobres que os homens, pobremente educadas, pobremente remuneradas e constrangidas nas suas atividades produtivas", observa De Vries. "E a muitos respeitos são elas os pobres do mundo."[191] Assim mesmo, de modo absoluto.

O pesquisador norte-americano tem razão ao grifá-lo. Curiosamente, já não são apenas os países em desenvolvimento que estampam um progressivo empobrecimento da população feminina. Presença já notória nos dois hemisférios, esse processo de pauperização atinge, nos últimos anos, seus mais altos índices. Em qualquer grupo representativo.

De Vries, a quem vimos citando, surpreende-se ante a indiferença dos países à capital importância do papel desempenhado pela mulher. Se em todos os níveis da escala social seu comportamento determina transformações efetivas, oferecer-lhe boas condições de trabalho, para êxito financeiro nos seus empreendimentos, tornando-a mais produtiva, significa proporcionar a todos, crianças e homens, e à economia como um todo, a solução para o problema da pobreza. Visto que lhe concernem, e de modo preponderante, a inspiração e o estímulo para as mudanças, o Estado que não se socorra do seu concurso terá comprometido o êxito das medidas que interessam à sociedade e às suas relações com a nação.

E como esse concurso, se ocorre, sujeita-se ainda a preconceitos de vária espécie, raramente se estima e se retribui,

---

[191] *Champions of the poor. The economic consequences of Judeo-Christian values.* Washington D.C., Georgetown University Press, 1998, p. 71.

quando ocorre, na medida justa. Creditem-se, portanto, ao acaso ou à escassez absoluta, a convocação da mulher para assumir algum posto de mediano prestígio ou de considerável responsabilidade.

Em conseqüência..., eis o quadro que temos: um número desproporcional de mulheres desempregadas ou em subempregos. Quase sempre, seja por exigência da empresa, seja *motu proprio*, elas exercem, nos países industrializados, atividades de meio-tempo: 64%, na Itália; 70%, nos Estados Unidos; 94%, na Alemanha e na Grã-Bretanha. Concentram-se, além disso, em funções baixas e malpagas: 63%, na Áustria; 40%, na Suécia. Que fazem? São secretárias, enfermeiras, amas, faxineiras, vendedoras. Nos países ricos, ressentem-se todas da desigualdade de oportunidades e da injustiça do "segundo lugar", norma tradicional quando se cuida do preenchimento de posto vago. No setor da prestação de serviços, em cargos modestos, trabalham em condições pouco favoráveis, à margem dos benefícios sociais. E sofrem mais forte prejuízo quando integram o mercado informal de trabalho, inteiramente à mercê de patrões que exploram mão-de-obra barata.

Firmado o critério que o salário da mulher deve ser inferior ao do homem, certas categorias têm as tabelas alteradas desde que o número de funcionárias excede o dos funcionários. Processa-se a imediata flexão do teto: para baixo. Identificam-lhes a presença como fator de degradação do conceito do *métier*. E, em conseqüência, da remuneração.

O mais evidente indício do desprestígio de uma profissão manifesta-se à paulatina admissão da mão-de-obra feminina, logo seguida do afastamento da fábrica, da empresa ou do escritório, da mão-de-obra masculina. É o que se passa mesmo nas profissões liberais. Foi o que aconteceu, em constante e sucessiva progressão, no ensino público — do básico ou primário ao universitário ou superior. E é também o que ocorre presentemente nos cursos médicos e no exercício da medicina que se vai convertendo em domínio feminino (como na antiga URSS). Havia, até pouco tempo, especialidades que se consideravam "apropriadas" ao sexo frágil, a exemplo da pediatria, da ginecologia, da dermatologia. Mas o sensível aviltamento da remuneração promoveu a fuga dos luminares, tanto dos hospitais como das clínicas particulares, reservando-se, como feudo, nas universidades e também em algumas clínicas, setores ainda imunes à invasão das colegas. É força convir: restam poucos. A cirurgia, a neurologia, a traumatologia...

Somente uma legislação estrita impedirá a discriminação odiosa. Desde que se acompanhe de soluções para os obstáculos criados pela constituição da família e as responsabilidades decorrentes da criação e educação dos filhos, geralmente confiadas às mães.

Nas favelas, à míngua de creches, as mães que trabalham deixam os filhos menores atados ao pé de uma mesa, por correia e coleira, com um prato de comida, ou mamadeira, no chão, tal como se faz com o cachorro de pouca estimação. E a imprensa registra, com freqüência, casos de crianças que se queimam, com fósforos, ou incendeiam o barraco, quando não são picadas por escorpião ou não ingerem veneno para ratos ou baratas. Que fazer? Falta comida à mesa. E o trabalho, se há, fica longe dos limites da favela.

Sem escola, sem emprego e sem meios de subsistência, os maridos, os filhos mais velhos, muita vez adolescentes e ainda em idade escolar, embriagam-se nos botequins, quando não cheiram cola, cometem pequenos furtos, tornam-se traficantes para sobreviver e assegurar a manutenção dos parentes.

E é força convir: "A opção pelo crime", ao que divulga o senador Saturnino Braga, em discurso no Senado, "só é feita pelos jovens talentosos, que têm personalidade, vontade, desejo de mudar, que são capazes de se insurgir contra a vida indigna que lhes está destinada, porque os que não têm essas qualidades se acomodam e vão vivendo aquela vida miserável" (01/03/2000).

Numa análise da condição de vida dos mestiços de origem autóctone e africana, concentrados nos segmentos desfavorecidos da sociedade brasileira, o economista Jonas Zoninsein, citado por Marcelo Kischinevsky, argumenta "que a plena educação de afro-descendentes e indígenas e a equiparação de seus rendimentos aos dos brancos que desempenham as mesmas funções proporcionariam ao Brasil um crescimento imediato de 12,8%. Seria algo como mais de R$200 bilhões circulando pela economia" (*JB*, 25/02/05).

Simples, sim, mas utópico.

Tão rotineiramente se repete, Brasil e América Latina *in extenso*, o cenário da miséria, integrado ao *modus vivendi* da maioria dos habitantes, que já não se vê como transgressão à boa ordem do mundo o que é, de fato, injúria, inépcia do poder, vergonha nacional. Banaliza-se o escândalo. Aos olhos da minoria, a miséria traz consigo a sua pena. São os ônus do cotidiano: a cada qual o que lhe é devido. Como se o sistema tivesse sido construído para funcionar segundo normas ditadas pela ignomínia e que a uma parte da comunidade, dentro dos limites da mesma região e muita vez do mesmo bairro, cumprisse representar o drama patético do desvalimento.

Depois se fala de violência: da violência gratuita dos abjetos contra os bem-nascidos. Acontece que a violência (é bom que se saiba) também se mede e se padece no cenário da abjeção: a barriga vazia, os espasmos do estômago, as feridas, os vermes, a sujeira, as baratas, os ratos, a peste...

Eis aí, num *flash* para sensíveis, os menores males a que se mantêm alheios os habitantes da urbe que desconhecem o cheiro do povo. Convenha-se: uma classe que assiste indiferente à espoliação dos seus concidadãos, fingindo ignorar que o que se comete contra eles se comete contra a própria essência do humano, não merece respeito.

DO REAL AO IRREAL, NO SENTIDO PRÓPRIO E NO FIGURADO

Depois da euforia do Plano Real, o frango, o iogurte e a dentadura foram eleitos pelo presidente Fernando Henrique Cardoso como indicativos de prosperidade. Numa entrevista durante a campanha para a sua recondução ao Palácio do Planalto, o presidente explicaria que o aumento do poder aquisitivo da classe trabalhadora estava permitindo não só maior consumo de alimentos mas o cuidado com a aparência. "Vai ver os pobres botando dentes", disse.

Após breve balanço do seu governo, o comentário disparatado desatou o riso dos repórteres. E o presidente: "Isso não é para rir. É verdade e é um avanço imenso a pessoa poder cuidar de si. Isso é o Plano Real, e me comove."[192]

Como a paridade com o dólar não pôde ser mantida, o real chegou a perder, em janeiro de 1999, mais de 100% do seu valor. Só restava lembrar: "Bons tempos aqueles em que

---

[192] "Dentadura é terceiro símbolo do real", *in Jornal do Brasil*, 2/09/1997, p. 3. O Presidente esqueceu-se, com certeza, de que Voltaire, desdentado, ainda pontificava em Ferney. Se comia bem, bebia melhor. E escrevia como poucos, mesmo queixando-se da falta dos dentes... Porque, privilégio mesmo, é ter uma primeira dentição saudável, e a segunda bem-cuidada, para que, à idade madura possamos mostrar ao mundo o mais belo sorriso dos trópicos: trinta e dois dentes, se possível intactos. Nesse dia, sim, a dentadura, bem de raiz e com raízes, será o símbolo de um país mais justo, não mais "o país dos desdentados". A prótese dentária não passa de "tapa-miséria". Que pífio e triste símbolo de uma moeda, que se dizia "real"! Ainda que pareça um avanço, o uso da dentadura exige paciência e resignação. E quem disso fala com conhecimento de causa é A. da Silva Mello. *Gourmet*, e também *gourmand*, não perdia ocasião de protestar contra o desconforto que lhe causava "o aparelho duplo". Registra-o no seu livro *A superioridade do homem tropical* (Rio de Janeiro, Ed. Civilização Brasileira, 1965).

se pagava menos de R$1,00 pela moeda americana!". Com a cotação a R$3,60, no câmbio flutuante, adeus dentaduras! "Dentaduras alvas, / antes amarelas / e por que não cromadas / e por que não de âmbar?"[193]

Fabricadas com material importado, foram elas os primeiros bens sujeitos a aumento: dobraram de preço. Num crédito a prazo, atrelado à moeda americana, sequer escapariam do "retorno do bem ao credor". Não é o que dispõem as portarias dos órgãos de defesa do consumidor no caso de bens duráveis sujeitos a aumento inesperado?

Se o dilema financeiro com que o Brasil se defrontou — a desvalorização da moeda — não se resolveu à imediata adoção de uma melhor alternativa, a de cortar-se o mal pela raiz, foi justamente porque a dentadura não podia ser arrancada da boca do desdentado antes das eleições de 98...

À cola da dinâmica eleitoreira, juntaram-se os males da precipitação da catástrofe, a crise asiática, a fuga de capitais, a morosidade do Congresso na aprovação do plano de austeridade, a moratória de Minas Gerais que custaria aos cofres da nação, em quatro dias, a soma considerável de 4 bilhões de dólares!

Anch'io! Anch'io!, deve ter exclamado o vingativo causador da síncope econômica. Moratória? "*Nomen atque omen.*"

E então? Não havendo, no caldeirão do pobre, nada além de água de fubá, *à quelque chose malheur est bon*: o "Fome Zero" promoveria a fartura nos lares famintos com R$50,00 por mês.

Isso não ocorreu... Sem as prestigiadas dádivas do real — frango, iogurte, dentadura —, que brindes reservará o futuro aos assalariados, cuja remuneração só chegou a US$ 100 à baixa do dólar?

O horror ao diabo que não se conhecia — a "guerra preventiva" contra o Iraque — serviu, em boa hora, ao aumento e à

---

[193] Carlos Drummond de Andrade, que ainda podia vangloriar-se de "uma ponte móvel e esparsas coroas", dedicou a Onestaldo Pennafort, o amigo poeta, que se queixava de uma prótese recente, o poema "Dentaduras duplas" (*in Sentimento do mundo, Obra completa*. Rio de Janeiro, GB, Cia J. Aguilar Ed., 1967, p. 111-112).

renovação de impostos, mesmo injustos e injustificáveis como o da CPMF. Claro que se poderiam tomar medidas menos onerosas. E todas elas de providencial efeito sobre a hemorragia que exaure o Tesouro da nação: o ajuste fiscal, o enxugamento da máquina burocrática, a redução dos privilégios do poder judiciário, a diminuição do efetivo militar, a total suspensão do serviço militar, o paulatino encerramento de representações administrativas sem função pública no exterior, e... por que não adiantar-se ao pânico diante do abismo e não votar logo a lei da herança e a tributação das grandes fortunas?

Em todos esses casos, nenhum recurso natural não-renovável sofreria prejuízo, nem a população de baixa renda seria convocada para pagar dívidas que nunca fez, de que ignora o emprego e de que sequer reconhece as cifras do montante...

Acontece, porém, que essas medidas jamais se transformam em leis nem em projetos de lei. O saneamento das finanças públicas converte-se em saneamento humano. Que nunca se instaura no círculo dos três poderes nem a partir dos privilegiados. Quando as medidas saneadoras chegam aos municípios, a primeira iniciativa que se recomenda é a do despejo dos mendigos e desocupados das "vias e parques públicos".

Em Belo Horizonte, o decreto nº 8.235, de 17 de março de 1995, que estabelece atribuições para o exercício do cargo de agente de fiscalização de atividades em vias urbanas do município, dispõe:

"Art. 1º — Ficam cometidas ao cargo de Agente de Fiscalização de Atividades em Vias Urbanas, do subgrupo de Atividades de Fiscalização, as seguintes atribuições:

VIII — Coibir as invasões dos bens públicos do município com edificações provisórias [...] em papelão, madeiras, lona, plástico, chapas metálicas e similares, ou com edificações permanentes [...] em alvenaria, com toda a sua projeção, situados em vias e demais bens públicos do município;

IX — Promover a desobstrução de vias, logradouros públicos e demais bens públicos do município, nas áreas de sua competência."

Como aplicar esses dispositivos?, perguntaríamos ao chefe do subgrupo de Atividades de Fiscalização da Prefeitura Municipal de Belo Horizonte.

"Aconteceu a invasão? Promova-se a obstrução, nos termos do Decreto que se fundamenta na lei, na Constituição Estadual, na Constituição Federal, na Lei Orgânica do Município etc...," replica o chefe.

A resposta não convence o prof. José Luiz Quadros de Magalhães, da Pós-Graduação da Faculdade de Direito da UFMG.

"Aí é que as coisas se complicam," observa o professor. "A norma jurídica não é uma receita de bolo: é uma leitura, ou interpretação, que se faz do texto num determinado momento histórico, o que implica que, mudando as condições sociais, econômicas, culturais, psicológicas, muda-se a norma aplicável ao caso concreto, embora o texto da lei e do decreto possa permanecer o mesmo."

E que condições são essas, que determinam tantas e tão várias mudanças?

Explica o prof. Quadros de Magalhães:

"Depende de inúmeros fatores. Pessoas humanas muito abaixo da linha da pobreza que 'invadam' (será uma invasão?) um bem público (a quem pertence o bem público?), podem ser consideradas 'uma obstrução a ser removida'? A resposta", continua o professor, "começa necessariamente por uma análise do texto constitucional, ou, mais corretamente, da Constituição, pois o que faremos será um exercício de interpretação ou um exemplo de construção da norma jurídica aplicável ao caso concreto."

Depois de um passeio pela Constituição, sua abrangência, interpretação, ideologia, ordem econômica, isto é, o rico quadro constitucional que o município põe à disposição do seu Agente de Fiscalização de Atividades em Vias Urbanas, o nosso jurista pondera a legalidade do decreto municipal que dispõe sobre a desobstrução da via pública. E detona sem tardança:

"Um decreto é uma das normas mais inferiores na hierarquia das leis. Um decreto não pode modificar, criar ou suprimir direitos [...]. Jamais pode contrariar uma lei, e muito menos a Constituição [...], o que não é o caso do nosso decreto [...]."

Não obstante, há decreto e decreto... E a exceção não se sujeita, ao que parece, à legislação consuetudinária. Para o bem de todos, praza aos céus...

"Enfrentando diretamente a questão," argumenta o professor, "estamos diante da seguinte equação: pessoas humanas, excluídas, sem acesso a nenhum dos seus direitos constitucionais, podem ser objeto de mais uma violação de seus direitos, um direito básico no Estado democrático de Direito, previsto na Constituição, como o da liberdade de opção, e diga-se opção mínima a que a população de rua foi restrita, uma vez que para estas pessoas a opção resume-se no direito de permanecer ou não na rua?"

Cristã e politicamente correto, prossegue no mesmo tom interrogativo:

"Se a população e os governos estão obrigados a cumprir a Constituição, e a nossa Constituição assegura um Estado Social includente, que procura inserir cada cidadão na sociedade e na construção da sua vida, como pode esse mesmo Estado, omisso e ineficaz no oferecimento dos direitos constitucionais, interferir na última esfera individual que resta a essas pessoas, no último direito individual que resta a essas pessoas, que é a decisão ou a 'opção' de permanecer ou não na rua?"

E chega à resposta magistral:

"Não tem o Estado, seja na esfera municipal, estadual ou federal, o direito de 'desobstruir' o 'espaço público' retirando a população de rua do único espaço que lhe resta como expressão da sua última opção, que representa a última gota de decisão individual. E que não se venha dizer que a população de rua promove uma privatização do espaço público, logo essa população que é a pura essência da ausência ou total privação do espaço individual. Eles são o produto extremamente público de uma sociedade egoísta, individualista e excludente."

A quem interessar possa, a sentença do professor José Luiz Quadros de Magalhães:

"A única possibilidade de 'remoção' dessa população de rua do local onde ela se encontra é com a concordância individual de cada um, indivíduo, que se encontre na rua, e logo não será 'uma remoção'. Violência, e violação final do direito destas pessoas, será a "remoção", para impor a essas pessoas uma 'habitação' 'digna', na cabeça de quem oferece."[194]

Se os governos podem pouco e fazem menos ainda e quando fazem alguma coisa erram mais do que acertam, de vez que inaptos e ineptos, de que nos vale todo o arsenal constitucional que o professor Quadros de Magalhães nomeou na sua argumentação jurídica?

À falta de asilo onde recolher os moradores de rua, como procedem as autoridades municipais? Passam à resolução número 2: a da deportação pura e simples de todos os moradores de rua para a periferia da cidade. Ou, então, para outros estados.[195] Resolução que, embora atente contra a política da boa vizinhança, é ainda menos drástica que a do auto-de-fé dos indesejáveis. Em que pese a certas juízas...

Se bem consideradas, nenhuma dessas alternativas vem em abono do que se propala sobre o acatamento, no nosso

---

[194] Não pude deixar de transcrever, embora resumidamente, o artigo do professor José Luiz Quadros de Magalhães, "Qual o direito da população de rua" (*O sino do Samuel. Jornal da Faculdade de Direito da UFMG*. Belo Horizonte, dez.-jan. 1999, ano V, nº 42, p. 13) . Tão próximo me pareceu do interesse deste ensaio e do zelo político, social e apostólico daqueles que algum dia se debruçaram com um pouco de fraternidade sobre a sorte dos pobres, que fugir à sua divulgação seria privar o leitor de sua bela lição de direito, o verdadeiro Direito das gentes.

[195] Que faz a polícia de muitos estados do Brasil diante do malogro da recuperação dos moradores de rua, mendigos, vagabundos? Não há quem desconheça, no Rio, as arbitrariedades cometidas durante o governo de Carlos Lacerda, quando se afogaram os mendigos que tinham transformado as praças em acampamentos. Em março de 1996, durante a gestão de César Maia à frente da Prefeitura do Rio de Janeiro, o general Nilton Cerqueira, Secretário de Segurança Pública do governo de Marcelo Alencar, exigiu do prefeito "providências para a retirada das ruas dos mendigos [que] causavam desconforto e intranqüilidade aos moradores do Rio de Janeiro" (Ver "Guerra contra os mendigos do Rio", in *O Globo*, 1/03/1996, p. 9). Se nada disso se cumpre com a esperada eficácia higienizadora, a medida extrema, tirante o homicídio, é o banimento. Transportam-se os indesejáveis até a fronteira do Estado, onde são "despejados". A polícia mineira chama esse procedimento "despiantar". (Ver, de Pedro Nava, nota ao prefácio do romance de A., *Homem de sete partidas*). Em janeiro de 1999, o prefeito de uma cidade de Goiás fez despiantar os seus abjetos em São Paulo. Não fosse a denúncia de um dos mendigos, o crime ficaria impune. Mas... desfrutarão esses despiantados melhores condições de vida ao seu regresso (*manu militari*, tal como o banimento) à cidade de que foram expulsos? Punindo-se a autoridade, punem-se, novamente, os banidos, pois têm contra si não apenas o prefeito, o delegado *et caterva*, mas toda a população.

país, dos direitos sociais. Diante da disparidade entre o que se prega e o que se cumpre, convém ler um *informe* econômico publicado em Paris. Sintético, exato e elucidativo. E não apenas na breve referência à nossa legislação.

Ao comentar a crise financeira que abalara o Brasil, em 1999, o *Propos de Finance* esclarecia: "O povo brasileiro é, supostamente, o mais bem protegido, no mundo, por leis sociais. No entanto, paradoxalmente, a pobreza e as desigualdades são aí aberrantes, e, em todo caso, bem mais acentuadas que nos outros países da América Latina. Sua renda *per capita*, de 4.850 dólares (declarada em 1998), é inferior à da Argentina, na mesma época, de 9.500 dólares. [...] O Brasil é o peso-pesado da América Latina. Mas é também aquele cujas incongruências, naturais às economias latino-americanas, são mais marcantes."

Embora reconhecendo que não se deve exagerar o peso da economia brasileira na economia mundial, pois, enquanto a população se eleva a cerca de 180 milhões de habitantes, o produto nacional bruto é duas vezes menos elevado que o da França, menos quatro vezes que o do Japão, dez vezes menos que o dos Estados Unidos, o mesmo *Propos* afirma que não se podem tampouco exagerar as ligações econômicas e financeiras entre os Estados Unidos e o Brasil. Os Estados Unidos não exportam, para o Brasil, mais do que 10% de sua renda total.

O que sempre pesou, e muito!, conclui, "é a proporção das exportações norte-americanas rumo à América Latina: o dobro do que se exporta para a Europa. É isso que explica a particular atenção dos Estados Unidos diante de qualquer crise, não importa onde, no continente sul-americano, no Brasil em particular, cuja renda global representa cerca da metade da renda total sul-americana (o México incluído). É uma espécie de reserva de caça [que deve ser preservada]. Mas as empresas americanas não são as únicas [aqui] instaladas nem as únicas que [aqui] depositam grandes ambições".[196]

---

[196] *Propos de Finance*. Paris, 22/01/1999, nº 1863, p. 13-14.

No reino das sombras em que nos debatemos, parece que só o olhar estrangeiro tem vista clara sobre o impasse a que nos levaram tantos planos, tantos pacotes e tantas frustrações.

Faz doze anos, num estudo sobre a riqueza e a miséria, *A nova riqueza das nações*, o economista francês Guy Sorman, professor do Instituto de Estudos Políticos, alertava sobre as causas da pobreza endêmica no Brasil, vaticinando, antes do Plano Real, que o país não conseguiria apagar do seu quadro negro as desigualdades sociais. Entre as causas para tão nefasto prognóstico, via "a concentração das decisões econômicas nas mãos de um pequeno grupo de pessoas, uma espécie de burguesia ligada ao aparelho do Estado", o afã de industrialização, inspirado "pela vontade de criar uma grande potência econômica", em detrimento da agricultura, a verdadeira vocação do país.

E continuava: "O desenvolvimento brasileiro deveria ter sido feito ao contrário: começando pela modernização da agricultura, criando uma pequena burguesia agrícola, com a garantia de remuneração justa por sua produção, e entrando, num segundo tempo, num regime de industrialização, descentralizado e disperso, que atendesse um grande número de consumidores. O mero confisco de terras para a reforma agrária tampouco levará o progresso ao interior. Redistribuir a terra sem qualquer preparação do homem para o campo e abandoná-lo em seguida, quando inicia uma experiência crucial de mudança de vida, nada resolve." E adverte com extrema lucidez: "Apesar da chamada índole pacífica do povo brasileiro, temo que haja sérios conflitos no campo."

"Os camponeses que migraram para a cidade," observava, "não voltarão ao campo, mas a reforma agrária melhoraria indiretamente a vida desses favelados, que poderiam se estruturar em pequenas empresas para abastecer novos mercados e consumidores. O que falta ao Brasil é um grande mercado de pequenos consumidores."

E concluindo: "Um desenvolvimento equilibrado para o Brasil seria um desenvolvimento agrícola e industrial baseado no emprego da mão-de-obra. [...] O que critico não é tanto o governo todo-poderoso, mas a prioridade concedida a atividades industriais que empregam muito capital, produzem endividamento externo e inflação, sem gerar emprego. O debate hoje não é entre socialismo e liberalismo, entre estatismo e privatização, mas entre dois modelos de desenvolvimento: um fundado na concentração do capital e outro, nos homens."[197]

Se voltasse ao Brasil, o professor Sorman se surpreenderia talvez ao encontrar-nos, após a ascensão e queda do real, à que sucederiam a fortuna e infortúnios da era petista, diante dos mesmos entraves assinalados à sua visita, e agora acrescidos pela imensa frustração política, pela crueldade do desemprego, pela incerteza do futuro e, o mais grave, pelo horror da violência e da guerrilha urbana, comandada pelo tráfico.

Que fazer?

Não nos resta senão repetir a frase, já citada, de um prelado muito sábio, que ouvi do meu Mestre Eduardo Frieiro: "Nada fracassa tanto quanto o êxito."

Não termino com suas palavras. Prefiro encerrar estas anotações lembrando que as leis econômicas manipulam, apesar das cifras e cifrões, dados empíricos, abstrações, e que as leis naturais que regem a humanidade dependem muito mais das relações que os homens mantêm entre si e com o todo social, natural e divino em que se inserem, do que de cálculos, estatísticas e futurologices. Sobram-nos motivos para não cair no desespero. A esperança ainda está bem a salvo no fundo da caixa de Pandora. E ninguém vai abri-la. Do contrário...

Como iniciamos estas páginas com uma epígrafe tomada a padre Manuel Bernardes (1644-1710), vamos encerrá-las com um poema de Bertolt Brecht (1898-1956) sobre o mesmo tema.

Hay motivo. Com cerca de três séculos de permeio, pão e justiça são ainda "coisas tão precisas na República, que sem qualquer delas não seria república".

---

[197] "Economista francês denuncia causas da pobreza brasileira", *in Jornal do Brasil*. Rio de Janeiro, 27/09/1987. O prof. Sorman adianta-se ao tempo. Assinale-se que a entrevista é anterior à queda do muro de Berlim. Veja-se, também, um excelente artigo de *The Economist*, reproduzido pela *Gazeta Mercantil*, "A pobreza das nações", 31/05, 1-2/06/1996, p. 3.

"*A Justiça é o pão do povo.*
Às vezes bastante, às vezes pouco.
Às vezes de gosto bom, às vezes de gosto ruim.
Quando o pão é pouco, há fome.
Quando o pão é ruim, há descontentamento.
....

Como é necessário o pão diário,
é necessária a Justiça diária.
Sim, mesmo várias vezes ao dia.
....

Sendo o pão da Justiça tão importante,
quem, amigos, deve prepará-lo?
Quem prepara o outro pão?

Assim como o outro pão,
deve o pão da Justiça
ser preparado pelo povo.
Bastante, saudável, diário.

(Bertolt Brecht, "O pão do povo")

POST SCRIPTUM: "BRASIL, MOSTRA A TUA CARA!"*

Terminei o rascunho desta iniciação à pobreza, sugerida por uma releitura de Vives, na Quarta-feira de Cinzas de 1999. Assisti, então, a boas sínteses, em *videoteipe*, dos desfiles na Marquês de Sapucaí. Uma apoteose. De beleza, bom gosto, harmonia e disciplina. Cerca de setenta mil pessoas conjugaram esforços para oferecer ao Brasil e ao mundo essa monumental ópera popular a que todas as artes convergem: a dança,

---

* Lyslei de Souza Nascimento informa que o refrão "Brasil, mostra a tua cara", com que a Imperatriz Leopoldinense, da carnavalesca Rosa Magalhães, arrebatou o primeiro lugar no desfile de Carnaval da Marquês de Sapucaí (1999), repetia um texto de George Israel, Nilo Romero e Cazuza. Diz a mesma professora: "Com as imagens dos sem-terra do fotógrafo Sebastião Salgado, e com as tatuagens dos presidiários do Complexo do Carandiru, da artista plástica Rosângela Rennó, delineia-se a história dos vencidos de que já falava Walter Benjamim. Quase sempre a serviço da riqueza e do poder, a arte figura, nesses trabalhos, o panorama da privação: a multidão dos deserdados, órfãos de um mundo que estetiza a miséria e faz do opróbrio representação. Sob o olhar estetizante dos artistas, a pobreza encena-se, outras vezes, no desfile das escolas de samba, que exibem, a exemplo de um Joãozinho Trinta, "os miseráveis". Para acompanhar as imagens, sons e cenas da vida contemporânea, convém não perder de vista o que a arte da América Latina busca refletir. Na contramão do bom gosto da elite, certas imagens revelam uma face que muitos se obstinam em ignorar, mas que pode transformar-se em *cult*, rito e catarse dos espectadores de galeria. Alheia ao pobre, carente de pão ou de palavra, celebrado pela denúncia de museu, os visitantes nem sempre se convencem da realidade da indigência. Teatralizada por artistas que, segundo Néstor García Canclini, "seriam capazes de reelaborar com uma visão geométrica, construtiva, expressionista, multimídia, parodística, nossas origens e nosso presente híbrido [...], [transforma-se] em extravagância cromática da cidade" (Néstor García Canclini, *Culturas Híbridas*. Trad. Ana Regina Lessa e Heloíza Pezza Cintrão. São Paulo, Edusp, 1997, p. 134). No sentir de Horácio Zabala, à escolha da dicção com que se representa o mundo, o que o artista pode fazer é "introduzir-se em qualquer processo contínuo interrompendo-o por um instante [...] Para evitar cair em ritos é que a arte escolhe ser nada mais que um gesto" (*Id., ibid.*, p. 135). Gesto que recupe-

a coreografia, a música, a pintura, a escultura, a arquitetura, a literatura — a prosa, na elaboração dos enredos, o teatro, na sua dramatização, a poesia, nos versos das canções. Sem falar nas pesquisas históricas e na tecnologia (em que o nosso carnaval já tem patente e vence longe a "Parada Teckno" de Berlim e, mais recentemente, a de Paris).

Nenhum outro país, por ocasião da abertura e encerramento das Olimpíadas ou das Copas do Mundo, jamais conseguiu, nem conseguirá, arrebatar a platéia arrastando-a num sonho mítico de beleza, em que a maravilha e o espanto mar-

---

ra o que amnésia apagou, reduzindo a meros indícios a identidade e a história daqueles que vivem a privação e a marginalidade. Nos nossos tristes trópicos, onde o samba canta as belezas de um "Brasil brasileiro", a letra de *Brasil* obriga o leitor / ouvinte a livrar-se dos sentidos "programados", para pensar e reconhecer-se como herdeiro dos deserdados. Na voz de Cazuza, a letra é quase um paradoxo (em virtude de sua origem burguesa): "Não me convidaram / Pra essa festa pobre / Que os homens armaram pra me convencer / A pagar sem ver / Toda essa droga/ Que já vem malhada antes de eu nascer / Não me ofereceram / Nem um cigarro / Fiquei na porta estacionando os carros / Não me elegeram / Chefe de nada / O meu cartão de crédito é uma navalha. / Brasil / Mostra tua cara / Quero ver quem paga / Pra gente ficar assim / Brasil / Qual é o teu negócio? / O nome do teu sócio? / Confia em mim/ Não me convidaram / Pra essa festa pobre / Que os homens armaram pra me convencer / A pagar sem ver / Toda essa droga / Que já vem malhada antes de eu nascer / Não me sortearam / A garota do "Fantástico" / Não me subornaram / Será que é meu fim / Ver TV a cores / Na taba de um índio / Programada pra só dizer sim / Brasil / Mostra tua cara / Quero ver quem paga / Pra gente ficar assim / Brasil / qual é o teu negócio? / O nome do teu sócio? / Confia em mim / Grande pátria / Desimportante / Em nenhum instante / Eu vou te trair / (Não vou te trair)" (Gravações: Cazuza, "Ideologia" (1988, # 06, Ed. Warner Chappell). Gal Costa, Tema da novela "Vale Tudo", de Gilberto Braga. Tema do filme "Rádio Pirata", de Leal Rodrigues). *Brasil* inscreve-se num rol de manifestações artísticas de teor moderno, contestatório, de perfil parodístico e crítico. À divulgação de um país ideal, a arte intentava diluir, sob o signo da *Terra Brasilis*, os contornos frágeis do ufanismo, as diferenças resultantes da colonização e da homogeneização. Contra negros, índios, mestiços e brancos deserdados, o discurso ufanista — da arte, da história ou da mídia — constrói, sobre os escombros da memória abjeta, o "país do futuro", a pátria forte. O *Brasil* de Cazuza veicula, ao contrário, uma mensagem pontuada pela negativa: instaura outro Brasil. A festa pobre, a que se refere, é a do exílio dos bens de consumo, do poder econômico e da impossibilidade de acesso à fortuna das nações. Note-se que essa "festa pobre" é produto de invenção. A expressão remete-nos não só à idéia de cilada e ardil, como também pontua o poder militar. Enquanto desdobra a acepção dos vocábulos, como "droga", ou o que é ruim e o que entorpece, reitera a condição do espoliado, do marginal. Talvez o que se apresente com maior crueza nessa letra seja a condição do indivíduo no limiar: impedido de banquetear-se, ele participa, servilmente, do gozo dos outros. Até o desprezo com que é tratado alijao dos prazeres. "Cartão de crédito" e "navalha" assumem, metaforicamente, o mesmo estatuto, porque o crédito se assimila à navalha do consumo e a navalha é, igualmente, a arma do assaltante. No refrão "Brasil, mostra tua cara", a voz que se ouve exige, imperativamente, que se arranquem as máscaras, que se apague a maquiagem a fim

cam encontro tão exuberante. Da cobra Norato ao saci-pererê, de deuses negros a guerreiros egípcios, de afrodites e apolos a demônios e bruxas, na mais dourada nudez: a Idade de Ouro ao alcance da vista e dos ouvidos, ali, numa rua pobre, de um país pobre, com cerca de 25 milhões de miseráveis (i.é, abaixo do nível da pobreza).

Reis e rainhas, príncipes e condes descem as ruelas das favelas, deixam os alagadiços de Ramos para a festa da sagração: o rito purificador das metamorfoses, de que já falava Apuleu.[198] Temos, sim, "o maior espetáculo da terra". Desde o século II depois de Cristo nunca se viu coisa igual.

E como é que se atinge tal perfeição? Qual o segredo, o mistério, o milagre, enfim, que permite concertar em uníssono um coral de três, quatro, cinco mil vozes?, e coreografar a movimentação de seis, oito, dez mil pernas?, num longo corredor-polonês, atravessado por ruídos, gritos, aplausos e vaias, seguranças, repórteres, raios luminosos, lâmpadas, serpentinas, confetes, iluminação feérica de milhões de watts?

Antes de tudo, por que meios?, de que modo?, essa multidão (a que se somam cerca de cinqüenta mil espectadores) atravessa a cidade e chega à Praça da Apoteose para a chamada geral e organização das alas, alinhamento dos carros alegóricos, distribuição dos figurantes nas alas respectivas, tudo por ordem de entrada na "passarela do samba", desde a comissão de frente ao último sambista da velha guarda, passando por madrinhas, passistas, porta-bandeiras e mestres-salas, baianas, destaques e bateria?

---

de que prevaleça a verdade (o direito à informação, ao saber). É claro que essa voz também soa, aos nossos ouvidos, como *performance* (pois sabemos que procede de um filhinho-de-papai). O que dá autenticidade ao discurso do intérprete, além da forma de libelo contra a massificação, a manipulação e a exploração, é a representação satírica. Desse modo, o tom laudatório do Brasil romantizado é expurgado e encenado como "pátria desimportante". Em contraponto parodístico com hinos e canções, enaltecedores de um país que se multiplica em pobres e deserdados, o neologismo cria outro elo, alheio a esse mesmo discurso. O tom laudatório da canção migrou para o discurso publicitário que, explorado à saciedade, recupera, no apelo do verso "Brasil, mostra a tua cara", os valores positivos da identidade nacional. Transformados em consumidores, os cidadãos são alvo da construção imaginária que reforça o culto de uma identidade superior, forte e capaz ("Cara? Que cara mostrar, Brasil?", Inédito, cedido por Lyslei de Souza Nascimento, para esta nota).

[198] Cf. Apuleu, *As metamorfoses* (*Les métamorphoses*. Société d'Éditions "les Belles lettres", liv. XI, ch. 8-13, p. 145-149).

Se cada minuto, cada segundo, é contado, e o cronômetro, rigoroso, cobra pontos por qualquer atraso, engarrafamento ou lentidão, urge ali chegar a tempo e hora, de vez que têm, todos, um encontro marcado com a fama. E como conseguem atravessar túneis e distâncias, linhas vermelha e amarela, tráfico e traficantes, para, afinal, sãos e salvos, cruzar a praça que os separa da emoção e da catarse, com as riquíssimas fantasias, pesadas de luxo e de pompa, ou, se nada vestem, pois a nudez não é castigada, o corpo, um brilho só, pintura fresca de purpurina, e, como saídos do lago de *El Dorado,* entrar, ver e vencer?

Ao espocar dos fogos, *les jeux sont faits.* Não se admitem *sforzando, ralentando* nem *alegretto* para compensar atraso ou precipitação. Os juízes são implacáveis. Que importa? Essa gente mestiça, desordeira, barulhenta, indisciplinada, oriunda dos quatro cantos do Brasil, e, majoritariamente, dos quatro cantos da cidade, das favelas e da periferia, na sua maior parte, cumpre, à risca, o código ditado por carnavalescos, mestres, presidente de escola e presidente da Liga: ninguém desobedece.

Como é que se alcança tamanho domínio sobre massa humana tão vária quanto numerosa, em dia de sol escaldante, noite de lua ou de chuva, quando o verão tisna os trópicos? Já excitada pelo som do surdo e do reco-reco, dos repiniques, tamborins, cuícas, agogôs, taróis, pratos, pandeiros e caixas-de-guerra, o frenesi da dança acaba de contagiá-la. Durante não menos de sessenta minutos e não mais de oitenta, não há ali, como num coral em uníssono, senão uma voz, um sopro, um desejo: cantar afinado, não deixar o samba "atravessar". Desejo a que muitos juntam um voto secreto: que esses minutos durem uma eternidade, a eternidade do faz-de-conta e da glória. É o ritmo que os mantém presos à magia do palco de que são os astros maiores. Imantados pela presença do público, assumem o seu papel. O mundo os contempla, julga e avalia: todos e cada um estão investidos do privilégio de ali representar a maioria de um.[199] É "a música em ação", na fórmula de Michel Leiris.

---

[199] Ouvi uma senhora, ainda "fantasiada", segura de si e da sua personagem, dizer à repórter que a entrevistava na "dispersão": "Como é que não fico triste? Tudo acabou. Eu era rainha, todo mundo me olhava, me aplaudia, eu era tudo. E sou tudo, uma vez por ano. Agora, já não sou nada. É esperar o ano que vem."

Para a montagem de dramas líricos, como Aída, nas Termas de Caracalla, a Tetralogia de Wagner, no templo do compositor em Bayreuth, ou a *mise en scène* de peças épicas, dirigidas por um Robert Hossein no Palácio dos Congressos, em Paris, e por uma Nana Moushickine, na Cartoucherie de Vincennes, ou, ainda, os grandes musicais da Broadway, as óperas de Gershwin e Bernstein, no Carnegie Hall, não há exceção: orquestra, músicos, coro e solistas lêem, estudam, decoram, cantam e tocam, meses e até anos inteiros, suas partituras para, depois, num ensaio geral, começar tudo de novo a fim de que a coesão seja completa, sem a mínima ruga. Entre nós, o trabalho maior fica a cargo do carnavalesco, dos cenaristas, decoradores, costureiros, eletricistas, carpinteiros, soldadores etc., e dos sambistas, músicos e cantores que moram nas vizinhanças do barracão da escola e tomam parte ativa na preparação do carnaval. A multidão de alienígenas, que vem do Rio mesmo, e de outros estados, chega à vigésima quinta hora, busca a fantasia, adquire uma noção sumária do enredo, inicia-se superficialmente na arte do ritmo e decora, bem ou mal, os versos que deverá cantar. Não se separam as vozes, não se classifica a tessitura, e, no fim, tudo dá certo. Por obra e graça de quê? García Lorca teria resposta para essa maravilha: *el duende*. É caso de possessão.

Por que me aventurei por essa riqueza plástica e sonora deixando a pobreza a seus cultores?

Eis o *hic* da questão: se temos um povo capaz de realizar essa fantástica proeza à míngua de ensino básico e superior, escolas, conservatórios, bibliotecas, laboratórios, *atéliers*, instrumentos e partituras, livros, pincéis e telas, buril e mármore, esquadro e régua T, como explicar que o condenem à pobreza, à mais vil e mais desgraçada das pobrezas, privando-o da própria razão da sua vida: a música, as letras, as artes plásticas... Tudo?

O carnaval nos mostra isso: aos berros, aos gritos. Não só no Rio. É o Brasil que grita, clama e "mostra a sua cara", como está no refrão cantado pela Imperatriz Leopoldinense (da carnavalesca Rosa Magalhães). E que não é a cara da pobreza. Para vê-la e ouvir a voz de quem canta, é preciso ter olhos de ver e ouvidos de ouvir. Pois esse é o único momento em que os pobres (não a pobreza) mostram a sua cara e evidenciam, à saciedade, que podem e fazem, com maior primor que nenhuma outra etnia, embora sob o comando de monstros sagrados como Zeffirelli, Strehler, Planchon, Peter Brook, Boulez, Wieland Wagner, "o maior espetáculo da terra".

E isso não é tudo. Que é que se sabia ao certo, antes desse desfile, sobre um músico chamado Villa-Lobos? E sobre Maurício de Nassau? E sobre o século XVIII?, o barroco Mineiro?, Marília de Dirceu? E quem jamais ouvira palavra sobre esse tal Garibaldi, e sobre Anita, a *brasiliana*? No entanto, naquela atmosfera de luz e encantamento, foi como se todos os conhecessem, desde a infância. Aprenderam, de cor, o romance infeliz de Marília, puderam partilhar, com o nosso Villa, o amor ao Brasil e, com Anita, a guerreira, o ideal da liberdade.

O carnaval ensina... Mais que a escola.

Se depois dessa breve introdução à brasilidade, nem todos se mostrem capazes de criar, não é demérito algum. Deram-nos prova bastante de talento e versatilidade. Melhor ainda: de tenacidade. Pois não é que vêm a público, todos os anos, só para repetir, *urbi et orbi,* aos brados, que estão aptos a interpretar, com igual desenvoltura e virtuosismo, no imenso palco do mundo, o papel que deles se exija. Desde que o regente compareça, é claro.

E ... se lhes ensinam a notação musical, assevero-lhes: será leitura à primeira vista! Providenciem o alfabeto e a partitura.

Ah!, e a batuta. Por favor!

Last but not least

Não posso deixar de cooptar o aval espontâneo do olhar estrangeiro, imparcial, e de avisada penetração política, porque de um ex-candidato à presidência da república, e de não menor sensibilidade, porque de escritor consagrado: ninguém mais ninguém menos que o peruano Mario Vargas Llosa.

Convidado do prefeito Luís Paulo Conde para conhecer o carnaval do Rio, assim se manifestou, após o desfile de segunda-feira, no Sambódromo, em fevereiro de 1999: "Fiquei surpreso com a participação de todos e também com a ordem e a disciplina que existem na loucura do carnaval. *Se na economia também fosse assim, o Brasil seria o país mais rico do mundo.*"[200]

---

[200] O grifo é meu. Ler "Frases", caderno "Carnaval 99", *in O Globo*. Rio de Janeiro, 17/02/1999, p. 7 (A carapuça tem endereço certo. Seria o caso de dizer: "Conheceu papudo?").

BIBLIOGRAFIA

ALEIXO, José Carlos Brandi, "Visão global da realidade mundial e sua influência na América Latina". *Revista da Academia Brasiliense de Letras.* Brasília, Ano X, nº 12, 1992, p. 117-129.
ALVES, Márcio Moreira, "Triste geração", *O Globo*, 07/03/1999, p. 4.
_____ "O relatório Brant", *in O Globo*, "O país", 05/11/1999, p. 4.
"Amartya Sen critica injustiças da globalização". Entrevista de Amartya Sen, Prêmio Nobel de Economia (1998), a Carlos Eduardo Lins da Silva, *apud Valor*, 24/07/2000, p. A12.
ANDRADE, Carlos Drummond de, *Sentimento do mundo, in Obra completa.* Rio de Janeiro, GB, Cia J. Aguilar Ed., 1967.
APULEU, *Les métamorphoses.* Paris, "les Belles Lettres", 1997.
ARISTOTE, *Politique.* Trad., Paris, Belles Lettres, 1987.
Arte de furtar. Espelho de enganos, Teatro de verdades, Mostrador de horas minguadas, Gazua geral dos Reynos de Portugal. 2ª ed. Introdução de Carlos Burlamaqui Kopke. São Paulo, Ed. Melhoramentos, 1951.
ATTALI, Jacques, *Au propre et au figuré. Une histoire de la propriété.* Paris, Fayard, 1988.
ÁVILA, Fernando Bastos de, S.J., *Solidarismo.* 3ª ed. revista e ampliada. Rio de Janeiro, Liv. Agir Ed., 1965.
_____ *Pequena Enciclopédia de Doutrina Social da Igreja.* São Paulo, Ed. Loyola, 1991.

_____ *Introdução à sociologia.* 8ª ed. revista. Rio de Janeiro, Agir, 1996.
AZEVEDO, Ana Lúcia, "Software que gosta de Shakespeare..." in *O Globo*, 7/02/1999.
BARRIOS DE CHÚNGARA, Domitila, *Se me deixam falar...* 3ª ed. São Paulo, Símbolo, S.A., Indústrias Gráficas, s / d..
BARROS, Ricardo Paes de, et alii, "Evolução recente da pobreza e da desigualdade: marcos preliminares para a política social no Brasil" *in Cadernos Adenauer.* São Paulo, Konrad-Adenauer-Stiftung, 2000, 1.
BASBAUM, Leôncio, *História sincera da República.* Rio de Janeiro, Liv. São José Ed., 1957.
BASILE, Saint, *Homélies de Saint Basile sur la richesse.* Ed. Y. Cortonne. Paris, 1935.
BERNANOS, Georges, *Enfants humiliés.* Paris, Gallimard, 1949.
BESANÇON, A., *Présent soviétique et passé russe.* Livre de poche, Pluriel, 1980.
BÍBLIA SAGRADA. Edição Palavra Viva. Traduzida das línguas originais com uso crítico de todas as fontes antigas pelos Missionários capuchinhos. Lisboa, C. D. Stampley Ent., Inc., 1974.
BIGÓ, Pierre, SJ. / Ávila, Fernando Bastos de, S.J., *Fe cristiana y compromiso social. Elementos para una reflexión sobre la América Latina a la luz de la Doctrina social de la Iglesia.* Dirección y Supervisión de los Señores Obispos del Departamento de Acción Social del Celam, Lima, 1981.
"Biopirataria: ameaça deixa a Amazônia sem dono" e "Brasil concentra 22% das plantas do mundo mas não tem lei para protegê-las", *in O Globo.* 07/03/1999, p. 12-13.
BONILLA Y SAN MARTÍN, A., *Luis Vives y la filosofía del Renacimiento.* Madrid, 1894.
BRANDÃO, Raul, *Os pobres.* 8ª ed. Lisboa, Seara Nova, 1978.
"Brasil precisa de leis contra a biopirataria, dizem especialistas", *in Folha de São Paulo.* 17/10/1998, p. 12.
"Brasileiro não sonha mais seu país", *Jornal do Brasil.* 12/07/1992, p. 7.
BRUNEL, Sylvie, *Famines et politiques.* Paris, Presses Sciences Politiques, 2002.

BUARQUE, Cristovam, *A segunda abolição*. Rio de Janeiro, Ed. Paz e Terra, 1999.

BULLÓN, Eloy, *Los precursores de Bacon y Descartes*. Salamanca, 1903.

CAMAROTI, Ilza / SPINK, Peter, *Parcerias e pobreza — soluções locais na construção de relações socioeconômicas*. São Paulo, FGV, 2000.

CAMPOS, Paulo Mendes, *O domingo azul do mar, in Poemas de Paulo Mendes Campos*. Rio de Janeiro, Civilização Brasileira / MEC, 1979.

CANETTI, Elias, *Le flambeau dans l'oreille. Histoire d'une vie. 1921-1931.* Paris, Albin Michel, 1987.

_____ *La conscience des mots. Essais.* Trad. Roger Lewinter. Paris, Albin Michel, 1989.

"le Capitalisme de rente: nouvelles richesses immatérielles et dévalorisation du travail productif", *in Temps modernes*. Paris, 50ème année, sept.-oct. 1995, n° 584, p. 98.

CASALS, Pedro, *Disparando cocaína*. Trad., Rio de Janeiro, Ed. Globo, 1987.

CASTAÑEDA, Jorge, "La lutte des zapatistes "était nécessaire", *in Le Monde*. Paris, 02/03/01.

CASTRO, Fidel, "Que desapareça a fome e não o homem", *in Carta 7*. Informe de distribuição restrita do Senador Darcy Ribeiro. Brasília, Senado, 1993, n° 2, p. 83-101.

"Catita vira atração em feira de filhotes", *Estado de Minas*. Belo Horizonte, 13/04/1999.

CHAGAS, Paulo Pinheiro, *Esse velho vento da aventura*. Rio de Janeiro, Livraria José Olympio Ed., 1977.

COHN, Norman, *Les fanatiques de l' Apocalypse*. Trad. Simone Clément. Paris, Juliard, 1962.

COJEAN, Annick, "Kafka à la BNF", *Le Monde*, 16/03/1999, p. 12; E. de R., "Le rapport Poirot analyse les disfonctionnements de la BNF", *in Le Monde*, 7/03/1999, p. 1.

la *Concezione della povertà nel Medioevo*. Ed. Ovidio Capitani, Bologna, Casa Editrice Patron, 1981.

Conférences de philosophie catholique. Introduction à la philosophie de l'histoire. Abbé Gerbet, 5ème conf., 19 juin 1833, p. 220-221.

"Consumo popular girou US$137 bilhões em 2005", *in O Globo*, 05/02/2006, p. 1; "Por que redes de varejo, indústrias e bancos disputam o cliente de baixa renda", *Idem, ibidem*, p. 29 e 30.

COSTA, Rubens Vaz da, "Progresso tecnológico contra a pobreza", *in Deutsch Brasilianische Hefte*. Bonn, ano XXIV, nr. 3/1985, mai-juni, p.131-139.

COULANGES, Fustel de, *La cité antique*. Préface de William Seston. Paris, Le Club du meilleur livre, 1959.

COUVREUR, G., "Les pauvres ont-ils des droits?" *Recherches sur le vol en cas d'extrême nécessité depuis Concordia, de Gratien, 1140, jusqu'à Guillaume d'Auxerre, 1231*. Rome-Paris, 1961.

CRAMPOM, M., *Salve lucrum ou l'expression de la richesse et de la pauvreté chez Plaute*. Paris, "Les Belles Lettres", 1985.

CUAUHTEMOC, Guaipuro, "Lettre ouverte au Courrier International", *apud* Véziane de Vezins, "Ce chef aztèque qui veut privatiser l'Europe", *in Le Figaro*, Paris, 10/11/2000.

DANTE, *A Divina Comédia*. Trad. Xavier Pinheiro. São Paulo, Atena Ed., s/d.

D'ANTONIO, Mino, "Efeitos sociais de uma economia de comunhão" [Internet file MD971204.exe].

DELUMEAU, Jean, *La peur en Occident (XIV-XVIII siècles).Une cité assiégée*. Paris, Fayard, 1978.

_____ *La misère du monde*. Paris, Le Seuil, 1998.

DEMO, Pedro, "Pobreza política", *Papers*. São Paulo, Konrad-Adenauer-Stiftung, Centro de Estudos, 1993, nº 5.

"Dentadura é terceiro símbolo do Real", *in Jornal do Brasil*, 2/09/1997, p. 3.

"O Desafio global", Rio 92 — "A vida em risco", *in Carta*. Informe de distribuição restrita do senador Darcy Ribeiro. Senado Federal, Brasília, 1991, nº 1, p. 55-56.

"O Desafio da pobreza", *in Carta Mensal*. Rio de Janeiro, CNC, fev. 1981, p. 15-29.

"A Difícil tarefa de sobreviver" e "Pesquisador diz que desnutrição não produz sub-raça", *in Jornal do Brasil*, 8/10/1988, p. 7.

D'ORS ZARAGÜETA *et alii, Vives, humaniste espagnol*. Paris, 1941.

"As Duas vidas de Carioquinha", *in Jornal do Brasil*, 25 /06/1997, p. 19.

DUBNER, Stephen and LEVITT, Steven, *Freakonomics: A rogue economist explores the hidden side of everything*. New York, William Morrow, 2005.

"Economista francês denuncia causas da pobreza brasileira", *in Jornal do Brasil*, 27/09/1987.

Educação e pobreza na América Latina. Cadernos Adenauer. São Paulo, Konrad-Adenauer-Stiftung, ano VII, 2006, 2.

"Elton John e Tony Bennett cantam Sinatra em concerto para as florestas", *in O Globo*,14/03/1999, p. 3.

"A Escolha dos empresários de Solingen". Entrevista de Franz Rademaker e Walter Schmidt, in "Economia de comunhão", Suplemento da revista *Cidade Nova*. Vargem Grande Paulista, março / 95, ano I, nº 2, p. 8-9.

"Escrita duradoura" (O Barão Bich e a esferográfica bic), *in JB*, 09/09/2005.

ESTANG, Luc, *Présence de Bernanos*. Paris, Plon, 1947.

Exclusion et liens financiers. Rapport du Centre Walras 1999-2000. Direction Michel Servet, Préface Daniel Lebègue. Paris, Economica, 1999.

FARIA, Vilmar E., "Brasil: compatibilidade entre a estabilização e o resgate da dívida social" *in Cadernos Adenauer*. São Paulo, Konrad-Adenauer-Stiftung, 2000, 1.

FERNÁNDEZ RETAMAR, *Caliban cannibale*. Trad. J.-F. Bonaldi. Paris, François Maspero, 1973.

"Fin de la révolution démographique", *in* "Entre ordre et désordre", *Quinzaine littéraire*. Numéro spécial, 629,1-31/08/1993, p. 6.

"FMI contra o capital especulativo", *apud O Globo*, "Economia", 03/04/2000, p. 21.

"Fome vira estratégia, diz especialista", *in Folha de São Paulo*, 17/10/1998, p. 12.

FORRESTER, Viviane, *La violence du calme*. Paris, Le Seuil, 1980.

_____ *O horror econômico*. Trad. São Paulo, Ed. Unesp/SP, 1997.

"Frases", "Carnaval 99", in *O Globo*. Caderno especial, 17/02/1999, p. 7.

A Fraternidade e os desempregados. Sem trabalho... Por quê? Texto-Base. Conferência Nacional dos Bispos do Brasil, São Paulo, Ed. Salesiana Dom Bosco, 1999.

"Furacão Hugo conquista e assusta venezuelanos", in *O Globo*, 7/03/1999, p. 41.

GALBRAITH, John Kenneth, "FMI", in *Época*. Rio de Janeiro, 15/02/1999.

GALLI, Mario von, *Francisco de Assis, o santo que viveu o futuro*. Trad., São Paulo, Ed. Loyola, 1973.

GARCÉS, Víctor Gabriel, *Indigenismo*. Ed. Casa de la Cultura Ecuatoriana, Quito, 1957.

GASSET, José, "Vives" [Artículos (1940-1941)], in *Obras completas*. (1933-1941). 4ª ed. Madrid, Revista de Occidente, 1958, t. V, p. 493-507.

GEREMEK, Bronislaw, *Os filhos de Caim: vagabundos e miseráveis na literatura européia — 1400-1700*. Trad. Henryk Siewierski. São Paulo, Cia. das Letras, 1995.

GIDDENS, Anthony, *Studies in social and political theory*. London Hutchinson, 1977.

GIMÉNEZ RECEPCIÓN, Andrew, "A economia de comunhão na experiência do Grupo Ancilla, Giacomino's Pizza and Pasta, Bangko Kabayan, Ibaan Rural Bank: um paradigma cristão para um desenvolvimento alternativo" [Internet file AR980223.exe].

GIRARD, René, *Des choses cachées depuis la fondation du monde*. Recherche avec Jean-Michel Oughourlian et Guy Leffort. Paris, Bernard Grasset, 1978.

GOLDMANN, Lucien, *Le Dieu caché. Etude sur la vision tragique dans les Pensées de Pascal et dans le théâtre de Racine*. Paris, Gallimard, 1959.

GONZÁLEZ OLIVEROS, W., *Humanismo frente a comunismo*. Trad. y comentario a Juan Luis Vives, *De subventione pauperum. De communione rerum*. Valladolid, 1937.

GUERRA JUNQUEIRO, Abílio Manuel, "Carta-prefácio" a Raul Brandão, *Os pobres*. 8ª ed., Lisboa, Seara Nova, 1978.

HAGÈGE, Claude, *L'homme de paroles*. Paris, Fayard, 1985.

HAMSUN, Knut, *Fome*. Trad. Carlos Drummond de Andrade. Rio de Janeiro, Ed. Delta, 1963.

HENNI, Ahmed, "Le capitalisme de rente: nouvelles richesses immatérielles et dévalorisation du travail productif", *in Temps modernes*. Paris, 50ème année, sept.-oct. 1995, nº 584, p. 98.

Histoire de la littérature française. Des orages romantiques à la Grande Guerre. Paris, Fayard, 1967.

HUGO, Victor, *Oeuvres complètes*. Edition chronologique, publiée sous la direction de Jean Massin. Paris, Le Club Français du Livre, 1968.

IBRAHIMA-KONATÉ, IBÉ, "Poème". Exposition Gal. "Alain Oudin", 1998.

"Igreja não deve falar de economia, diz FHC", *in Folha de São Paulo*, 17/04/199, "Brasil", p. 8; "Críticas são comparadas às de Médici", *idem, ibidem*.

"O Índio é tabu na história", *in Jornal do Brasil*. Entrevista a Luciana Villas Boas, "Idéias / Livros". 28/01/1995, p. 4.

INSTITUTO DE PESQUISA ECONÔMICA APLICADA (IPEA), "Pobres do mundo viverão mais", *in Jornal do Brasil, JB. Internacional*, 28/02/2001.

"des Intellectuels s'inquiètent de l'idéologie de l'indigénisme", *in Le Monde*. Paris, 10/03/01.

ISÓCRATES, *Discursos, Aeropagítico* (VII), 31-33. Ed. y trad. Juan Manuel Hermida. Madrid, 1980.

JANE, Cecil, *Libertad y despotismo en la América hispánica*. Trad. Madrid. , Ed. España, 1931.

JEANNERET, Michel, *Des mets et des mots. Banquets et propos de table à la Renaissance*. Paris, Librairie José Corti, 1987.

JOÃO CRISÓSTOMO, São, Ver Migne, Lat., 55, 517.

JOÃO Paulo II, "Saludo a los Indígenas y Campesinos", *apud Fe cristiana y compromiso social. Elementos para una reflexión sobre América Latina a la luz de la doctrina social de la Iglesia*. Departamento de Acción Social — Celam. Redacción: Pierre Bigó, S.J., Fernando Bastos de Ávila, S. J., Lima, 1981, p. 217.

_____ *Béatification de Frédéric Ozanam* (Discours du Pape). Paris, Notre Dame de Paris. 22/08/1997, JMJ Paris.

_____ *Tertio Millenio Adveniente (Advento do Terceiro Milênio)*. "O critério da opção preferencial pelos pobres", "Jubileu Ano 2000", Texto-Base. São Paulo, Conferência Nacional dos Bispos do Brasil, Ed. Salesiana Dom Bosco, 1999.

JORDÁ SUREDA, Pedro, *Vida na estrada — Diário de caminhoneiros e motoristas*. São Paulo, Ed. Ave-Maria, 1999.

KISCHINEVSKY, Marcelo, "O paradoxo da globalização", *in Jornal do Brasil*, "Coisas do Brasil", A2, 04/03/05.

LAMENNAIS, Hugues-Félicité-Robert de, *Essai d'un système de philosophie catholique*. Paris, éd. Christian Maréchal, 1906.

LANGE, A., *Luis Vives*. Trad. Menéndez y Pelayo. Madrid, 1894.

LAPOUGE, Gilles, "Utopie et mondialisation", *in* "Entre ordre et désordre", *La Quinzaine littéraire*. Numéro spécial, 629, 1-31 août, 1993, p. 40.

LARBAUD, Valéry, *Ce vice impuni, la lecture. Domaine français, in Oeuvres complètes de Valéry Larbaud*. Paris, Gallimard, 1953, VII.

LEVITT, Steven and DUBNER, Stephen, *Freakonomics: A rogue economist explores the hidden side of everything*. New York, William Morrow, 2005.

LORRIS, Guillaume de / MEUN, Jean de, *Roman de la rose*. Ed. Mme B.-A. Jeanroy (Extraits en français moderne). Paris, De Boccard, 1928.

MAGALHÃES, José Luiz Quadros de, "Direitos humanos: evolução histórica,", *in Revista Brasileira de Estudos Políticos*. Belo Horizonte, Imprensa da UFMG, nº 74/75, jan./jul. 1992, p. 92-121.

_____ "Qual o direito da população de rua", *in O sino do Samuel. Jornal da Faculdade de Direito da UFMG*. Belo Horizonte, dez.-jan. 1999, ano V, nº 42, p. 13.

MAINARDI, Diogo, *Abaixo o Brasil*. São Paulo, Companhia das Letras, 1998.

MARAÑÓN, Gregorio, *Un español fuera de España*. Madrid, 1942.

MARCEL, Gabriel, *Être et avoir*. Paris, Fernand Aubier, Ed. Montaigne, 1935.

"Marcos Santarrita, Um tiro de cocaína", *in Jornal do Brasil*, 02/12/1987.

MATOS, Ralfo Edmundo, "Habitação popular", *Módulo*. Rio de Janeiro, julho, nº 81, p. 66-70.

MELLO, A. da Silva, *A superioridade do homem tropical*. Rio de Janeiro, Ed. Civilização Brasileira, 1965.

MELO FRANCO, Afonso Arinos de, *O índio brasileiro e a Revolução francesa*. Rio de Janeiro, Liv. José Olympio Ed., 1937.

MOELLER, Charles, "Bernanos o el profeta de la alegría", *in Literatura del siglo XX y cristianismo*. Trad. Valentín García Yebra. Madrid, Ed. Gredos, 1955, I, p. 501-539.

MOLLAT, V. M., "La notion de la pauvreté au Moyen Âge: positions des problèmes", *in Revue d'histoire de l'Église de France*. 1966, t. LII, nº 149, p. 5-23.

_____ "Pauvres et pauvreté à la fin du XII siècle", *in Revue d'ascétique et de mystique*. 1965, T. XLI, p. 305-324.

_____ *Études sur l'histoire de la pauvreté*. Paris, 1974.

_____ *Les pauvres au Moyen Âge. Idem, ibidem*, 1978.

MOLINA, Luis de, *Concordia*. Ed. Johannes Rabeneck, Madrid, 1953.

MONTAIGNE, Michel de, "Des cannibales", *in Essais, Oeuvres complètes*. Textes établis par Albert Thibaudet et Maurice Rat. Introduction et Notes par Maurice Rat. Paris, Gallimard, 1962, Liv. Premier, ch. XXXI, p. 200.

MONTEIRO, John, *Negros da terra: índios e bandeirantes nas origens de São Paulo*. São Paulo, Cia. das Letras, 1994.

_____ "O Índio é tabu na história", *in Jornal do Brasil*. Entrevista a Luciana Villas Boas, "Idéias / Livros". 28/01/1995, p. 4.

MURENA, H. A., *El pecado original de América*. Buenos Aires, 1954.

NASCIMENTO, Lyslei de Souza, "Cara? Que cara mostrar, Brasil?" Inédito cedido a Maria José de Queiroz para publicação. Belo Horizonte, 1999.

NAVA, Pedro, *Chão de ferro. Memórias / 3*. Rio de Janeiro, Livraria José Olympio Ed., 1976.

NELSON and WINTER, *An evolutionary theory of economic change*. Harvard, Harvard University Press, 1982.

Neopopulismo na América Latina. Cadernos Adenauer. São Paulo, Konrad-Adenauer-Stiftung, ano V, 2004, 2.

NIÉMETZ, Serge, *Stefan Zweig. Le voyageur et ses mondes*. Paris, Belfond, 1996.

OLIVEIRA, Itamar de, "Um ataque à especulação", *in O lutador*. Belo Horizonte, 28/3-03/04/1999, p. 9.

"ONU conta os miseráveis ", *in Jornal do Brasil*. 18/10/1997, p. 11.

ORTEGA Y GASSET, José, "Vives" [Artículos (1940-1941)], *in Obras completas*. (1933-1941). 4ª ed. Madrid, Revista de Occidente, 1958, t. V, p. 493-507.

_____ "Juan Vives y su mundo", *Opus cit.*, (1960-1962), 1ª ed., 1962, t. IX, p. 507-543.

PALLA, Regina, "Uma iniciativa econômica e de caráter social: Soluções boas e baratas e com gostinho esotérico", *in Diário do Comércio*. Belo Horizonte, 10/03/1999.

PALMIER, Jean-Michel, *Weimar en exil. Le destin de l'émigration intellectuelle allemande antinazie en Europe et aux Etats-Unis*. Paris, Payot, 1990.

Para compreender a pobreza no Brasil. Organizadores Victor Vincent Valla, Eduardo Navarro Stotz, Eveline Bertino Algebaile. Rio de Janeiro, Contraponto: Escola Nacional de Saúde Pública, 2005.

PASCAL, Blaise, "Papiers classés", *Pensées* (200-347 H. 3), *in Oeuvres complètes*. Préface d'Henri Gouhier. Présentation et notes de Louis Lafume. Paris, Ed. du Seuil, 1963.

PAULO VI, *Populorum Progressio*, 1967.

PHILIPPE, Charles-Louis, *Charles Blanchard*. Éd. définitive. Paris, Fasquelle Ed., 1947.

PLINE, *Histoire naturelle*, Paris, Belles Lettres, 1937, Liv. II, cap. VII.

"A Pobreza das nações", *in The Economist, apud Gazeta Mercantil*, 31/05, 1-2/06/1996, p. 3.

"Pobres da bola aumentam em 1998", *in Folha de São Paulo*. Esporte, 14/02/1999, p. 1.

Pobreza política e social. Cadernos Adenauer. São Paulo, Konrad-Adenauer-Stiftung, 2000, 1.

POLO, Manuela, "A economia de comunhão: aspectos sócio-organizacionais" [Internet file MP980115.EXE].

PRADO, Eduardo, *A ilusão americana*. 4ª ed. rev. São Paulo, Liv. e Of. Magalhães, 1917.

"Precisamos ser apóstolos das transformações sociais". Entrevista. *Missão & Vida*. Documento histórico da Pastoral parlamentar católica. Belo Horizonte, Ed. Sérgio Lacerda, 1998, p. 7.

Propos de Finance. Paris, 22/01/1999, nº 1863, p. 13-14.

PUIG-DOLLERS OLIVER, Mariano A., *La filosofía española de Luis Vives*. Barcelona, Ed. Labor, 1903.

QUEIROZ, Maria José de, "A mulher e o espaço urbano", *in Revista Brasileira de Estudos Políticos*. Belo Horizonte, UFMG, 1977, nº 44, Separata, p. 1-71.

_____ *A literatura encarcerada*. Rio de Janeiro, Ed. Civilização Brasileira, 1980.

_____ *A literatura alucinada*. Rio de Janeiro, Atheneu Cultura, 1991.

QUINTELLA, Ary. *Cão vivo, leão morto. Era apenas um índio*. Rio de Janeiro, Record, 1986.

RAGON, Michel, *Histoire de la littérature ouvrière et paysanne. Du Moyen Âge à nos jours*. Préface par Édouard Dolléans. Paris, Les Éditions Ouvrières, 1953.

"Registro Histórico de 27/05/1922", *in Minas Gerais*. Belo Horizonte, 30/05/1972.

RENARD, Renan, *São Paulo, in História das origens do cristianismo*. Trad. Thomaz da Fonseca. Porto, Liv. Chardron, de Lello & Irmão, Lda., 1927.

Revista especial dos 60 anos da Rádio MEC. Ed. Roberto Muggiati, s/l, s/ed., s/d..

RIBER, Lorenzo, "Estudio y notas", *in* Luis Vives, *Obras completas*. Trad., prólogo y notas de L. R. Madrid, Aguilar, 1947.

RIBEIRO, João, *Curiosidades verbais*. 2ª ed. Rio de Janeiro, Livraria São José, 1963.

RICCIOTTI, Giuseppe, *Vita di Gesù Cristo*. Verona, Oscar Mondadori, 1974, 2 vols.

Riches et pauvres dans l'Eglise ancienne. Traduction et présentation A. Hammas. Paris, 1962.

RODÓ, José Enrique, *Ariel*. Buenos Aires, Ed. Sopena Argentina, S.A., 1949.

ROMANO, Orlando, *O molinismo. Esboço histórico de conceitos filosóficos*. Luanda, Instituto de Investigação Científica de Angola, 1969.

ROMERO, Cristiano, "Globalização aumentou distância entre ricos e pobres", *apud Valor*, 24/07/2000, p. A9.

ROOS, Jacques, "Victor Hugo: L'idée des Etats-Unis de l'Europe. Aboutissement de sa pensée politique", *in Etudes de littérature générale et comparée*. Ed. Ophrys, Paris, 1979, p. 33-42.

ROSSETO, Carlos Jorge, "Monopólio e pobreza", *in Carta 7*. Informe de distribuição restrita do Senador Darcy Ribeiro. Brasília, Senado, 1993, nº 2, p. 83-101.

RUSHDIE, Salman,"Acabem com a dívida mundial", *in* "Mais!", *Folha de São Paulo*, 14/02/1999.

SALOMON, Marta, "Radar Social" (Ipea), *in Folha de São Paulo*, 28/04/05.

SAUERNHEIMER, Karlhans, "As três faces econômicas da globalização", *in A globalização entre o imaginário e a realidade*. São Paulo, Konrad-Adenauer-Stiftung, Pesquisas, 1998.

SCHWEICKERT, Rainer, "A transformação do estado de bem-estar social europeu", *in Cadernos Adenauer*. São Paulo, Konrad-Adenauer-Stiftung, 2000, 1.

Seguir Jesus: os Evangelhos. Ed. Conferência dos Religiosos do Brasil. Rio de Janeiro, Edições Loyola, 1994, Subsídio 21, p. 246-247.

SEN, Amartya, Entrevista de Amartya Sen, Prêmio Nobel de Economia (1998), a Carlos Eduardo Lins da Silva, *apud Valor*, 24/07/2000, p. A12.

SIQUEIRA, Jack, "Proletarização da classe média", *in Revista da Academia Mineira de Letras*. Belo Horizonte, ano 84, vol. XXXIX, jan.-março 2006, p. 193-196.

SPINK, Peter / CAMAROTI, Ilza, *Parcerias e pobreza — soluções locais na construção de relações socioeconômicas*. São Paulo, FGV, 2000.

SOUZA, Josias de, "Futuro", *in Folha de São Paulo*, 1/03/1999, p. 2.

TERENA, Marcos, "Vôo de índio", *in JB*. Rio de Janeiro, 01/07/1990.

THEVISSEN, Susanne, "Um livro sobre a economia de comunhão". "Economia de Comunhão. Uma nova cultura". Suplemento da revista *Cidade Nova*. Vargem Grande Paulista, março / 95, ano I, n. 2, p. 9.

THIMEL, Hartmurt, "Habitação para população de baixa renda", *Módulo*. Rio de Janeiro, julho, nº 81, p. 53-57.

"A Transformação possível: um diagnóstico da cultura política da democracia", *in* "O futuro da democracia. Projetos para o século XXI", *Traduções*. São Paulo, Konrad-Adenauer-Stiftung, 1997, nº 11, p. 12.

"As Três faces econômicas da globalização", *in A globalização entre o imaginário e a realidade*. São Paulo, Konrad-Adenauer-Stiftung, Pesquisas, 1998, nº 13, p. 33.

VEZINS, Véziane de, "Ce chef aztèque qui veut privatiser l'Europe". Paris, *Le Figaro*, 10/11/2000.

VILLALOBOS, Verónica Silva, "O estado de bem-estar social na América Latina: necessidade de definição", *in Cadernos Adenauer*. São Paulo, Konrad-Adenauer-Stiftung, 2000, 1.

VIVES, Juan Luis, *Obras*. Valencia, 1782-1790, 8 vols.

_____ *Diálogos*. Trad. Cristóbal Coret y Peris, Revisión y prólogo de J. J. M. Madrid, "Colección Universal", Espasa-Calpe, 1922.

_____ *De subventione pauperum. De communione rerum*. Trad. y Comentario de W. González Oliveros. Valladolid, 1937.

_____ *Obras completas*. Trad., prólogo y notas de Lorenzo Riber. Madrid, Aguilar, 1947.

VRIES, Barend A. de, *Champions of the poor. The economic consequences of Judeo-Christian values*. Washington D.C., Georgetown University Press, 1998.

Impresso nas oficinas da
SERMOGRAF - ARTES GRÁFICAS E EDITORA LTDA.
Rua São Sebastião, 199 - Petrópolis - RJ
Tel.: (24)2237-3769